国家社会科学基金“十二五”规划 2015 年度教育学一般课题
“北京市城乡学校一体化管理模式和典型案例研究”（BFA150038）研究成果

城乡学校一体化管理的实践与研究

陈　丹　　著

图书在版编目(CIP)数据

城乡学校一体化管理的实践与研究 / 陈丹著. —北京：首都师范大学出版社，2022.9

ISBN 978-7-5656-7151-7

Ⅰ. ①城… Ⅱ. ①陈… Ⅲ. ①学校管理—研究 Ⅳ. ①G47

中国版本图书馆 CIP 数据核字(2022)第 160332 号

CHENGXIANG XUEXIAO YITIHUA GUANLI DE SHIJIAN YU YANJIU

城乡学校一体化管理的实践与研究

陈　丹　　著

责任编辑　王　静

首都师范大学出版社出版发行

地　址　北京西三环北路 105 号

邮　编　100048

电　话　68418523(总编室)　68982468(发行部)

网　址　http://cnupn.cnu.edu.cn

印　刷　中煤(北京)印务有限公司

经　销　全国新华书店

版　次　2022 年 9 月第 1 版

印　次　2022 年 9 月第 1 次印刷

开　本　710mm×1000mm　1/16

印　张　12.75

字　数　209 千

定　价　42.00 元

前 言

我国政府近30年来对农村教育质量给予高度重视，不断出台有关政策，采取多种举措，深化农村义务教育改革，改善农村教育办学环境，提升农村教育质量，将农村教育发展与促进社会公平、构建和谐社会等社会发展目标紧密结合在一起。城乡一体化成为我国经济社会发展的时代任务，自党的十六大以来，国家就在不断强化统筹城乡发展，健全城乡发展一体化体制机制，推进城乡要素平等交换、合理配置和基本公共服务均等化，促进城乡公共资源均衡配置，逐步缩小城乡差距。城乡教育一体化是基本公共教育服务均等化的战略要求，是城乡一体化的重要组成部分。2021年，我国《"十四五"规划纲要和2035年远景目标纲要》提出要建设高质量教育体系，继续要求推动义务教育优质均衡发展和城乡一体化。因此，开展城乡学校一体化管理研究是对城乡一体化发展时代主题的回应，对探索城乡一体化的制度建设、推进城乡社会公平具有重要意义。

北京市于2011年颁布《北京市中小学建设三年行动计划(2012—2014年)》，启动"城乡新区中小学建设工程"，实行"一个法人、一体化管理"办学体制改革试验，2012—2014年三年共建65所城乡一体化管理学校，并专门制定《北京市城乡新区一体化学校建设管理办法》，从体制创新上极大推进了城乡学校一体化发展。这是促进城乡教育一体化的重要途径之一，也是推进区域义务教育均衡发展的重要组成部分，为缩小北京市义务教育城乡差距发挥了重要作用。本书正是以2011年北京市启动的城乡学校一体化管理改革试验为研究起点，通过2012年笔者参与的由首都师范大学孟繁华教授主持的北京市教育委员会委托课题"北京市城乡学校一体化管理改革试验研究"，及2015年笔者主持的国家社会科学基金"十二五"规划教育学一般课题"北京市城乡学校一体化管理模式和典型案例研究"，对城乡学校一体化管理开展的约10年的持续研究。本书详细呈现了这些研究成果，也真实地反映了北京市在城乡学校一体化管理方面的实践探索，体现了一体化管理的北京模式。

本书共分为六大部分，包括城乡学校一体化管理概述、实践调研、场域分析、宏观运行结构模型及案例、微观运行结构模式及案例、推进路径与策略，具体如下：

第一部分是城乡学校一体化管理概述，阐述城乡学校一体化管理的基本内涵、发展背景，梳理城乡学校一体化管理的相关研究，分析北京市城乡学校一体化管理的发展阶段和发展特征。

第二部分是城乡学校一体化管理的实践调研。通过 2012 年对北京市 12 所一体化管理学校的调研和 26 份访谈记录的文本分析，对城乡学校一体化管理的初期表现进行详细描述，探索北京市城乡学校一体化管理的 7 个主要维度、49 个二级指标及相关表现，分析城乡学校一体化管理存在的主要问题。其后，通过 2017 年对北京市 20 所一体化管理学校调研和约 900 份问卷数据统计，详细分析城乡学校一体化管理后期在 7 个维度的现状、取得的成效及影响因素。

第三部分是城乡学校一体化管理的场域分析。运用组织理论中的场域概念，分析北京市城乡学校一体化管理场域中的教育行政部门、输出校、输入校等五类组织，详细论述他们之间的关系。探索城乡学校一体化管理场域中的权力、制度、资源三大要素及其之间的关系。在此基础上，构建涉及教育行政部门、输入校、输出校三级组织在内的城乡学校一体化管理宏观运行结构，也构建基于输入校和输出校校际关系的城乡学校一体化管理微观运行结构，并对这两个结构进行剖析。

第四部分是城乡学校一体化管理宏观运行结构中的模型及案例。基于北京市城乡学校一体化管理宏观结构中的三个运行层次，即“行政权力—资源供给—强制性制度”“专业权力—资源整合—规范性制度”“自主权力—资源转化—内生性制度”，分别提出城乡学校一体化管理宏观运行的三种模型，包括规制型模型、合作型模型、自主型模型，并从政府定位、权力结构、管理方式、资源配置、制度构建和一体化表征等几个方面分别进行详细论述。同时，针对每一种模型，给出一个北京市一体化管理学校的案例。

第五部分是城乡学校一体化管理微观运行结构中的模式及案例。基于北京市城乡学校一体化管理微观结构中的两个关键维度，即“输入校和输出校是否隶属一个行政区”“输入校和输出校是否是一个法人管理”，划分城乡学校一体化管理微观运行的四种模式，包括合并型(一个法人同区)、统合型(一个法人跨区)、共生型(两个法人同区)、合作型(两个法人跨区)，并从一体化管理结构、制度构建、资源配置、面临挑战、相关启示等几个方面分型调研、分析数据并详细论述。同时，针对每一种模式，也给出一个北京市一体化管理学校的案例。

第六部分是推进城乡学校一体化管理的路径与策略。从宏观层面看，城乡学校一体化管理要从外控式发展走向自主式发展，从加强资源供给走向加强资源转化，从单一制度主导走向多元制度协同；从微观层面看，城乡学校一体化管理要创新一体化管理体制机制，分类推进一体化管理实践，构建城乡学校一体化发展共同体。

总的来看，我们将这本书定位为实践与理论的结合体，既强调呈现区域城乡教育一体化发展的改革实践，也尝试对区域教育实践进行理性分析。希望通过这本书的出版，和参与城乡教育一体化发展的教育行政部门管理者、学校管理者和研究者们进行交流研讨，为推进城乡义务教育一体化贡献微薄之力。

本书的研究成果凝聚了这十年来参与该研究的各方教育行政部门管理者、专家、学者等教育同人的集体智慧。首先要衷心感谢的是孟繁华教授，他是北京市城乡学校一体化管理改革试验研究的开启者，也是将我领入这个研究领域并指导我持续开展研究的恩师。其次，要感谢两个课题组的专家、研究人员及相关调研学校；同时，也非常感谢北京教育学院的相关领导及老师们近年来对课题研究工作的大力支持，为成果形成提供了重要的组织保障。最后，还要衷心感谢首都师范大学出版社的有关领导和编辑，为本书的编校及出版给予了极大的指导与帮助。

由于个人研究能力有限，城乡学校一体化管理的实践研究还不够全面深入，理论分析也还不够系统深刻，敬请各位专家及广大教育同人指导批评。

陈　丹

2021 年 6 月 5 日

目　录

绪 言

社会经济的快速发展不断改善着人们的生存条件和生活质量，社会制度的建设却落后于经济前进的步伐，显著的城乡差距和社会群体分层广泛存在，导致了诸多的社会问题。全社会对公平问题表现出了前所未有的关注，并采取着切实的行动，城乡发展的公平问题被寄希望于在城乡一体化建设的大潮中得到逐步缓解。教育公平是推进社会公平发展的一项重要内容，城乡学校一体化管理正是这项重要内容的一个具体行动体现，其对探索城乡一体化的制度建设、推进城乡社会公平具有重要意义。

城乡一体化是我国未来经济社会发展的时代任务。一体化发展成为全球区域经济发展的重要趋势，并广泛渗透到社会协调发展的各个领域之中，我国城乡一体化进程不断推进。统筹城乡发展，推进城乡一体化成为破解城乡二元体制结构、促进城乡经济社会协调发展的必然选择，也是我国当前深化政治体制改革和经济体制改革、构建社会主义和谐社会、满足人们对美好生活的向往的重要任务。党的十七大提出："统筹城乡发展，推进社会主义新农村建设……建立以城带乡长效机制，形成城乡经济社会发展一体化新格局。"党的十八大进一步提出："加快完善城乡发展一体化体制机制，着力在城乡规划、基础设施、公共服务等方面推进一体化，促进城乡公共资源均衡配置，形成以城带乡、城乡一体的新型城乡关系。"党的十九大提出："实施乡村振兴战略……建立健全城乡融合发展体制机制和政策体系。"

城乡教育一体化是基本公共教育服务均等化的战略要求。城乡教育一体化是城乡一体化的重要组成部分。各种历史原因造成了城乡教育发展的不均衡现象，教育公平问题日益凸显，面对人民群众日益提高的教育需求，政府履行基本公共服务均等化的任务提上日程。党的十七大提出"缩小区域发展差距，必须注重实现基本公共服务均等化"。《国家中长期教育改革和发展规划纲要(2010—2020年)》也明确提出："形成惠及全民的公平教育。建成覆盖城乡的基本公共教育服务体系，逐步实现基本公共教育服务均等化，缩小区域差距。""加快缩小城乡差距。建立城乡一体化义务教育发展机制，在财政拨款、学校建设、教师配置等方面向农村倾斜。率先在县(区)域内实现城乡均衡发展,逐步在更大范围内推进。”十八届三中全会审议通过的《中共中央关于全面深化改革若干重大问题的决定》在“深化教育领域综合改革”的阐述中对推进城乡教育一体化又提出了具体要求:“构建利用信息化手段扩大优质教育资源覆盖面的有效机制,逐步缩小区域、城乡、校际差距。统筹城乡义务教育资源均衡配置,实行公办学校标准化建设和校长教师交流轮岗。”2016 年 5 月,习近平总书记主持中央全面深化改革领导小组会议,会议审议了《关于统筹推进县域内城乡义务教育一体化改革发展的若干意见》,明确指出统筹推进县域内城乡义务教育一体化发展,对缩小城乡教育差距、促进教育公平具有重要意义。

城乡学校一体化是义务教育均衡发展的重要举措。城乡学校一体化是城乡教育一体化的基本内容,也是推进城乡义务教育均衡发展的重要举措。2005 年教育部印发《关于进一步推进义务教育均衡发展的若干意见》,这标志着我国推进义务教育均衡发展全面拉开序幕。2006 年新修订的《义务教育法》将义务教育均衡发展的思想以法律的形式予以确定,要求“政府合理配置教育资源,促进义务教育均衡发展”,并将义务教育均衡发展情况作为督导任务之一。2010 年,教育部印发《关于贯彻落实科学发展观 进一步推进义务教育均衡发展的意见》,提出“按照《义务教育法》要求,将推进均衡发展作为义务教育改革与发展的重要任务”。同年,教育部颁布《国家中长期教育改革和发展规划纲要(2010—2020 年)》(以下简称《教育规划纲要》),将均衡发展作为义务教育的战略性任务,是我国未来 10 年教育发展的重中之重。为了推进义务教育均衡发展,促进教育公平,全国各地在创新体制机制和发展模式上开展了广泛的实践,如“学区化管理”“学校发展共同体”“校际联盟”“捆绑式发展”“一长执两校”等,这些实践有效促进了优质教育资源的共享,部分区域内校际差距日益缩小,在北京、上海等城市,区域内的均衡发展目标已经由基本均衡转向优质均衡。相比而言,缩小城乡差距成为义务教育均衡发展下一步的重点,许多地区在城乡学校一体化发展方面进行了深入探索,并将其作为促进城乡学校优质均衡发展的重要途径。其中,比较典型的有上海市 2007 年启动的农村学校“委托管理”;成都市 2004 年启动的“全域成都教育”;杭州市 2002 年开始的“名校教育集团”;北京市 2005 年开始的“城乡百所学校手拉手”、“名校办分校”、2012 年启动的“城乡学校一体化建设”等,这些探索都从市级层面进行统筹，区县层面予以协调，学校层面全面参与，有效推动了城区学校优质教育资源对郊区县的辐射，使乡镇、农村地区学校也能共享到城市优质的办学资源，对推进区域间义务教育优质均衡发展、探索城乡教育一体化发挥了重要作用。

第一章　城乡学校一体化管理概述

一、城乡学校一体化管理的基本内涵

要理解城乡学校一体化管理的内涵需要首先明晰“一体化”的含义。“一体化”概念被广泛运用，涉及政治、经济、管理、军事等众多领域，每个领域对一体化均有不同的解释，但都没有形成统一的定义。其中，一体化研究多集中于政治和经济领域。在政治领域，以卡尔·多伊奇(Karl W. Deutsch)为首的普林斯顿世界政治机构研究中心课题组最早对一体化进行概括和理论研究，之后相继出现了多种解释。在经济领域，一体化的研究集中于区域经济一体化。总的来看，国内外研究者们对一体化的理解可以大致分为过程论、手段论、目的论和功能论四类(见表 1-1)。

表 1-1　关于一体化的主要观点①

类型	代表人物	一体化的定义和主要观点	关键词
过程论	卡尔·多伊奇	一体化指区域或国家之间形成和平与安全共同体的过程及状态。一体化类型为：“合并型”(指原来彼此独立的政治行为体组成一个统一政府的单一安全共同体)；“多元型”(指由若干仍保持司法独立性、相互分离的政府组成的安全共同体)。一体化的特征表现为：单位之间相互依存并共同产生出他们独立时所不具备的系统性能。	安全和平，过程，关系

① 本表根据金安《欧洲一体化的政治分析》、张海冰《欧洲一体化制度研究》和陈光武《东亚区域经济一体化研究》整理而成。

续表

类型	代表人物	一体化的定义和主要观点	关键词
过程论	厄恩斯特·哈斯（Ernst B. Haas）	一体化指不同国家的政治行为体经说服，将其效忠、期望及其政治活动转移到一个新管辖中心的过程。一体化的结果是产生一个建立在原有国家之上的新的政治共同体。	过程，政治活动转移，新共同体
	利昂·林德伯格（Leon N. Lindberg）	一体化指若干个国家政府从独自行动走向共同决策的过程，各国谋求联合决定或把决策活动委托给新的中央机构。但是，一体化并不一定导致“政治共同体”的结果。	过程，共同决策，新中心
	贝拉·巴拉萨（Bela Balassa）	一体化作为过程，它包含消除各国经济之间歧视的各种举措；作为状态，则表现为各国经济之间各种歧视的消失。	消除歧视
	维多利亚·柯森（Victoria Curson）	一体化指生产要素在成员国之间的再配置，以趋向全面一体化。	生产要素再配置
手段论	彼德·罗布森（Peter Roberson）	一体化是手段而不是目的。国际安排应体现三个特征：一是成员国之间在一定条件下没有歧视；二是歧视非成员国；三是成员国之间具有共识，以便拥有持久的共同特性。	歧视，共同特性
目的论	保罗·斯特里坦（Paul Streeten）	一体化是实现平等、自由、繁荣的目的。	平等
	张幼文	一体化指国家或地区间通过达成某种经济合作的承诺或建立一定形式的合作组织，促进区域内商品、要素的自由流通，优化生产分工，各国经济政策和经济体制实现某种程度的统一。	合作，自由流通，优化，统一
功能论	简·丁伯根（Jan Tinbergen）	一体化指发挥政府在经济一体化过程中的作用，消除阻碍经济有效运行的人为因素，创造协作、统一的国际经济结构。	政府，消除阻碍，协作

综合以上“一体化”的相关观点，一体化表现出一些关键特征，即两个或

两个以上的组织以某种方式或机制有机联结成一个整体；谋求共同的利益和发展；强调整体政策制度的统一和组织间生产要素的自由流动；从个体的单独决策转向整体的共同决策。城乡学校一体化管理中的“一体化”，既与以上一体化含义有相同之处，同时鉴于研究对象和教育领域的特殊性，城乡学校一体化管理也表现出一定的独特性。城乡学校一体化管理是指“以教育公平为价值取向，在政府的统筹协调保障下，一所城市学校(优质教育资源输出学校)和一所或多所农村学校(优质教育资源输入学校)以某种方式形成制度化的结合体，在学校管理、教师队伍、教学教研、教育资源、校园文化等方面实施统筹管理，促进优质教育资源在区域间的辐射、共享和增长，从而提升农村学校教育质量，实现城乡间教育均衡协调发展”①。

从目的来看，城乡学校一体化管理是通过城市学校优质教育资源向农村学校辐射，提升农村学校教育质量，缩小城乡教育差距，促进教育公平，实现基本公共教育服务均等化。从类型来看，城乡学校一体化管理既可以采取校际人、财、物、教学等完全统一管理的“合并型”模式，也可以采取校际管理相对独立、校际资源融通共享的“多元型”模式。从性质来看，城乡学校一体化管理是过程、是手段，但不是目的，一体化管理的主要出发点是通过一体化的手段和过程提升农村学校教育质量和内涵发展，农村学校必须在借力发展的基础上最终实现自主特色发展，其发展演变应经历“不均衡——一体化—优质均衡”的过程，在这个发展的过程中，一体化也逐步促进了城乡优质教育资源的共享与增值。从内容来看，城乡学校一体化管理突出强调管理、教师、课程、教研培训、文化、教育设施等各种教育资源在学校间的流动和再配置，这是实现一体化管理目标的核心。从治理来看，城乡学校一体化管理强调制度化，要求政府发挥主导作用，市级做好统筹保障，区级做好协调支持，同时，输出学校和输入学校加强一体化管理的组织和制度建设，发挥校际独立决策和共同决策的各自优势，结合实际情况，采取适宜的一体化管理结构。

二、城乡学校一体化管理的发展背景

城乡学校一体化是社会政治、经济发展到一定阶段的必然要求，是推进社会民主与公平的时代产物，具有其发展的时代必然性、必要性和合理性。

---

① 孟繁华，陈丹：《城乡学校一体化管理的网络组织形成、特征及研究路径》，《教育研究》，2013年第12期，第40—45页。

（一）城乡结构调整

城乡二元结构是我国的基本国情，我国社会主义社会建设早期采用了农业供给工业、农村供给城市的发展模式，经过几十年的努力，我国经济发展取得了巨大成就，同时城乡间差距也成为经济发展的沉重代价，破除城乡二元结构、推进城镇化建设成为我国经济社会发展的重要战略任务。与其相对应，教育的城乡二元结构深刻地影响着城乡教育发展，破除城乡教育二元结构也已经成为当前教育领域深化改革的重要命题。无论是在教育政策的制定上，还是在教育实践中，城乡教育融合的理念越来越凸显，打破城乡教育间的制度壁垒，构建开放的城乡教育一体化制度体系，促进城乡教育开放互通、协调融合和资源要素的自由流动，加快城乡教育一体化建设的趋势已经不可阻挡。作为城乡一体化的组成部分和城乡教育一体化的重要手段，城乡学校一体化管理体现了其发展的时代必然性。

（二）优质教育需求

学生和家长是学校的服务对象，其对学校教育的信任度和满意度直接影响着学校组织的生存与发展。随着经济快速发展和科技水平不断提升，社会对个人的综合素质提出了更高的要求。教育是提升个人综合能力和积累人力资本的有效途径，在这个瞬息万变和竞争激烈的年代，教育的重要性更是提到了前所未有的高度。社会对学校教育的需求已经从“有学上”转为“上好学”，不断追求更优质的教育质量成为学校发展的核心。由于农村地区的经济文化水平和地理原因，农村学校在经费投入、办学条件、管理水平、师资队伍等方面同城市学校仍然存在巨大差距，教育质量得不到保障，由此导致农村许多学校的学生流失和教师流动，这又进一步影响了农村学校的教育质量，农村教育从而陷入了一个教育质量的恶性循环。农村学校在现有条件下完全靠自己的力量来提升教育质量、缩小与城市的差距已经显得捉襟见肘。为此，政府不断创新教育体制机制，加大对农村学校的补偿性投入，帮助农村学校不断获取外部的援助和支持，提升教学环境、师资水平和管理水平。在满足日益增长的优质教育需求、推进城乡教育优质均衡中，城乡学校一体化管理体现了其发展的时代必要性。

（三）教育公平诉求

公平通常被理解为公正、正义。罗尔斯在《正义论》中提出了公平的原则，强调“每个人都应有平等的权利和机会，同时，社会安排应该能够最大限度地增加最不利者的利益"①。20世纪中期，国际社会开始关注地区间的教育不平衡、性别间的教育不平等，教育公平成为近几十年各国教育改革的一个核心价值取向，OECD(经济合作与发展组织，简称经合组织)也将教育公平作为评价地区教育发展水平的一个重要指标。当前我国社会对于公平问题广泛关注，这种现象史无前例，这是社会经济发展的标志，更是社会文明建设和民主发展的成果体现。教育公平是社会公平的基础，是实现社会公平的重要组成部分。《教育规划纲要》中"形成惠及全民的公平教育"为教育公平的发展描绘了美好的愿景，"缩小区域差距、城乡差距和校际差距"也为教育公平的实现提出了具体的任务要求。作为推进教育均衡发展、缩小城乡教育差距的一种手段，城乡学校一体化管理应运而生，并肩负着促进教育公平的伟大使命。

(四)公共服务要求

德国社会政策学派的瓦格纳(Wagner W. R.)最早提出"公共服务"的概念，他认为，政府要维护市场经济正常运作，还要增强社会文化和福利。"公共服务的理论研究经历了国家福利理论、传统公共行政理论、公共选择理论、新公共管理理论、新公共服务理论的基本历程，政府在这个发展历程中也体现了从划桨者、掌舵者到服务者的角色演化过程。"②综观各国的教育改革，各国政府都将基本公共教育服务作为公共服务的一项重要内容，将提供平等的、优质的基本公共教育服务作为一项不可推卸的责任，如美国的薄弱学校改造、英国的城市教育行动计划、日本的偏僻地区教育振兴、中国的义务教育均衡发展等。政府将城乡学校一体化管理作为实现基本公共教育服务均等化的一个重要手段，它是发起者，更是重要的推动者和保障者，城乡学校则作为重要的执行者和实施者，协助政府实现基本公共教育服务均等化的目标任务，这一点在我国当前教育实践中也能得到有力印证，如上海市农村学校的"委托管理"、成都市的"全域成都教育"、杭州市的"名校教育集团"等。从这个意义来看，城乡学校一体化管理体现了其发展的时代合理性与工具性。

三、城乡学校一体化管理的相关研究

城乡学校一体化管理相关研究主要表现在组织理论研究、政策与体制研

① [加]威尔·金里卡著，刘莘译：《当代政治哲学》，上海：三联出版社，2001年，第104页。

② 上海市教育政策咨询委员会秘书处，上海市教育科学研究院：《2012年上海教育发展报告——追求基于平等的优质教育服务》，上海：华东师范大学出版社，2012年，第39页。

究、典型模式研究三个方面。

(一)城乡学校一体化管理的组织理论研究

从现有的城乡学校一体化管理相关理论研究来看，研究者们主要从一体化管理的目标、功能和组织形式入手提出其理论解释，如教育公平、资源依赖、社会资本、组织网络等。从这些理论研究中可以发现，他们在从不同理论视角对城乡学校一体化管理进行论述时都不约而同地隐含着一个研究的共识，即城乡学校一体化管理研究本质上是学校组织发展的研究，不论是哪种理论解释，最终是要落脚到促进学校组织的发展。实践调研结果也表明，城乡学校一体化管理是通过城乡学校组织间的合作和制度化建设提升农村学校教育质量，其本质是以农村学校改进为目标的学校组织的发展与变革。

1. 开放系统组织研究

20 世纪 40 年代美籍奥地利生物学家贝塔朗菲(L. Von Bertalanffy)最先将系统论作为一门学科提出来，并建立了一般系统论，他的专著《一般系统论：基础、发展和应用》对其系统论的思想进行了详细阐述，开拓性地对封闭系统与开放系统进行了区分论证，强调了开放系统的重要意义。他提出："封闭系统基于传统的物理学，只考虑与外界隔绝的孤立系统，然而，每一个生命有机体本质上是一个开放系统，它在连续不断的流入和流出之中，在其组分的不断的构成与破坏之中维持着自己。开放系统与环境紧密联系，被定义为与环境交换物质的系统。"①

(1)开放的组织

系统科学的发展对许多学科及社会发展产生了重大影响，20 世纪 60 年代组织系统理论逐步形成，其突出表现在将组织从封闭系统视角转向开放系统视角，在关注组织内部的同时更关注组织外部。根据系统组织理论的观点，组织是一个与外界环境进行相互作用而又对内部子系统的结构和功能进行相应调整的开放系统。卡茨(Katz)提出："传统的社会组织理论趋向于把人类组织看成一种封闭系统，导致组织研究过分集中于对组织内部运行机制的探讨。社会组织系统是一个显著的开放系统，能量输入和输出再转化成新的输入就

① [美]冯·贝塔朗菲著，林康义等译：《一般系统论：基础、发展和应用》，北京：清华大学出版社，1987 年，第 132 页。

构成了组织与环境间的相互作用。"[①]斯科特(W. Richard Scott)等也认为:"组织依赖于同外界的人员、资源和信息的交流。"[②]无论是贝塔朗菲还是组织理论研究者们,他们都强调了开放系统中的三个关键要素:开放、环境和资源,即开放是系统存在的本质,环境是系统存在的条件,资源是系统存在的关键。系统通过对外开放,与外部环境发生互动,形成资源交换,从而维持系统稳定与发展。

开放系统的理念成为学校合作研究的基础性理论支持,教育研究者们以此来阐述合作对于学校组织发展的必要性和必然性。孟繁华等立足开放系统观,认为"学校处于一个开放的、不断变化的社会环境和系统中,学校作为社会组织,要发展就必须走向合作。学校要树立基于合作的组织发展观,用合作的理念建构组织模式,用合作的精神重塑其组织管理制度和行为模式,推进学校组织再造,实现人、学校、社会间的协同发展。"[③]基础教育阶段学校之间的过度竞争客观上扩大了校际差距和教育发展不均衡,而学校间的合作有利于缩小校际差距、促进基础教育均衡发展。[④] 美国学者托马斯·弗里德曼(Thomas L. Friedman)提出了关于"世界是平的"的论述,认为人们会越过边界互相交流和学习,形成鲍曼所说的共同体,教育研究者们基于此提出:"学校发展也需要共同体,要用行动说明'教育是平的''学校是平的'。"[⑤]"学校共同体中各学校既拥有共同的发展愿景,也享有自己的学校文化和教育追求。"[⑥]

(2)组织与环境

开放系统组织理论研究者们认为,环境决定、支撑和渗透着组织,组织与外部环境因素的联系可能比那些内部要素之间的关系更重要。环境是维系自身的能力、系统差异性和系统多样性的根源。环境条件与环境中系统的特点之间存在密切联系:"一个复杂系统不可能在简单环境中维持自己的复杂

---

① 刘延平主编:《多维审视下的组织理论》,北京:清华大学出版社,北京交通大学出版社,2007年,第222—224页。

② [美]W. 理查德·斯科特,杰拉尔德·F. 戴维斯著,高俊山译:《组织理论——理性、自然与开放系统的视角》,北京:中国人民大学出版社,2011年,第34页。

③ 孟繁华,田汉族:《走向合作:现代学校发展的趋势》,《教育研究》,2007年第12期,第55—59页。

④ 薛海平,孟繁华:《中小学校际合作伙伴关系模式研究》,《教育研究》,2011年第6期,第36—41页。

⑤ 成尚荣:《学校发展共同体的价值启示》,《江苏教育研究》,2009年第4期,第7—9页。

⑥ 杨孝如:《学校发展共同体的"同"与"不同"》,《江苏教育研究》,2009年第4期,第1页。

性，因此，一流学校也不会出现在沙漠或其他人烟稀少的地区。”①面对日益复杂的组织外部环境，研究者们“将环境作为一个重要的情景变量纳入组织设计变量之中，它包括组织边界之外的所有因素”②。

学校发展也越来越关注外部环境的影响，学校间的合作和一体化发展正是学校联合起来应对环境挑战的典型表现。高洪源从学校发展战略维度提出：“学校发展要高度重视战略管理，从而提升组织适应环境的意识和服务能力，挖掘组织内外资源，推进组织持续发展。学校发展战略的一个重要模式为联盟战略，即两个或两个以上组织结成不同程度的联合体以谋求共同发展。联盟可以使学校之间优势互补、共享资源，可以改造薄弱学校，为薄弱学校的学生提供更多的优质教育，可以使学校以较低代价获取开发新课程的资源，还可以拓展学校的发展空间。”③梅尔·安斯科(Mel Ainscow)等人从社会环境出发，针对社会对学校教育公平的诉求，认为“为了提高学校效能，保障为每一个孩子提供全面的教育，学校既要实施校内发展，也要努力建立与其他学校以及其他更广泛的共同体的联系。这意味着学校的提升过程不得不借助于地区领导努力，使学校系统更公平，将学校工作与地区解决广泛的不平等问题的战略相结合，与旨在创造公平社会的国家政策相结合”④。

(3)组织与资源

作为一个开放系统，组织无法孤立运转，组织为了生存必须通过环境获取必要的资源。菲佛(Geoffrey Pfeiffer)和萨兰基克(Gerald Salancik)认为，“组织从环境中获取并保住资源是组织生存和发展的关键。组织必须与那些控制资源的外部行动者进行互动交往。面对获取资源的不确定性和对其他组织的依赖性，组织需要不断改变自身的结构和行为模式，以便获取和维持来自环境的资源，并使依赖最小化”⑤。巴尼(Barney)认为，“资源是组织核心竞争

---

① [美]W. 理查德·斯科特，杰拉尔德·F. 戴维斯著，高俊山译：《组织理论——理性、自然与开放系统的视角》，北京：中国人民大学出版社，2011年，第111页。

② [美]理查德·L. 达夫特著，王凤彬等译：《组织理论与设计(第10版)》，北京：清华大学出版社，2011年，第19页。

③ 高洪源：《学校战略管理》，重庆：重庆大学出版社，2006年，第30—53页。

④ Mel Ainscow, Alan Dysona, Sue Goldricka, Mel West. Making Schools Effective for all: Rethinking the Task. School Leadership & Management: Formerly School Organisation. 2012, 32(3): pp. 197－213.

⑤ [美]杰佛里·菲佛，杰勒尔德·R. 萨兰基克著，闫蕊译：《组织的外部控制：对组织资源依赖的分析》，北京：东方出版社，2006年，第2—4页。

力的基础，也是组织持续竞争优势的最终来源。资源包括所控制的全部资产、能力、组织过程、信息、知识等，可以划分为物质资源、人力资源以及组织资源”。巴尼还提出资源的四种特性，即“价值性、稀缺性、难以模仿性、不可替代性，其价值性可以帮助企业充分利用战略机遇，稀缺性可以使企业获得超额利润，难以模仿性可以为企业带来持续竞争优势，而充分运用和开发这种资源，并在内部充分拓展和整合，则能使企业具备核心竞争力”。①

资源是组织发展的基础，但并不是实现持续发展的充分条件。希特(Michael A. Hitt)等提出：“企业的核心竞争力是为企业带来竞争优势的资源和能力。资源是能力的来源，能力是形成竞争力和竞争优势的基础，其通过有形资源和无形资源的不断融合而产生。企业能力建立在企业员工的技能和知识的基础上，知识是企业重要的能力。资源本身并不能产生竞争优势，竞争优势来自于多种资源(包括有形资源和无形资源)的独特组合。相对于有形资源而言，企业的无形资源更有可能形成竞争优势。”②

组织的持续发展不仅需要整合资源，还要能创造出关键资源。蒙哥马利(Montgomery)和科利斯(Collis)将企业资源分为有形资源、无形资源和能力。他们认为，“如果企业能够创造顾客价值的关键资源，且资源具有长期稀缺性和不可模仿性，企业就能获得持续竞争优势”。同时，蒙哥马利和科利斯还进一步用“浴缸比喻”说明组织存量和流量资源，即“浴缸中水的存量是流入浴缸的水与流出浴缸的水的累积结果。浴缸比喻的关键点在于流量可以及时调整，而存量却不能，存量往往是一个组织各种资源和能力整合沉淀的结果”。③

尽管以上组织资源的研究是基于企业发展，且着眼于企业的持续竞争优势，但其关于资源与组织发展的关系及资源对组织的重要性的论述在学校发展中也是相对适用的。资源对于学校组织发展同样至关重要，城乡学校在发展中均离不开资源，各种形式的学校间的合作都反映出学校对于获取各类资源以实现发展的迫切需求。在众多关于义务教育均衡发展的机制研究中，义务教育资源配置也是研究者们重点关注的问题。值得提及的是，当前关于组

---

① Barney. J. Firm Resources and Sustained Competitive Advantage. Journal of Management. 1991, 17(1): pp. 99—120.

② [美]迈克尔·A. 希特，R. 杜安·爱尔兰，罗伯特·E. 霍斯基森著，吕巍等译：《战略管理：竞争与全球化》，北京：机械工业出版社，2002年，第96—107页。

③ [美]大卫·J. 科利斯，辛西娅·A. 蒙哥马利著，王永贵等译：《公司战略：企业的资源和范围》，大连：东北财经大学出版社，2005年，第23—31页。

织与资源的研究已经不仅仅停留在组织对资源的获取或者资源性质的研究上，资源基础理论从竞争优势的视角强调，组织除从环境中获取资源、保住资源外，还要整合资源、创造资源。这种观念对于城乡学校一体化管理中的资源配置研究具有重要的指导意义。

2. 组织网络研究

在开放系统观念下，组织与环境的互动及对资源的需求促进了组织网络的形成，运用网络理念来研究组织关系成为当前组织发展研究的一个新内容。网络化知识经济时代导致组织形态发生了重大变革，雷蒙德·E. 米尔斯(Raymond E. Miles)与查尔斯·C. 斯诺(Charles C. Snow)提出了组织形态的演进，"在继功能型公司、部门型组织和矩阵型组织之后，网络组织成为第四种组织形态"①。网络由"节点"和"联结"(节点间的关系)构成，网络是一个连接网络组成部分的关系系统。斯科特(Scott)提出，在开放系统中，组织不可能独立于环境和其他组织而封闭生存或发展，它必须以某种方式与其他组织形成联系。网络存在于组织内、两个或多个组织间，其联结组织中和组织间个体的方式多种多样，如信息流、工作流、友谊、权威等，这些方式也是组织与合作伙伴、竞争对手以及监管机构之间的联结途径。关于网络组织，贝克(Baker)将其定义为"一种跨越正式边界的整合的社会网络"，迈尔斯(Miles)和斯诺(Snow)定义为"通过市场机制联结在一起的一群公司或专业部门"，这些定义体现了网络组织两个方面的含义，一是跨越正式边界的关系，二是组织间通过机制进行协调。②

随着学校间的广泛合作，组织网络理论也已经被运用到学校组织发展研究中。丹尼尔·穆吉思(Daniel Muijs)在霍普金斯(Hopkins)和雷诺尔兹(Reynolds)提出的"学校改进三阶段"(第一阶段表现为零散的学校改进行动，强调组织变革和学校自我评价；第二阶段表现为学校改进与学校效能间的紧密联系；第三阶段强调学生的成就、课堂教学过程、能力建设和复杂的专业发展方法)的基础上，假设性地提出学校改进已经进入第四个阶段，突出表现为广泛的旨在推动学校改进的学校网络和合作，认为学校网络与合作已经成

---

① 刘延平主编：《多维审视下的组织理论》，北京：清华大学出版社，北京交通大学出版社，2007年，第318页。

② [美]W. 理查德·斯科特，杰拉尔德·F. 戴维斯著，高俊山译：《组织理论——理性、自然与开放系统的视角》，北京：中国人民大学出版社，2011年，第321—333页。

为学校改进和教育改革中的主要范式和实践。[①] 同时，丹尼尔等学者尝试运用社会学、心理学、企业研究的相关成果来描述学校网络组织的理论背景，主要包括四个理论框架：建构主义理论、社会资本理论、涂尔干的网络理论、新社会运动理论。在此基础上，他们还从网络组织的一系列关键要素，如目标、活动、密度、范围和权力关系等探索了学校组织网络间的差异。[②] 有些学者对学校组织网络微观层面的合作机制进行了相关研究，这在后面"政策和体制研究"中将详细介绍。

3. 组织生态研究

如果组织网络是对组织间关系的一种描述，那么组织生态则体现了组织在网络关系上相互依赖、共同发展及不断进化的一种内在要求。卡罗尔(Carroll)和汉南(Hannan)提出，"要像自然科学家为了揭示各种生物群体的生存率和存活条件规律所做的努力一样，组织学家也应该对各种组织的群落给予应有的关注——从单一组织到多单位组织"[③]。组织生态学是由生物的自然选择理论发展而来，引用进化、选择等术语来说明内在的变化过程。组织生态学关注为什么新形态下的组织不断产生，以至形成千姿百态的组织。他们认为，"各组织的适应能力与环境需要变化相比较是十分有限的，在特定种群组织中的创新和变革，主要归因于新形式或新类型的组织诞生"[④]。组织生态学还认为，"当今的组织需要在组织生态系统中共同发展、进化，以便使所有的组织都更加强大。同时，组织通过共同拥有的愿景和同盟使双方共同得到发展"[⑤]。种群生态模式假定，"新的组织总是在不断地出现，组织种群一直处于变化之中，其变化分为三个阶段：变异(variation)、选择(selection)和保留(retention)，即组织种群中不断有新的组织形态出现，经环境选择后，更能

---

① Daniel Muijs. A Fourth Phase of School Improvement? Introduction to the Special Issue on Networking and Collaboration for School Improvement. 2020，21(1)：pp. 1－3.

② Daniel Muijs，Mel West，Mel Ainscow. Why Network? Theoretical Perspectives on Networking. School Effectiveness and School Improvement. 2020，21(1)：pp. 5－26.

③ [美]W. 理查德·斯科特，杰拉尔德·F. 戴维斯著，高俊山译：《组织理论——理性、自然与开放系统的视角》，北京：中国人民大学出版社，2011年，第281页。

④ [美]理查德·L. 达夫特著，王凤彬等译：《组织理论与设计(第10版)》，北京：清华大学出版社，2011年，第196页。

⑤ 刘延平主编：《多维审视下的组织理论》，北京：清华大学出版社，北京交通大学出版社，2007年，第213页。

适应外部环境的组织形态留存了下来”①。组织生态学为学校组织的变革提供了一种新的认知视角，外部不断变化的环境使学校发展从单个组织形式逐步转向多个组织的生态形式，由此，城乡学校一体化也可以被认为是学校生态发展过程中的一个阶段性产物。

4. 组织制度研究

对于业已形成的组织网络、组织生态，如何透过其形式去深度把握组织间关系的本质，制度分析成为组织研究的一项重要内容，它能较清晰地映射出组织关系及其背后的运行机理。

教育研究者们将制度理论运用于学校网络组织的研究中，罗伯特·W. 麦克米金(Robert W. McMeekin)借鉴了制度经济学理论，开展了对学校组织内部制度在减少代理问题、促进学校共同体校际的交易中扮演的角色的研究。麦克米金选取了以促进教育公平为取向的三个学校网络样本，分别来自于智利的圣地亚哥马特学校网络(the Matte Schools)、多个拉丁美洲国家的弗阿莱格里亚学校网络(the Fey Alegría Schools)、美国的加速学校发展项目(the Accelerated Schools Project)。研究得出，“学校网络表现出以下特征：建立简单、明晰的委托—代理关系；体现出学校领导强烈的使命感；设定明确的目标；形成成员校归属感的社会资本；鼓励家长和社区的参与；达成共同体学校间的共识；建立系列的规则；保持系统发展的连续性；指导和监督成员校发展；承担部分行政管理职能；开展成员校绩效评价；对成员校进行奖励和认可；提供输入资源”。研究建议，“要促进学校网络中的成员校积极建设制度环境(institutional climate)”。②

对于城乡学校一体化管理研究而言，制度分析不仅是一项重要内容，也是一个重要的分析工具。制度对组织意味着什么，组织是如何制度化的，以及如何对组织进行制度分析，这些问题都需要厘清。

首先，制度对于组织有什么功能？制度经济学认为，人类的相互交往都依赖于信任，信任以秩序为基础，而维护秩序要依靠各种禁止不可预见行为和机会主义行为的规则——“制度”。由此，制度的关键功能是增进秩序：“它

---

① [美]理查德·L. 达夫特著，王凤彬等译：《组织理论与设计(第10版)》，北京：清华大学出版社，2011年，第214页。

② Robert W. McMeekin(May 14, 2003). Networks of Schools. Education Policy Analysis Archives, 11(16), Retrieved from http://epaa.asu.edu/epaa/v11n16/. 2012-12-30.

是一套关于行为和事件的模式，具有系统性、非随机性。秩序鼓励信赖和信任，并减少合作成本，当秩序占主导时，人们可以预见未来，从而能更好地与他人合作。”①

其次，组织是如何制度化的？塞尔兹尼克(Selznick)提出，制度化是一种过程。“制度化是在组织的历史进程中发生的。组织的制度化反映了组织自己独特的历史，反映了这个组织中的人们、组织所代表的群体及其既得利益，还反映了组织适应其环境的方式。”②迪马吉奥(Paul J. DiMaggio)和鲍威尔(Walter W. Powell)认为，制度轮廓的出现过程由四个部分构成：“组织间互动程度增加；组织之间明确的支配结构和联盟模式出现；组织必须得到满足的信息量增加；共同参与某一任务的多个组织内的参与者之间相互了解或形成共识。”③与此相对应，斯科特依据基础机制提出了三种类型的制度化，即基于回报递增的制度化、基于承诺递增的制度化、随着日益客观化而出现的制度化。斯科特按照制度的规制性(regulative)、规范性(normative)和文化—认知性(cultural-cognitive)三大要素的顺序，对三种制度化类型进行了讨论，并提出，富有生命力的制度化往往是这三种机制相互作用的产物。④

最后，如何对组织进行制度分析？研究者们认为，再没有任何概念比“组织场域”这个概念，同制度过程与组织之间的联系更为密切。“域”的概念源于城市生态学家使用的“组织社区”概念，随着制度视角的出现，理论家们提出了“组织域”的概念，用来表示在同样的规则和意义系统下运行的组织。这些组织由于业务关系或拥有共同的文化规则与意义系统而联结在一起，相互之间的交往比同域外其他组织的交往更频繁。迪马吉奥和鲍威尔认为，组织场域“是由组织建构的、在总体上获得认可的一种制度生活领域，它包括关键的供应者、资源和产品消费者、规制机构以及提供类似服务或产品的其他组织。

---

① [德]柯武刚，史漫飞著，韩朝华译：《制度经济学——社会秩序与公共政策》，北京：商务印书馆，2000年，第33页。

② [美]W. 理查德·斯科特著，姚伟等译：《制度与组织——思想观念与物质利益(第3版)》，北京：中国人民大学出版社，2010年，第28页。

③ [美]沃尔特·W. 鲍威尔，保罗·J. 迪马吉奥主编，姚伟译：《组织分析的新制度主义》，上海：上海人民出版社，2008年，第70页。

④ [美]W. 理查德·斯科特著，姚伟等译：《制度与组织——思想观念与物质利益(第3版)》，北京：中国人民大学出版社，2010年，第130—135页。

一个场域，只有其制度轮廓形成才存在”①。组织场域“界定了一个作为分析对象的组织体系，组织被视为更大的总体性系统的成员，这类系统呈现出不同程度的结构化和一体化状态”②。

(二)城乡学校一体化管理的政策与体制研究

城乡学校一体管理从本质上来说是政策与体制背景下的一种特定实践表现形式，一体化管理的政策与体制研究主要体现在管理政策、制度体制与合作机制几个方面。

1. 管理政策研究

从宏观层面来看，2001 年 5 月发布的《国务院关于基础教育改革与发展的决定》指出，农村义务教育管理体制实行在国务院领导下，由地方政府负责，分级管理，以县为主的体制。2006 年新修订的《义务教育法》规定，义务教育实行国务院领导，由省、自治区、直辖市人民政府统筹规划实施，以县级人民政府为主的管理体制。该规定强化了省级政府实施义务教育的责任，明确了“以县为主”的体制。“在一定历史阶段，农村义务教育责任从以乡镇为主转到以县为主，极大促进了地方政府的办学积极性，加强了农村义务教育经费投入，促进了农村义务教育发展。”③然而，随着经济领域的税费改革，农村教育费附加、农业税等相继取消，乡镇财政收入萎缩，县级财政基础薄弱，“以县为主”的投资体制导致城乡基础教育差距越来越大，同时，县政府在师资编制和调配上权力和能力不足，难以解决农村师资短缺和优质教育资源均衡配置的问题。④ 从我国财政收入分配格局来看，义务教育财政责任由县级政府负担不能保证义务教育的实施。⑤ 根据“缩小差距——中国教育政策的重大命题”课题组的研究，我国教育省内差距大于省际差距，解决这个问题的根本办法是必须让省级政府成为农村义务教育最重要的财政责任承担者，保证在全省

---

① [美]沃尔特·W. 鲍威尔，保罗·J. 迪马吉奥主编，姚伟译：《组织分析的新制度主义》，上海：上海人民出版社，2008 年，第 70 页。

② [美]W. 理查德·斯科特，杰拉尔德·F. 戴维斯著，高俊山译：《组织理论——理性、自然与开放系统的视角》，北京：中国人民大学出版社，2011 年，第 132—137 页。

③ 吴志宏，冯大鸣，魏志春：《新编教育管理学(第 2 版)》，上海：华东师范大学出版社，2008 年，第 57—63 页。

④ 顾明远，石中英：《〈国家中长期教育改革和发展规划纲要(2010—2020 年)〉解读》，北京：北京师范大学出版社，2010 年，第 341 页。

⑤ 王善迈，曹夕多：《重构我国公共财政体制下的义务教育财政体制》，《北京大学教育评论》，2005 年第 4 期，第 25—30 页。

不同地区提供大体相同的义务教育发展条件。[①] 为此，2010年《教育规划纲要》在管理体制改革部分重点提出要“加强省级政府统筹管理义务教育，推进城乡义务教育均衡发展，依法落实发展义务教育的财政责任。”2014年十八届三中全会又进一步强化“扩大省级政府教育统筹权”的指导思想。

从学校层面来看，1985年《中共中央关于教育体制改革的决定》提出“学校逐步实行校长负责制”，2006年新修订的《义务教育法》明确了校长负责制的法律地位。校长负责制即校长对政府主管部门承担学校管理的全面责任，是学校的法人代表，按有关规定行使职权、履行职责，对外代表学校，对内全面负责，其管理权力包括决策指挥权、干部任免权、职工奖惩权和学校财经权。[②] 但研究者们提出，由于中国中小学校长的选任实行政府派任制，权力由政府赋予，校长负责制的实施并未使校长从根本上摆脱外控的管理模式。本应校长同时对上级主管部门和教育当事人(学生)负责，而现实是形成了校长重点向政府负责的态度和权力结构。[③] 因此，必须重构校长负责制，政府只需把握住教育内容和教育质量，而把教育规划、人员聘用、预算编制、教学计划等权力放给学校，实现学校自律性管理，让学校从外控管理走向自主管理。[④] 为此，2010年《教育规划纲要》进一步提出，落实和扩大学校办学自主权，改进、完善政府的管理方式与监管机制，保障学校充分行使办学自主权，并承担相应责任。2014年十八届三中全会继续强调扩大学校办学自主权，完善学校内部治理结构。

2. 制度体制研究

城乡学校一体化管理必须基于教育管理制度的改革与体制机制的创新，许多研究者在这方面进行了探讨。褚宏启提出，城乡教育一体化是指“统筹城乡教育发展，打破城乡二元结构束缚，构建双向互动的教育体系和机制，促进城乡教育资源共享，缩小城乡间教育差距，使城乡全体居民享受均衡的公

---

① 范先佐：《构建“以省为主”的农村义务教育财政体制》，《华中师范大学学报(人文社会科学版)》，2006年第3期，第113—118页。

② 吴志宏，冯大鸣，魏志春：《新编教育管理学(第2版)》，上海：华东师范大学出版社，2008年，第57—63页。

③ 张东娇：《中国与西方国家中小学校长职位权力的比较分析——兼论“校长负责制”与“校长管理制度”》，《比较教育研究》，2005年第7期，第52—57页。

④ 冯大鸣：《重构和再造校长负责制》，《教育发展研究》，2005年第1期，第26—29页。

共教育服务，实现城乡教育均衡、协调、共同发展”①。郭彩琴、顾志平认为“城乡教育一体化不是城乡教育一样化，而是基于城乡各自的特点和优势，合理配置教育资源，形成特色教育，推动办学效益的双向演进”②。李潮海、于月萍提出“城乡教育一体化表现出了长期性、阶段性、历史性、空间性的特征”③。

实现城乡教育一体化，必须打破城乡教育二元结构的制度瓶颈，要改革核心制度、外围制度、保障制度三类制度，其中核心制度包括学生培养和教育质量评价制度，外围制度包括教育投入、教育人事和入学招生制度，保障制度包括教育管理和办学制度。④

关于学生培养制度，研究者们提出在培养目标上要体现教育公平性，城乡既要有共同标准，又要保持适当差异。在培养方式上，城乡课程设置既要遵循义务教育的基础性，又要发挥各自的多样性。⑤ 关于教育质量评价，研究者提出要构建由质量标准、监测和评价体系、问责和改进体系相互结合的质量保障体系。⑥ 关于教育投入体制，研究者提出加强“省级统筹”的财政投入体制，构建义务教育经费投入的保障和监督机制，完善多渠道筹资体制。⑦ 关于教师人事制度改革，研究者们重点提出完善教师补充机制，优化教师城乡交流机制，重建教师培训机制。⑧ 关于入学招生制度，研究者提出要突破城乡二元户籍制度，落实义务教育阶段“两为主”政策，使城乡学生在各级各类教育中拥有平等的入学机会和受教育机会。⑨ 关于教育管理体制改革，研究者们提

---

① 褚宏启：《城乡教育一体化：体系重构与制度创新——中国教育二元结构及其破解》，《教育研究》，2009 年第 11 期，第 3—11 页。

② 郭彩琴，顾志平：《城乡教育一体化的困境与应对措施》，《人民教育》，2010 年第 20 期，第 2—5 页。

③ 李潮海，于月萍：《城乡教育一体化若干基本问题的思考》，《现代教育管理》，2010 年第 4 期，第 14—18 页。

④ 褚宏启：《教育制度改革与城乡教育一体化——打破城乡教育二元结构的制度瓶颈》，《教育研究》，2010 年第 11 期，第 3—11 页。

⑤ 李娟，潘睿：《城乡一体化背景下基础教育阶段学生培养制度的探讨》，《教育科学研究》，2011 年第 5 期，第 10—13 页。

⑥ 赵茜：《城乡一体化的教育质量保障制度研究》，《教育科学研究》，2011 年第 6 期，第 13—16 页。

⑦ 成刚：《促进城乡教育一体化的投入体制研究》，《教育科学研究》，2011 年第 6 期，第 17—20 页。

⑧ 曹原，李刚：《城乡教育一体化视野下的教师人事制度重建》，《教育科学研究》，2011 年第 5 期，第 14—17 页。

⑨ 冯晋婧：《城乡教育一体化进程中的入学招生制度变革》，《教育科学研究》，2011 年第 5 期，第 18—21 页。

出要明确各级政府的权责划分，强化省(市)级政府对城乡教育一体化的权力和责任，建立城乡教育一体化综合评价指标体系。① 关于办学体制改革，研究者们总结了城乡校际的多种合作机制，如“单法人＋多校区”的捆绑式模式、“多法人＋多学校”的结合式模式等，发挥公办学校办学体制改革的积极性，探索公办学校间合作办学方式，逐步建立城乡教育互惠互利的办学体制。②

与此同时，熊才平、吴瑞华从技术保障制度出发，强调信息技术在城乡教育一体化发展中的重要作用。他们认为，通过网络平台实现城乡教师间的教研交流、学生间的学习交流和师生间的网络教学，大大缓解了城乡师资差异问题。以此，研究者们还构建了以信息技术促进教师资源配置的城乡一体化方案模型，并针对城乡一体化讲授型课堂教学、城乡一体化探究讨论式课堂教学、通过网络平台实现城乡教师一体化协同发展等进行了实证研究。③

3. 合作机制研究

以上管理政策、制度体制研究关注的是一体化管理的宏观政策与制度层面，相比较而言，合作机制的研究则更倾向于一体化管理学校间的合作关系和治理结构等微观层面。

从合作伙伴学校间的关系维度，阿巴塞尔·安迪罗(Absael Antelo)和理查德·L. 汉德尔森(Richard L. Henderson)在评价了各种建立合作伙伴关系的典型方法基础上提出，相比其他努力而言，教育制度更有效，它同时还提升了教育的专业化地位。在基于使命、目标和关于各种合法的潜在内部制度化、组织化合作伙伴关系的政策分析假设模型之上，他们重点关注对合作伙伴关系的传统定义。这个假设模型为建立清晰和实用的组织联结提供了基础，使这种联结让每一个潜在的伙伴容易接受。④

在学校的合作类型和动力机制维度，研究者们认为，校际合作主要分为两类，一是由行政部门推动的校际合作，其表现为优质学校与农村学校、薄

① 范魁元，王晓玲：《城乡教育一体化背景下的教育管理体制改革研究》，《教育科学研究》，2011年第6期，第5—12页。

② 高莉，李刚：《城乡教育一体化背景下的办学体制改革研究》，《教育科学研究》，2011年第6期，第9—12页。

③ 熊才平，吴瑞华：《以信息技术促进教师资源配置城乡一体化》，《教育研究》，2007年第3期，第83—85页。

④ Absael Antel, Richard L. Henderson. Formulating Effective School-Corporation Partnerships: A Policy Analysis Model, School Leadership & Management: Formerly School Organisation, 1992, 12(1): pp. 51—61.

弱学校、郊县新校的联合，通过输出品牌、师资、管理等实现以强带弱。[①] 二是学校自发的校际合作，学校自主选择，表现为“强强联合”或跨区域的“特色互补”，主要基于学校自身的内部需求，对资源进行深度整合与有效利用。[②] 基于以上两种合作类型，校际合作体现了两种基本动力：一种是市场动力驱动，学校间通过合作增加各自的价值和利益，其目标是追求教育效率，双方自愿性和平等性较高；一种是政府动力驱动，政府引导学校间合作，均衡配置教育资源，缩小校际间差距，其目标是追求教育公平，合作双方的自愿性和平等性较低。基于这两种动力，中小学合作伙伴关系存在四种动力类型，即弱政府强市场型、弱政府弱市场型、强政府强市场型、强政府弱市场型，由此可以设计四种不同的动力机制。[③]

从学校一体化发展的领导维度，普里西拉·沃尔斯泰特(Priscilla Wohlstetter)等研究者基于洛杉矶安尼伯格挑战项目(the Annenberg Challenge in Los Angeles)的研究数据，以劳拉(Lawler)的高参与模型(High-involvement Model)为理论框架。劳拉的高参与模型认为，为了成功提升组织绩效，资源配置的权力必须下放，利益相关者必须积极地合作，以推进此改革的进程。普里西拉等人研究发现，当学校联盟建立了体现分权和在整个网络中分配组织资源的结构时，学校联盟也就提高了学校改革的能力。[④] 马克·海德菲尔德(Mark Hadfield)探索了学校网络的领导特征，研究基于英国 100 所学校自主倡议形成的大规模学校网络，量化数据来源于一系列的项目——在这个学校网络建立的头两年，这些项目对其进行了广泛的研究和调查。马克运用学校领导力和社会运动理论，分析了战略性网络领导的实践行为与学校网络领导能力的整体提升，探索了各学校领导者之间的互动和他们关系的动态变化，在此基础上提出了“领导学校网络在实质上是否不同于领导一所学校”的问题。学校网络群体领导中，差异化发展会导致压力的增加和努力效果的分散，这种情形下，领导权的剥夺问题(leadership shearing)经常被用来说明日益网络

---

① 闻待：《校际合作共同体的典型实践及特征》，《教育发展研究》，2008 年第 24 期，第 21—25 页。

② 吴永军：《谈谈新课改背景下的校际合作共同体》，《江苏教育》，2009 年第 4 期，第 4—6 页。

③ 薛海平，孟繁华：《中小学校际合作伙伴关系模式研究》，《教育研究》，2011 年第 6 期，第 36—41 页。

④ Priscilla Wohlstetter, Courtney L. Malloy, Derrick Chau, et al. Improving Schools through Networks: A New Approach to Urban School Reform. Educational Policy, 2003, 17(4): pp. 399－430.

化的教育系统对当前领导力带来的挑战。① 克里斯托弗·查普曼(Christopher Chapman)等研究者历时3年对英国的37个学校联盟开展了实施效果调研和系列案例研究，其中重点选取了10个联盟案例，经过了3轮实地调研，访谈了关键的利益相关者。每一个个案的文件资料都提供了重要的背景信息和三角测量的信息来源。对个案的独立研究和个案间的比较研究突出了许多关键的主题、模式和趋势，它们影响着致力于学校与共同体结构重组和文化重塑的合作战略的发展。研究者们探索了学校联盟中关于领导、管理和治理的问题。研究结论表明，在相互依赖的关系背景下，本土化的所有权(localised ownership)和对过程的控制支持了许多治理、领导和管理模型在学校联盟中的发展。②

从学校一体化发展的评价维度，克里斯托弗·查普曼(Christopher Chapman)通过对网络化学习共同体项目(The Networked Learning Communities programme)③进行实证研究，探索了网络学校共同体和挑战性环境下学校改进之间的关系。个案研究样本涉及3个学校网络中的4所学校。研究结果表明，在短期内，学校学生的考试成绩没有显著提升，建议该项目应该大力支持与学校改进能力建设相关的一些过程，但这些过程的深度和广度依据跨网络的具体情况而定。对于在城市和挑战性环境中的学校网络，采用更情境化的方法会取得更大收效。查普曼认为，需要关注这样一个循环路径，即分析背景、保持目的一致性、获取专业知识、采取行动。④ 梅尔·安斯科(Mel Ainscow)对一个城市所有中等学校的网络发展也进行了评价研究，研究认为，学校共同合作可以帮助低绩效学校提升办学激情和教育成就，但这不是一个平坦的过程，学校是复杂的组织，学校间的合作涉及各层面行为和目的的匹

---

① Mark Hadfield. Co-leaders and Middle Leaders: The Dynamic between Leaders and Followers in Networks of Schools. School Leadership & Management: Formerly School Organisation, 2007, 27(3): pp. 259－283.

② Christopher Chapman, Geoff Lindsay, Daniel Muijs, et al. Governance, Leadership and Management in Federations of Schools. School Effectiveness and School Improvement, 2010, 21(1): pp. 53－74.

③ 网络化学习共同体项目旨在通过联合方式支持英国学校改进，项目涉及80个学校网络，覆盖1000多所学校，实施时间从2000年到2006年，之后许多学校继续开展合作，只是变换了合作形式或名称。

④ Christopher Chapman. Towards a Framework for School-to-School Networking in Challenging Circumstances. Educational Research, 2008, 50(4): pp. 403－420.

配，成功运用这些合作方式要处理许多具有挑战性的困难。①

关于学校一体化需要进一步研究的问题，克里斯托弗·查普曼等研究者认为，正式化的学校网络已经成为许多教育系统的重要特征，其在一定程度上实现了促进学校发展的目的，但是其设计和功能还存在局限性。查普曼等人通过研究校本网络探索其特征和对学校改进的贡献，研究结论表明，有三个方面需要继续深入研究：第一，网络中各学校间的结构和平衡；第二，网络中各学校的关系；第三，学校网络的目的和目标，以及网络中各学校的特征。深刻理解了这些问题，才可能实现校本网络的潜在作用。②

(三)城乡学校一体化管理的典型模式研究

模式研究是一种在总结一体化管理经验基础上的提升，其重视对运行机制的考察，表现出一定的系统性和规律性，且相关研究具有较强的区域实践特点。

1. 上海市"委托管理"研究

上海市于 2007 年 7 月启动了"以委托管理推进郊区农村义务教育学校内涵发展"工作，中心城区优质学校或教育中介机构与郊区县教育部门签订协议，派遣管理和教学指导团队，对郊区农村学校进行全方位管理，通过优质教育资源的跨区流动，郊区农村学校的教育质量和办学水平有了显著提升，极大地推动了城乡教育一体化的进程。

蒋志明认为，委托管理主要是政府采取购买服务的方式，委托优质学校或教育机构管理薄弱学校，赋予优质学校对受援学校实施各项管理工作的办学自主权，并请中介机构对管理成效进行评估。其特征表现为：委托双方的契约管理，支援机构的自主管理，团队合作，社会机构评估监控。③ 黄丹凤认为，上海市委托管理的运行机制体现为"管办评"三者分立联动的机制，市区两级教育行政部门负责顶层设计、经费保障、过程管理与问责；支援方开展自主办学，提升办学质量；第三方评估机构负责建立质量保障体系，开展评价。"管办评"三者分立与联动机制推进了教育公共管理改革和政府转变职能，

---

① Mel Ainscow，Andy Howesa. Working Together to Improve Urban Secondary Schools：A Study of Practice in One City. School Leadership & Management：Formerly School Organisation，2007，27(3)：pp. 285－300.

② Christopher Chapman，Mark Hadfield. Realising the Potential of School-based Networks. Educational Research，2010，52(3)：pp. 309－323.

③ 蒋志明：《切实完善委托管理运行机制和实施策略》，《上海教育》，2010 年第 6 期，第 38—39 页。

同时强化了支援机构办学责任主体的身份，避免了传统帮扶项目中的短期行为。① 研究发现，由于支援校和受援校存在价值认同差异、行为取向差异和利益差异，双方的矛盾与冲突成为普遍问题，其主要表现为：认知矛盾和情感冲突，公开对抗和消极不合作，权力冲突和专业分歧。如果冲突解决得当，将对组织发展产生积极效应；如果处理不当，将对组织产生破坏性影响。为有效应对冲突，一要分类明确受援学校标准，规范委托管理制度；二要遵循双赢原则和效率原则，托管前双方充分做好准备；三要共同确立受援学校的发展目标，建立相应的保障机制；四要立足本土，尊重本土文化，用尊重化解矛盾；五要从“输血”转为“造血”，服务受援学校的可持续发展。②

2. 成都市“全域成都教育”研究

“全域成都教育”是成都市在城乡一体化进程中推进城乡教育一体化的重要举措，具有显著的区域特色。2003 年成都市开始城乡一体化试点工作，2004 年成都市出台了《关于统筹城乡教育改革和发展的意见》；2009 年 4 月，成都市政府与教育部、四川省政府共同签订《共建统筹城乡教育综合改革试验区合作协议》，正式成为国家级教育综合改革实验区。

研究者指出，成都市城市发展体现为“三个圈层”，依次为城区、近郊区和远郊区，在此基础上，成都市将城乡教育一体化发展核心理念确定为“全域成都”，即统筹规划三个圈层间城乡教育的发展。2010 年《成都市教育局关于深化城乡学校结对发展工作的意见》提出了中心城区学校对第三圈层学校的帮扶计划，由第一圈层的学校与第三圈层的学校结对，此外，各个郊区(县)的城区学校与农村学校结对，从而形成“主城—郊区城区”“郊区城区—农村地区”两个辐射圈，构成了“全域成都教育”的独特模式。③

在“全域成都教育”的发展理念下，成都市从六个方面入手开展城乡教育一体化建设，即发展规划、办学条件、队伍建设、教育质量、评估标准、教育经费。成都市城乡教育一体化打破了城乡分治的传统思维和行政区划所形成的区域分割，对城乡教育实行统一规划，加强了省市级统筹，提升了教育管理层级，如为促进优质教师资源向薄弱学校流动，将教师管理由“校管校

① 黄丹凤：《上海市农村义务学校“委托管理”工作的实践与思考》，《上海教育科研》，2012 年第 4 期，第 33—36 页。

② 张娜：《委托管理中的冲突与协调》，《教育发展研究》，2011 年第 20 期，第 49—53 页。

③ 刘秀峰，廖其发：《城乡教育一体化的成都模式及启示》，《教育与教学研究》，2012 年第 7 期，第 1—4 页。

用”改为“市管校用”，创新了城乡教育统筹发展的体制机制。

3. 杭州市“名校集团化”研究

“名校集团化”是指在名校的带领下，输出名校的品牌、理念、管理、干部和教师等，采取“名校＋新校”“名校＋弱校”“名校＋农校”等多种办学模式，进行集团化管理或办学。[①] 推行名校集团化是杭州市实现教育公平和教育均衡发展的重要举措。2002 年 9 月杭州成立第一个公办义务教育集团——杭州求是教育集团，到 2007 年，杭州市小学、幼儿园教育集团已达 56 个，成员学校近 200 个，教育集团基本覆盖到杭州市绝大部分地区。

研究者认为，杭州市教育集团分两种办学模式：一种是一体化模式，占总数的 2/3。它以“单法人多校区”为主，总校长统筹调配和管理集团内部的人、财、物，实施管理重构、资源重组的一体化办学。另一种模式是发展共同体模式。各成员校保持独立，核心名校校长只发挥协调作用，通过借鉴管理方式、教师共同培训、校际交流等多种方式，带动集团成员校发展。这种模式中还包括单一办学体制“多法人多学校的松散型集团”(14%)和多种办学体制“多法人多学校的混合型集团”(20%)。

在集团运作制度建设方面，研究者认为，杭州教育集团形成了比较成功的四种机制，包括共享制、章程制、议事制和督导制。共享制下，成员校间教育资源共享、互补和融合。章程制下，集团制定统一的纲领性文件，明确集团的理念、目标和管理体制，规约成员校职责。议事制要求定期对重大事项进行商议，同时协调好名校引领和成员校个性发展的关系。督导制下，集团制定统一的质量标准和考核方式，对成员校的教育教学等实施评估，确保成员校水平大致相同。

(四)小结

通过以上系列研究可以发现：第一，关于城乡学校一体化管理的内涵，基于组织理论研究，城乡学校一体化管理是一个多元组织主体共同参与的运行体系，应体现出开放的、系统的、合作的发展战略观，要运用组织网络和组织生态的思维模式对其进行理解，并对其运行展开制度分析。第二，关于城乡学校一体化管理的体制机制，基于政策与体制研究，城乡学校一体化管理要完善学生培养、教育质量评价、教育投入、教育人事和办学体制等，要

---

① 朱向军：《基础教育均衡发展的杭州模式——名校集团化办学剖析》，2005 年中国教育经济学年会会议论文。

持续研究一体化组织结构领导、管理、相互关系等合作机制。从典型模式研究来看，城乡学校一体化管理体现在相应的机制创新，如上海市“委托管理”建立的“管办评”三者分立联动的机制，成都市“全域成都教育”建立的提升教育管理层级、实现六个一体化建设机制，杭州市“名校集团化”建立的共享制、章程制、议事制、督导制等，同时，当前研究也指出了相关模式在运行中的问题，如学校定位、文化冲突、优质资源稀释等。第三，关于城乡学校一体化管理的内容，理论研究和管理实践中都体现了领导资源、人力资源、课程资源、信息资源等关键资源的共享，强化了优质资源的合理配置与自由流动在城乡学校一体化管理中的关键作用。

与此同时，城乡学校一体化管理还可以在以下三个方面进一步深入研究探讨，一是对城乡学校一体化管理模式的理论分析与构建，二是兼顾城乡学校一体化管理宏观多主体参与运行机制和微观校际关系机制，三是城乡学校一体化管理的主要内容及核心要素。

四、城乡学校一体化管理的发展阶段

城乡学校一体化管理于“十五”时期在全国各地萌生并广泛推行，历时 20 多年，对城乡教育发展和学校组织变革产生了深远影响。通过不断的实践摸索和总结改进，各地城乡学校一体化管理在校际关系上不断紧密，在管理上不断规范化、制度化。北京、上海、成都、杭州等都是开展城乡学校一体化管理实践探索的典型代表。从一体化管理的组织维度来看，这些地区的城乡学校一体化管理表现出了很大的类似性，即城乡学校逐步从松散的学校间联系转向制度性的组织一体化。关于北京市的城乡学校一体化管理，其发展大致可以划分为初步探索时期、制度规范时期和转型提升时期三个阶段。

(一)初步探索时期(2005—2010 年)

“十一五”时期，城乡学校间开始了一体化管理的初步探索，其典型代表项目是“百对城乡中小学手拉手”和“名校办分校”。

2005 年 3 月，北京市教委统筹设计启动“百对城乡中小学手拉手”活动，城乡学校开始大规模地建立支援合作关系。到 2006 年，已有 103 所远郊区县农村中小学与 103 所市级示范高中、优质初中和小学签订手拉手对口支援协议，协议为期 5 年。活动遍及全市各区县，参加手拉手活动的学校占到全市中小学总数的 50%以上，互访交流 1423 次，交流干部、教师、学生超过 1.6

万人次。手拉手活动以开展教学研究活动和德育教育活动为重点，利用互联网、远程教育等媒介共享资源，重点在队伍建设、教育教学管理、课程设置、教学改革等方面提供支持。① 手拉手活动搭建了城乡学校一体化发展的平台，提供了城乡教育互利共享的渠道，带动了城乡教育共同发展，为促进农村义务教育起到了积极作用。城乡学校在手拉手的过程中取得了许多成绩，同时也表现出了很多的问题：城乡学校间的对口帮扶工作没有明确的任务要求、合作机制和制度保障，支援活动在时间上、内容上、形式上随机性强，手拉手协议的约束性较弱，其援助效果呈现出较大差异。由于相关机制建设不足，部分城乡学校间的手拉手关系逐渐弱化甚至中断，还有部分城乡学校转入了新的合作模式。

与此同时，2005 年北京市发展改革委员会牵头，会同北京市教委在全市范围内开展了“名校办分校”试点改革工作。名校办分校是在基础教育阶段依托教育质量水平较高学校的优势，通过跨区域整合基础教育资源，引导优质教育资源向农村地区、薄弱学校扩散，从而促进基础教育高标准高质量发展的政策机制。② 名校办分校主要采取了两种办学模式：一是名校向分校派驻人员模式。名校向分校派驻管理人员，参与分校管理，具体指导分校的日常管理、教育教学及教科研工作。二是人员短时交流、教育资源共享模式，即建立两校干部、教师、学生相互交流制度，选派本校优秀教师、优秀班主任与分校教师、班主任建立帮扶关系。通过讲座、研讨、听评课等形式，指导分校教师工作。定期安排分校干部教师到本校学习锻炼，为分校培养干部教师和骨干教师。提供分校学生与本校学生定期交流的机会，促进学生综合素质的提升。共享学校各类教育资源，互利互用，共同提高。③ 相比“手拉手”形式，名校办分校在组织建设和机制保障方面更进一步：一是市级层面加强统筹，加大经费投入，使名校和分校的硬件条件都达到了较高标准；二是区县给予办学支持，名校、分校及分校所在地政府之间签订双方或三方协议，协议期一般为 3—5 年，名校通过所办分校获得相关补偿；三是名校与分校间建立共同发展机制，在学校管理、教师发展、深化课程教学改革、教学质量提

---

① 赵正元：《北京城乡中小学对口支援带动城乡教育共同发展》，《中国教育报》，2006 年 12 月 6 日第 1 版。

② 乔树平，薛二勇：《名校办分校的现状、问题与对策》，《“加快新建居住区公共服务资源优化配置，促进城市人口疏解研究”课题报告集》，北京：北京市政府研究室，2011 年。

③ 北京市教育委员会：《名校办分校专题调研报告》，2012 年。

高、学生交流互动等方面加强合作。分校通过复制、移植名校的办学理念、管理模式、教育教学方式等，实现了学校的高起点发展。但同时，名校办分校在这一时期也存在许多问题：一是由于“以县为主”的教育管理体制和投入体制，跨区县的名校与分校在办公经费、教师编制、绩效工资等方面存在差异，加之缺乏专项经费和富余教师资源支持，名校与分校合作受到制约；二是由于社会对名校需求的不断增加，在优质教育资源有限的情况下，部分名校办分校项目被迫开始出现形式化的倾向，只能输出“校名”，而无力对若干农村学校同时输出干部教师和教育教学资源，没能完全实现预期效果。

总的来看，在城乡学校一体化管理的初步探索时期，北京市在体制机制上不断探索，大力促进了城乡学校间的一体化建设，促进了优质教育资源的辐射和深度共享，逐步突破了单个学校组织发展的边界，形成了两个或多个学校在统一的管理框架下共同发展的局面。然而，这一时期的一体化管理在制度建设上还存在不足，有待规范与完善。

(二)制度规范时期(2011—2015 年)

进入“十二五”时期，首都义务教育均衡发展目标从基本均衡转向优质均衡，强化学校内涵发展，深化体制机制创新，在“十一五”发展的基础上，进一步推进城乡学校一体化发展，建立优质资源共享的政策和管理环境，实现优质资源的辐射和共享。据统计，截至 2012 年年底，全市通过优质资源辐射的方式，新增义务教育阶段优质学校 269 所。①

2011 年北京市颁布《北京市中小学建设三年行动计划(2012—2014 年)》，开展“城乡新区中小学建设工程”，在城市功能拓展区和城市发展新区每年重点支持 15 所学校的基本建设。同时，重点支持 15 所学校补充设施设备，实行“一个法人、一体化管理”改革试点，建立对优质资源输出学校的奖励和补充机制。② 2012—2014 年，北京市共建设 65 所城乡一体化管理学校。市教委为此专门制定了《北京市城乡新区一体化学校建设管理办法》(以下简称《办法》)，对城乡新区一体化学校建设的组织管理和分工、基本建设和设备设施、经费管理、学校管理体制机制、教育教学、督导评估、监督检查等提出了明

① 杨志成：《新世纪以来北京市义务教育均衡发展的理论与实践》，《北京教育(普教版)》，2013 年第 6 期，第 6—9 页。

② 首都之窗：《关于印发北京市中小学建设三年行动计划的通知》，http://www.beijing.gov.cn/szbjxxt/zwgs/t1242707.htm，2012 年 9 月 29 日。

确的工作要求，为区县、学校开展一体化学校建设与管理改革实验提供了政策依据和行动指南。《办法》提出，学校一体化管理采取两个校区“一个法人、一体化管理”，由政府统筹协调，经费实行市级引导，以优质资源输入区县为主负责筹措。输入和输出双方区县教委签订托管协议，输入学校和输出学校实行一个法人代表，校长在两个校区拥有同等的财务、人事、教育教学、文化建设等各项权力，确保两个校区办学经费、教师编制、福利待遇等完全统一，实现两个校区校园设施、办学经费、干部教师、教育教学、课程资源、教研培训、文化建设的一体化管理。城乡学校一体化管理试验是名校办分校形式的深化，它总结、继承了原名校办分校的经验，坚持市级统筹、区县支持、学校合作的运行模式，同时，它还尝试破解原名校办分校过程中出现的跨区县体制障碍问题，主要体现在：一是提出了两校一个法人代表的办学体制，通过赋予校长在两校同等的人事、财务、教学等权力，为实现两校一体化管理创造条件；二是提出确保两个校区办学经费、教师编制、福利待遇等完全统一，试图创新城乡教育一体化发展体制机制建设，突破因现行教育管理体制产生的区县差异，实现真正意义上的城乡学校一体化发展。

这一时期，城乡学校一体化管理在制度层面有了明显改进，逐步呈现出从零散制度到规范制度的完善过程。在教育行政部门的主导下，通过相应的政策设计、委托契约、区域支持等为城乡学校一体化管理建构了良好的制度环境，有效促进了城乡学校一体化管理的行动的合法性、运行的秩序性和发展的持续性。

(三)转型提升时期(2016—2020年)

“十三五”时期，为进一步扩大优质教育资源的覆盖面和受益面，北京市大力推进教育集团发展，城乡学校一体化管理逐步由原有的“一对一”城乡学校一体化管理转变为“一对多”的教育集团化办学，促进了城乡学校一体化管理的转型提升。

《北京市“十三五”时期教育改革和发展规划》提出“拓展基础教育优质资源，办好百姓身边学校”的主要任务，要持续巩固义务教育均衡发展成效，不断扩大优质教育资源供给，加大教育资源整合力度，支持推进集团化办学探索，形成有效的配套管理机制。2018年，北京市教育委员会发布《关于推进中小学集团化办学的指导意见》(以下简称《指导意见》)，提出了集团化办学的五个原则和四项任务，这对进一步促进城乡学校一体化管理具有重要意义。首先，《指导意见》延续了城乡学校一体化管理的基本结构。城乡学校一体化管理由市级统筹投入、区级签署委托协议，普遍建立了3—5年的一体化管理契约关系，协议到期后城乡学校一体化管理需要寻找新的投入方式，一体化管理关系也随之调整。集团化办学有效延续了城乡学校一体化管理，并为之提供了一种新的发展方式。这个过程中，作为集团牵头校的输出学校与作为集团成员校的输入学校之间仍然保留了原有的管理关系，继续实施一个法人一体化管理或两个法人一体化管理的运行机制，这也正好融入教育集团的"一个法人一体化、多个法人联合体"的治理结构中。其次，《指导意见》拓展了城乡学校一体化管理的资源平台。城乡学校一体化管理最初是将城区优质教育资源向农村辐射，促进输出学校和输入学校在校园设施、干部教师、教育教学、课程资源、教研培训、文化建设等方面的资源共享。《指导意见》提出，教育集团要促进共享，发挥资源辐射作用，要促进集团内场地设施资源共享，支持集团内课程教学资源共享，鼓励集团内干部教师交流，倡导文化引领集团学校内涵发展。由此，原城乡学校一体化管理的资源共享是发生在输出学校和输入学校两所学校之间的，教育集团则将这种资源共享范围拓展到了集团内的多所学校间，极大地扩展了输入学校获取优质资源的"半径"，为促进城乡学校一体化管理搭建了一个更广阔的资源共享平台。最后，《指导意见》深化了城乡学校一体化管理的相关制度。城乡学校一体化管理在启动之初已制定了相关管理办法和制度建设要求，为有效推进城乡学校一体化管理发挥了重要作用。但由于一些体制性障碍，在一定程度上影响了一体化管理的深度推进，如干部教师轮岗流动等，这些障碍需要在一体化管理机制和制度上进一步改革创新。《指导意见》提出，要激发集团发展活力，探索更加灵活的用人制度，优化干部教师薪酬制度，创新人才联合培养和贯通培养机制。这些任务要求进一步推动了城乡学校在师资配置、学生培养等维度的一体化，为深化城乡学校一体化管理提供了制度保障，提升了城乡学校一体化管理的程度。

鉴于此，在这个时期，城乡学校一体化管理借助集团化办学，在保持原有的行动合法性和运行秩序性的基础上，在一体化管理的组织结构、资源共享和制度创新等各方面都得到了有效的优化，使城乡学校一体化管理的运行方式实现了新的转型提升。

五、城乡学校一体化管理的发展特征

通过城乡学校一体化管理的发展历程可以发现，城乡学校一体化管理在学校组织发展层面表现出两个显著特征，一是城乡学校组织间的网络化发展，二是城乡学校组织间的制度化发展。

(一)组织结构网络化

对于城乡学校一体化管理，微观上，它是城市输出学校与农村输入学校之间的合作与制度化建设，是两个节点的简单网络联结。宏观上，它旨在将城市学校优质教育资源辐射到农村学校，促进城乡教育公平，它由市级教委统筹、区(县)教委参与，共同为学校一体化管理提供保障。基于此，城乡学校一体化管理是多层面、多节点、多种联结的复杂网络结构①(如图 1-1)。具体表现为：第一，从网络层次来看，城乡学校一体化管理的网络组织分为学校、区(县)教委和市级教委三个层次。市级教委是城乡学校一体化管理的政策制定者和统筹管理者，区(县)教委是城乡学校一体化管理的政策落实者和协调者，学校是城乡学校一体化管理的政策执行者和直接受益者。第二，从网络节点来看，城乡学校一体化管理的网络组织包括市级教委、城市输出区教委、农村输入区(县)教委、城市输出学校、农村输入学校五个关键节点。其中，城市输出学校和农村输入学校是城乡学校一体化管理网络结构的核心节点，是实施城乡学校一体化管理的核心主体；市级教委、输出区教委与输入区(县)教委是次节点，是推进城乡学校一体化管理的保障性客体。第三，从网络联结来看，城乡学校一体化管理网络联结分为两种类型，一种是垂直的行政领导型联结，如市级教委与区(县)教委、市级教委与学校、区(县)教委与学校，强调节点间落实、执行和保障城乡学校一体化管理政策的行政关系；另一种是平行的指导合作型联结，一般采用契约或协议方式，如输出学校与输入学校、输出区教委与输入区(县)教委，强调城乡学校一体化管理过程中节点间的合作、互助和互赢。

① 孟繁华，陈丹：《城乡学校一体化管理的网络组织形成、特征及研究路径》，《教育研究》，2013 年第 12 期，第 40—45 页。

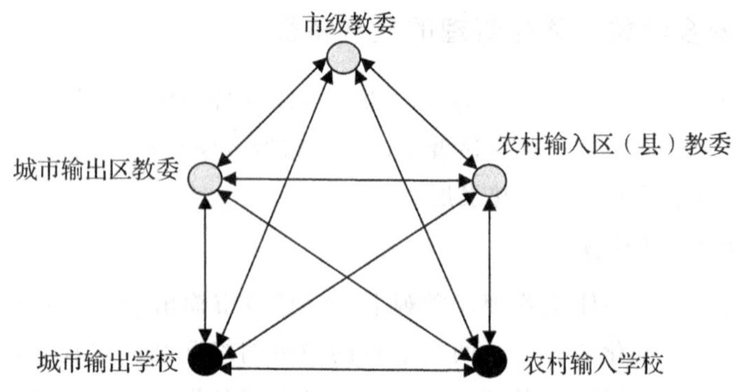

图 1-1　城乡学校一体化管理的网络组织结构图

1. 从单方帮扶转向双方共赢的网络合作

合作的目的是双赢，这是多数网络组织形成的动因。城乡学校一体化管理的初衷是将城市学校的优质教育资源输入农村学校，帮助农村学校提升教育质量，主要表现为单方的扶持。但随着实践的深入，城乡学校间的合作关系逐步从单方扶持转向了双方共赢。一方面，城市学校优质的办学资源、管理资源、教师资源、课程资源等为农村学校的发展注入了新的能量，极大地促进了农村学校的教育质量；另一方面，城市学校在帮扶的过程中，因应对新环境的挑战逐步深化了自身对教育和学生的认识，丰富了自身管理和教育教学经验，争取了自身发展的政治资源和社会资源，在输出优质教育资源的同时为自身赢得了新的发展资源。与此同时，输出区教委和输入区(县)教委在一体化管理的过程中，二者的关系也经历了从单边的帮扶到双方深入开展教育合作的转变，如输出区为输入区(县)提供智力援助、信息渠道和资源平台，输入区(县)为输出区提供教育场地、培训资金、人事资源和教育实验基地等支持。

2. 从单一学校组织到多个学校组织的网络生态

“当今的组织需要在组织生态系统中共同发展、进化，以便使所有的组织都更加强大。”①学校组织形态同样也在经历着类似的发展，城乡学校一体化管理就是这种发展的直接体现。在城乡教育公平、教育一体化的背景下，城乡学校一体化管理改变了城乡学校间传统的相互独立、相互分离、相互竞争的

① 刘延平主编：《多维审视下的组织理论》，北京：清华大学出版社，北京交通大学出版社，2007 年，第 213 页。

状态，通过城乡学校间的扶持、合作，逐步形成了城乡学校间相互支持、相互促进、共同发展、有机融合的学校组织网络生态。每一所学校不再独立发展，而是融于学校组织网络发展生态中。对于学校发展的评价，也不是仅限于单一学校组织取得的成绩，而是强调学校组织网络的共同发展。对于这一点，近些年城乡学校一体化管理发展的历程可提供大量佐证：从最初的学校间松散的情感联系或"手拉手"，到学校间的契约式的合作伙伴，再到现在广泛的制度化的学校发展共同体、教育集团、学区化等，学校组织形态从单一学校组织不断向多个学校组织发展，这些实践共同推进着学校网络组织生态的发展。种群生态模式假定，"不断有新的组织形态出现，经环境选择后的组织形态才能留存下来"①。鉴于时间和空间原因，我们现在还不能证明城乡学校一体化管理的这些形态都能被选择和保留下来，但至少这些变化代表了环境对学校发展的要求及学校组织发展的进步。

3. 从学校间联结到学校网络间联结的拓展

由于组织的开放性，每个组织都存在一个庞大的外部组织网络。两个组织节点基于特定目标产生关联后，组织节点原有的组织网络可以通过这两个组织节点形成新的直接或间接的联系，从而使得组织网络的规模逐步扩大。这一点在城乡学校一体化管理的实践中表现尤为明显(如图 1-2)。一方面，输入学校通过输出学校获得了更广泛的组织网络和资源网络，如输出学校多为优质学校，成立了教育集团或教育联盟，输入学校通过与输出学校的合作关系进入了这些教育联盟，为输入学校拓展组织网络搭建了平台；又如输入学校通过输出学校能参与输出区教研部门开展的各种教研活动，参与输出学校开展的各种专家讲座、培训和课题研究，为输入学校提升教育教学质量提供了丰富的资源网络。另一方面，输出学校通过输入学校直接或间接地将优质教育资源辐射到了输入学校所在区(县)的教研机构、其他学校等，扩大了输出学校的资源辐射面，拓展了输出学校的网络组织范围，如输出学校在对输入学校开展教学教研指导时，输入区(县)教研中心会组织区(县)里其他学校教师共同参与学习。城乡学校一体化管理突破了学校原有的网络组织界限，在一个新的更大范围的网络组织中为学校发展不断地输入人员、信息和资源。

---

① [美]理查德·L. 达夫特著，王凤彬等译：《组织理论与设计(第 10 版)》，北京：清华大学出版社，2011 年，第 198 页。

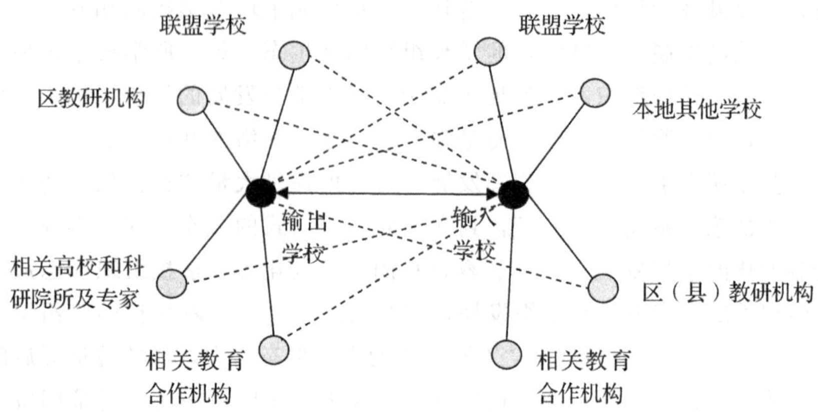

图 1-2　城乡学校一体化管理的网络组织拓展图

(二)组织关系制度化

网络化表现了城乡学校一体化管理中的组织间的联结方式，它能说明组织间存在着一定的关系，但是，这种关系是什么性质？紧密程度如何？能否为城乡学校一体化管理创造必需的条件？单从网络本身来看似乎不能解决这些问题，它必须通过制度的建设为网络联结提供有力的黏合剂和催化剂。实践证明，城乡学校一体化发展是一个组织结构网络化的过程，也是一个组织关系不断制度化的过程。

1. 城乡学校一体化管理的制度化需求

制度保障了城乡学校一体化管理的合法性。组织在社会中生存与发展，除物质资源和技术信息之外，还需要得到社会的认可与信任，社会学家们称其为合法性。从制度观念来看，合法性是一种"反映被感知到，与相关规则和法律、规范支持相一致的状态，是一种以外部可见的方式来展示的符号性价值"①。作为一种新的学校组织发展形态，城乡学校一体化管理涉及对组织间权力结构和关键资源的重新调整和分配，而权力结构的调整因关乎诸多相关利益体而遭遇了一定的阻力，对于一体化管理中的学校，无论哪一方都需要获得足够的行动合法性以推动一体化管理的进程。在我们的时代，政府机构、专业协会和行业协会对组织的认可、证明或委托常常成为组织是否具有合法

① ［美］W. 理查德·斯科特著，姚伟等译：《制度与组织——思想观念与物质利益(第 3 版)》，北京：中国人民大学出版社，2010 年，第 67—68 页。

性的重要标志。[①] 城乡学校一体化管理是在教育行政部门的主导下，通过相应的政策设计、委托契约、行政推进等策略为学校一体化管理建构了一定的制度环境，为一体化管理合法性的获得发挥了决定性作用。

制度为城乡学校一体化管理提供了秩序性。制度是规则，旨在增进信任和秩序。完善的规则可以明晰城乡学校一体化管理中相关主体的权力、责任和义务，对城乡学校一体化管理中需要做什么、谁来做、如何做等问题进行基础性的规定；良好的秩序可以帮助城乡学校一体化管理创建有利的运行环境，促进各类资源的协调整合，促进一体化管理目标的实现；充分的信任是城乡学校一体化管理的情感体现，是实现一体化管理重要的非制度性因素，许多合作实践可以证明，这种组织间的情感有时甚至能超越制度的约束或限制力量，对合作起到关键的推动作用。

制度保障了城乡学校一体化管理的持续性。组织理论家们将规制性、规范性和文化—认知性确定为制度的三大要素。规制性强调制度对行为的制约、规制和调节；规范性强调制度还存在说明性、评价性和义务性的维度；文化—认知性体现制度对组织文化的反映及通过制度对组织的信念、价值、惯例的基本认知。[②] 城乡学校一体化管理需要制定共同的协定和制度，实现从部分到整体、从独立决策到共同决策、从个体利益到全体利益的转变，在这个过程中，除了制度的规制性、规范性保障一体化管理的合法性、秩序性、稳定性外，还需要通过制度的文化—认知性，在一体化管理组织间形成共同的愿景、发展信念和行动逻辑，建立共同的文化价值体系。这些不仅为城乡学校一体化管理持续性发展提供了支持，更能推进学校一体化管理在技术层面、制度层面之上的价值层面的追求。

2. 城乡学校一体化管理的制度化过程

斯科特(Scott)认为，制度化过程包括基于回报递增的制度化、基于承诺递增的制度化、随着日益客观化而出现的制度化，基于此论述，城乡学校一体化管理的制度化过程具体表现为：

第一，基于回报递增的组织初期互动。在开放系统观念的影响下，学校

---

① [美]W. 理查德·斯科特著，姚伟等译：《制度与组织——思想观念与物质利益(第3版)》，北京：中国人民大学出版社，2010年，第69页。

② [美]W. 理查德·斯科特著，姚伟等译：《制度与组织——思想观念与物质利益(第3版)》，北京：中国人民大学出版社，2010年，第58—67页。

间的关系发生了两个转变，一个是从疏于联系到频繁联系，另一个是从竞争关系到合作关系，这种关系的转变既有来自政府的政策性要求，也有来自学校自发的行为。部分学校间的这种互动产生了良好效果，为学校共同发展赢得了声誉、质量和资源，而且随着学校间互动的增加，“正反馈”过程不断凸显，由此，受到学习效应和协同效应的影响，各地学校间的互动广泛开展并在形式上不断丰富和拓展，成为学校组织发展的新趋势。但是，这一时期学校间的关系还处于简单的互动，互动的内容仅限于部分人员、信息、资源等要素交流，互动的形式主要以各种临时或偶然性的活动为主，可能制订了一些相关计划或安排，但没有建立规范的互动制度，学校间的关系相对独立和松散，基本没有触及学校的目标、文化价值体系、组织结构和管理的变革。

第二，基于承诺递增的组织模式转变。城乡学校一体化管理从松散联系阶段到形式结合阶段最突出的变化表现为组织间从仅限于部分要素的交流转变为组织模式的改变。学校发展由原来的单个学校努力转变为两个学校的共同努力，合作学校间具有明显的承诺特征，协议或合约成为加强学校合作的规范性制度建设。双方都十分尊重这种合约，在这个基础上，学校间在发展目标、教育教学、教师交流、管理模式和组织协作等方面也随之步入制度化建设，如学校间制订同步的教学计划、采取相同的教学管理模式、开展定期的教学教研活动、建立相应的协调机制等。对于输入学校来说，除了可以获取第一阶段的外来信息和资源外，在学校组织和管理上也因为组织发展模式的转变而获得极大的改善。一体化管理开始关注在目标、规范、结构等方面的学校制度建设与完善，但相对“浓”的制度化还需要经历一定阶段的发展历程。

第三，基于日益客观化的组织共识形成。共同信念的日益客观化在制度化中发挥着重要作用。在经历了组织互动和组织模式转变后，城乡学校一体化管理进入了在思想观念层面的发展共识形成阶段。发展共识包含四层含义：一是学校间相互认可信任，形成了共同的利益基础；二是学校间形成了共同的发展信念，建立了共同的发展战略和组织愿景；三是学校间对一体化管理的理念、模式和治理形成共识，基本实现了学校间管理的一体化；四是学校间形成了共同的价值观和文化理念，嵌入了学校间的行为方式、符号和人工器物等。在这一阶段，城乡学校一体化管理的重点从关注学校的技术层面、制度层面提升到了学校的价值层面，城乡学校一体化管理制度逐渐被“沉淀”，“浓”的制度化特征逐步显现。如坎贝尔所说，“日益客观化的制度化强调的是思想观念的作用，其中最有力的思想观念是存在于讨论背景之中的、被视作理所当然的各种预设和假定”①。

总的来看，城乡学校一体化管理是在特定的时代背景下形成和发展的，它的历程也折射出了这个时代的某些鲜明特征：坚定地追求社会公平，广泛地构筑组织网络，持续地推进制度建设。这些历程与特征构成了认识城乡学校一体化管理的基本起点。

① ［美］W. 理查德·斯科特著，姚伟等译：《制度与组织——思想观念与物质利益(第3版)》，北京：中国人民大学出版社，2010年，第133—135页。

第二章　城乡学校一体化管理的实践调研

开展城乡学校一体化管理实践调研是城乡学校一体化管理研究的重要内容，也是构建城乡学校一体化管理模式的重要基础。城乡学校一体化管理涉及哪些内容维度、管理现状如何、取得了什么成效、存在哪些问题及影响因素是什么等，全面把握这些问题都需要深入的实践调研。以下将详细呈现开展城乡学校一体化管理实践调研的过程与结果。

一、探索城乡学校一体化管理的内容维度

2012 年，我们从启动的第一批 15 对城乡一体化建设学校随机选择了 6 对访谈样本校，访谈了样本校的校长(执行校长、副校长)14 人、中层干部 5 人、教师 14 人，整理访谈原始录音文本 26 份(因访谈形式包括个别访谈和 2—3 人的座谈，访谈记录数量少于访谈对象数量)。运用 Nvivo 8.0 软件，将 26 份访谈记录分别建立文件，形成 26 份材料来源，然后对其进行编码和统计分析。针对城乡学校管理的主要表现共形成了 7 个二级树节点和 49 个三级树节点，同时通过比较相关节点的材料来源和参考点统计数据，探索城乡学校一体化管理的主要维度及相关内容。

根据访谈记录编码及统计数据(见表 2-1)，城乡学校一体化管理主要表现在 7 个方面，依次是教研培训、教师、教学、行政、课程、文化和德育。

表 2-1　城乡学校一体化管理的主要维度一览表

二级树节点	材料来源(份)	参考点(次)
教研培训一体化管理	25	79
教师一体化管理	24	49
教学一体化管理	20	58
行政一体化管理	17	45
课程一体化管理	16	18

续表

二级树节点	材料来源(份)	参考点(次)
文化一体化管理	15	24
德育一体化管理	9	28

首先，教研培训一体化、教师一体化、教学一体化是城乡学校一体化管理的核心内容，几乎每一份访谈资料中都涉及教研培训、教师、教学一体化管理的内容，教研教学形式多样、活动丰富，教师资源全面统筹管理与配置，为两校一体化管理提供强大的人力支持，这三方面在两校一体化管理过程中占据首要地位，体现了两校一体化管理高度关注输入学校的教育教学质量。其次，行政一体化是城乡学校一体化管理的保障性内容。行政管理通过规划、组织、协调等职能保证学校按照既定目标稳步发展，行政一体化创新了城乡学校一体化管理体制，有效促进了两校统筹发展规划与决策，帮助输入学校建立科学的管理模式，提高输入学校管理水平。最后，课程一体化和文化一体化是城乡学校一体化管理的手段性内容。课程体系对学生的成长与全面发展具有很大的影响，它是教育教学的一种显性载体。文化则体现了学校的教育教学和管理理念、行为等的基本价值观，体现了学校发展的一种隐性特征。城乡学校一体化反映出显性课程和隐性文化一体化相结合的“内外兼修”。以下将逐一呈现这七个维度的具体内容。

(一)教研培训一体化管理

根据“教研培训一体化管理”编码和统计数据(见表2-2)，两校教研一体化的内容可以分为三类。一是两校共同开展各类教研活动，如共同教研、培训、国际交流、申报课题等，这是教研一体化的主体。其中，共同参加各类培训、教研活动尤其突出，如培训包括入职培训和相关专题培训讲座，教研包括日常教育教学教研和相关专题教研。二是输出学校为输入学校提供各类教研资源，如指导教师、输出区教研平台等，这对提升输入学校教研水平发挥了重要作用。其中，输出学校教师帮助指导输入学校教师的形式得到普遍应用和认同，指导形式包括常见的一对一师徒指导、学科专家专题指导、专家团队集体指导等，帮助输入学校教师不断改进教育教学工作。三是输入学校努力改进本校教研。除输入学校复制输出学校教研活动形式外，输出学校协调输入学校参加输出区教研活动发挥着重要作用，这一点得到了输入学校教师的高度认可，路途的遥远也没有阻挡教师们的热情，教师们通过参与输出学校教研活动受益匪浅。

表 2-2 “教研培训一体化管理”维度的子项一览表

三级树节点	材料来源(份)	参考点(次)
两校共同参加培训	20	25
两校共同参加教研	18	29
输出学校教师帮助指导输入学校教师	18	21
输出学校协调输入学校教师参加输出区教研活动	12	15
输入学校复制输出学校教研活动形式	2	3
两校统一教研任务要求	1	2
两校共同申报课题	1	1
两校共同参加国际交流	1	1
两校开展网络互动	1	1

(二)教师一体化管理

根据“教师一体化管理”编码和统计数据(见表 2-3)，教师一体化的内容主要包括教师的编制、招聘、配置、轮岗、培养、评价等，其中，输入学校教师的培养、教师轮岗、教师招聘、教师配置在教师一体化管理中占据重要地位。首先，输出学校均承担了为输入学校培养教师的重任，一般采取输入学校教师轮流到输出学校长期(约 6—12 个月)或短期(1—6 个月)学习的形式，通过“浸泡式”培养，系统提升输入学校教师专业能力。访谈中，输入学校教师们对这种方式都十分认可，并都倾向于长期学习形式。其次，部分学校已经开展教师轮岗，两校教师通过制度性的岗位交流，双向提升输入学校教育教学质量。其他城乡学校间表现出开展教师轮岗的意愿，但因很难解决跨区造成的一系列问题而对教师轮岗制度持保留态度。再次，城乡学校一体化初期，多数学校共同招聘教师或者输出学校协助指导输入学校招聘教师，为输入学校在教师入口上把好关，相对统一两校教师入职标准，逐步缩小两校教师起点差距，同时为两校教师资源的统筹配置提供了基础性条件。最后，部分有条件的城乡一体化管理学校实现了根据两校教育教学需求统筹配置两校教师资源，尤其是对于新建的输入学校，在建校初期，输出学校已经做好了教师资源统筹规划，但对于大多数一体化管理学校而言，统筹配置两校教师资源仍然受到跨区域的诸多限制。

表 2-3 “教师一体化管理”维度的子项一览表

三级树节点	材料来源(份)	参考点(次)
输入学校教师到输出学校培养	11	20
两校采取教师轮岗	8	9
两校教师招聘一体化	5	6
两校教师配置一体化	4	8
两校教师编制一体化	2	2
输入学校借鉴输出学校教师招聘制度	2	2
两校教师评价一体化	1	2
两校教师评价属地化	1	1

(三)教学一体化管理

根据“教学一体化管理”编码和统计数据(见表 2-4),教学一体化主要体现在四个方面:一是共同参与教学活动,如备课、课堂观摩、评课、比赛、教学评估等,这是教学一体化管理的主体内容。其中,输入学校教师观摩输出学校教师课堂、共同备课和听评课在教学一体化过程中最为普遍,而课堂观摩尤为突出。二是共享教学资源,输出学校教师的教学设计、教学辅助资料、试题库、课题研究成果等宝贵教学资料均向输入学校教师开放,大大丰富了输入学校教师的教学资源。三是统一教学评价。教学评价是通过学生的成绩来检验教师的教学质量,部分学校通过这种方式统一了两校教师教学的质量标准,切实缩小了两校教学质量差距。然而,大部分学校由于教师间和学生间差距较大,短期内还无法统一两校教学质量标准。四是教学实施关注学生差异。面对两校学生存在差异的客观现实,输入学校教师在接受输出学校的教师指导后,通常会依据本校学生特点进行创造性应用,同时对于其教学资料也是有所选择地使用。在此需要说明的一点是,差异教学并不是降低质量标准,而是因材施教,实现个性化的学习与发展。

表 2-4 “教学一体化管理”维度的子项一览表

三级树节点	材料来源(份)	参考点(次)
输入学校教师观摩输出学校教师课堂	14	19
两校共同备课和听评课	9	11
两校共享教育教学资源	8	8
两校统一教学评价	7	11
两校教学实施因学生差异存在不同	6	9
两校共同参与教学视导评估	6	7
两校共同参加教学比赛	3	4
两校统一教学质量要求	1	2
输入学校兼顾两区教学要求	1	1

(四)行政一体化管理

科学的行政管理工作是学校教育教学工作的重要支持与保障，它能帮助学校厘清发展目标、组织结构、工作流程和制度安排，确保学校有序稳步发展。根据“行政一体化管理”编码及统计数据(见表 2-5)，行政一体化主要体现为以下三点：第一，探索“一个法人”的管理体制。大约一半的学校开始尝试由输出学校校长兼做两校法人，输入学校校长改为执行校长。其中，输出学校委派或推荐校长和管理人员的做法最为普遍。第二，统一两校重大行政决策。大多数两校间并没有开展完全的统一管理，主要是建立了两校统一行政汇报与决策制度。由于输出学校拥有对输入学校重点工作的决策权或建议权，几乎每个输入学校学期初和学期末都会到输出学校共同参与学校计划会和总结会，甚至部分输入学校实现了每周到输出学校参加行政例会。从决策方面来看，“一个法人”体制的学校间，重大问题基本由两校统一决策，而“两个法人”体制的学校间，输入学校在重大问题上也会征求输出学校意见。第三，着力提升输入学校管理水平。输出学校采取了多种方式改善输入学校的管理，包括将好的管理模式复制到输入学校、培训输入学校的管理人员、开展干部交流及逐步改革输入学校管理制度等。

表 2-5　“行政一体化管理”维度的子项一览表

三级树节点	材料来源(份)	参考点(次)
输出学校委派或推荐校长和管理人员	11	18
两校共同参与行政会	7	7
两校一个法人	6	6
两校完全统一管理	4	11
两校共同决策	4	5
输入学校复制输出学校管理模式	4	5
输出学校培训输入学校管理人员	3	3
两校开展干部交流	2	2
输出学校逐步改革输入学校管理制度	2	2
输出学校对输入学校开展民主管理	1	2

(五)课程一体化管理

为提升学生的综合素养，促进学校的特色建设，目前各学校将课程体系建设作为一项重要的内容。根据“课程一体化管理”编码和统计数据(见表2-6)，课程一体化的内容相对简单且聚焦，主要为输入学校使用输出学校教材，输入学校复制、借鉴输出学校课程体系，输入学校开发特色课程和校本教材。其中，以前两种居多。部分学校提到了在借鉴的基础上要进行本校的创新，但输入学校自行研发特色课程和校本教材的很少。调研发现，统一两校的学科教材和课程体系对于促进两校一体化建设有两大优势。一是“复制、借鉴”为输入学校降低了课程建设成本，直接能享用到优质的课程资源，快速完善输入学校课程结构体系；二是为两校同步教学、教研、评价等工作提供了便利条件，提升了两校教师教育教学、教研交流的针对性和有效性。

表 2-6　“课程一体化管理”维度的子项一览表

三级树节点	材料来源数(份)	参考点数(次)
输入学校使用输出学校教材	12	13
输入学校复制、借鉴输出学校课程体系	9	10
输入学校开发特色课程和校本教材	2	2

(六)文化一体化管理

文化是一种历史积淀。学校文化是学校的特定历史发展所形成的，每个学校的文化都是独一无二的，并隐含在学校的物质层、行为层和制度层。调研发现，文化的一体化在学校一体化过程中相对来讲是最难实现的，它不同于课程体系的复制那么容易，也不像教学教研的融合那么单一，它需要组织间的深层融合，需要长时间的积累。根据“文化一体化管理”编码和统计数据(见表 2-7)，文化一体化管理包括：输入学校复制、借鉴输出学校特色教育文化，输入学校复制、借鉴输出学校特色管理文化，输入学校创新特色文化，两校建立统一的文化体系。这些方面的数据既体现了输入学校复制、借鉴输出学校特色文化的强烈需求，同时也强调了输入学校对自身文化的认同、继承与创新的愿望。

表 2-7 “文化一体化管理”维度的子项一览表

三级树节点	材料来源数(份)	参考点数(次)
两校建立统一的文化体系	1	2
输入学校创新特色文化	6	7
输入学校复制、借鉴输出学校特色管理文化	7	8
输入学校复制、借鉴输出学校特色教育文化	13	21

(七)德育一体化管理

德育一体化主要指针对学生的德育和综合素质教育而开展的两校教师、学生的各类教育实践活动的基本情况。德育一体化的表现相比其他一体化显得十分薄弱，排在最后一位且差距较大。根据“德育一体化管理”编码和统计数据(见表 2-8)，德育一体化主要表现在三个方面：首先，两校共同开展教育活动，如两校集体举办的开学典礼、统一的德育教育和实践活动等，由此促进两校师生的融合。其次，拓展输入学校学生发展空间，包括两校学生相互交流学习、增加输入学校学生升学机会等。输入学校学生通过两校间学生的各种互动、交流和校际留学，开阔了视野，增加了发展机会。最后，提升输入学校教育活动质量，包括输出学校指导输入学校德育活动、输入学校创新特色德育活动、两校共同制定德育活动规范等，输入学校在此基础上不断完善自身德育体系。其中，输入学校自身在德育活动方面的创新发挥着关键作用。

表 2-8　“德育一体化管理”维度的子项一览表

三级树节点	材料来源数(份)	参考点数(次)
两校共同开展教育实践活动	7	15
两校学生间相互交流学习	5	6
输入学校创新特色教育实践活动	3	7
输出学校指导输入学校教育实践活动	2	2
输出学校增加输入学校学生升学机会	1	1
两校共同制定教育实践活动规范	1	1

二、开展城乡学校一体化管理的现状调研

2016 年，基于以上探索形成的城乡学校一体化管理维度框架和相关内容，课题组从 2012—2014 年启动的 65 所一体化管理学校中选取了 19 所样本校开展问卷调查，调查问卷主要涉及城乡学校一体化管理现状、城乡学校一体化管理取得的成效、城乡学校一体化管理的影响因素三个部分。正式调研发放教师问卷共 900 份，回收有效问卷 870 份。同时，访谈了其中 13 所一体化管理学校的校长(执行校长或书记)。课题组运用 SPSS 软件对回收的问卷数据进行了频数分析和相关分析，对访谈记录进行了文本整理和分析。

(一)城乡学校一体化管理的现状

1. 一体化管理的总体情况

城乡学校一体化管理主要体现在教学、德育、教研培训、课程、教师、行政管理和文化七个方面。调研结果①(见图 2-1)显示，城乡学校一体化管理程度总体较高，其中，一体化程度排前三位的依次是教学(3.22)、德育(3.19)和行政(3.14)三个方面，教师一体化程度(2.74)相对最低。

① 题目设置中将“几乎没有(进行此项活动)”赋值为 1，“总是(进行此项活动)”赋值为 5，计算其均值以揭示这七个方面若干项指标的表现程度，即均值越高，该方面的表现程度就越高。

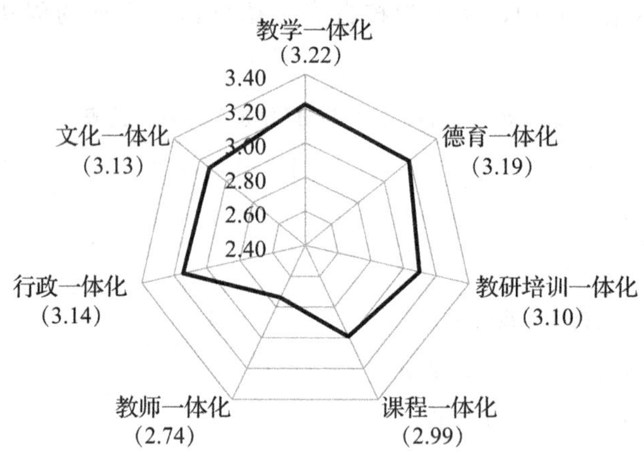

图 2-1　城乡学校一体化管理的总体情况

为了和以上一体化管理结果进行印证分析，调研问卷中设计了问题“您认为一体化管理以来校方最重视的工作是什么？选择三项并排序”。调研结果①显示，教师们认为学校在一体化管理中校方最重视的三个方面的工作依次为教学一体化(2.41)、德育一体化(1.51)和教研培训一体化(1.46)(见图 2-2)。该结果与上面的一体化管理基本结构七个维度的排序结果基本一致，排在第一位和第二位的都是教学一体化和德育一体化，仅是排在第三位的内容略有差异，分别是教研培训一体化和行政管理一体化，但二者统计数据差距并不是很大。访谈也印证了这个结果，即一体化管理在教学、德育和教研培训一体化三个方面取得的成效是最显著的。

① 在对“一体化管理以来校方最重视的工作”进行排序分析时，将教师排在第一位的选项赋值为5，将其排在第二位的赋值为3，排在第三位的赋值为1，未排在前三位的选项赋值为0。计算其均值以揭示对选项对应工作的重视程度，即均值越高，重视程度越高。

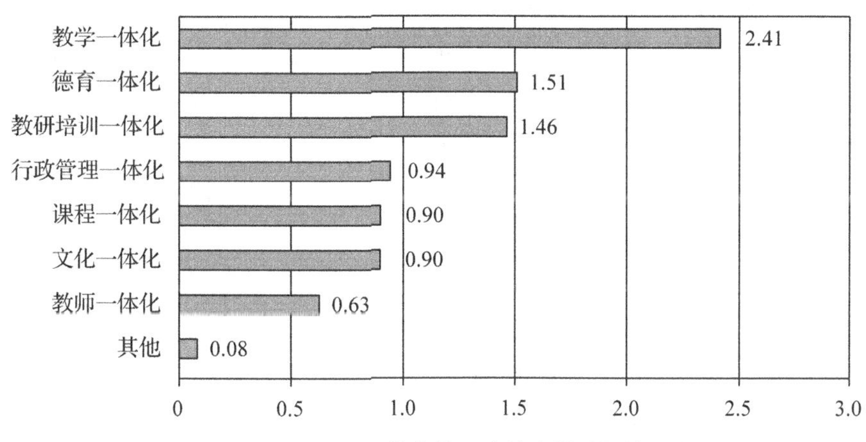

图 2-2　城乡学校一体化管理中校方最重视的工作

探究跨区和同区的城乡学校一体化管理在不同维度的重视程度差异，调研结果显示，跨区和同区的城乡学校一体化管理在教学一体化（$p=0.064$）、德育一体化（$p=0.115$）和教研培训一体化（$p=0.208$）方面的重视程度不存在显著差异。

探究一个法人和两个法人的城乡学校一体化管理在不同维度的重视程度差异，调研结果（见图 2-3）显示，一个法人的城乡学校一体化管理最重视的三

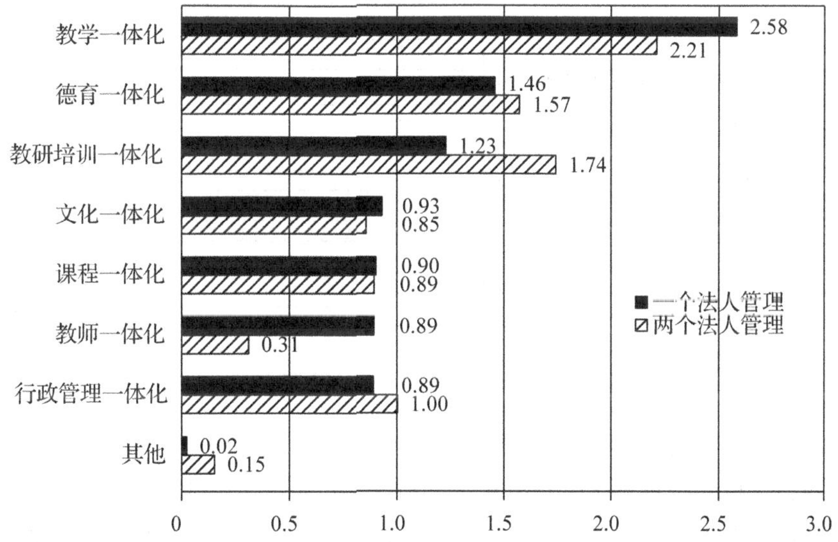

图 2-3　一个法人和两个法人的城乡学校一体化管理中最重视的工作差异分析

个方面的工作依次为教学一体化(2.58)、德育一体化(1.46)和教研培训一体化(1.23)。两个法人的城乡学校一体化管理最重视的三个方面的工作依次为教学一体化(2.21)、教研培训一体化(1.74)和德育一体化(1.57)。对这三方面进行方差检验,结果显示,一个法人和两个法人的城乡学校一体化管理在教学一体化($p<0.05$)和教研培训一体化($p<0.001$)方面的重视程度存在显著差异,在德育一体化方面的重视程度不存在显著差异($p=0.363$)。具体来看,一个法人的城乡学校一体化管理更重视教学一体化,两个法人的城乡学校一体化管理更重视教研培训一体化。

2. 一体化管理七个维度的具体情况

(1)教学一体化管理现状

教学一体化管理涉及十项指标,调研结果(见图 2-4)显示,教学一体化表现程度最高的三个方面依次是本校教师到输出学校观摩学习(3.60)、两校制定统一的教学质量要求(3.41)、两校教师共享教育教学资源(3.35)。

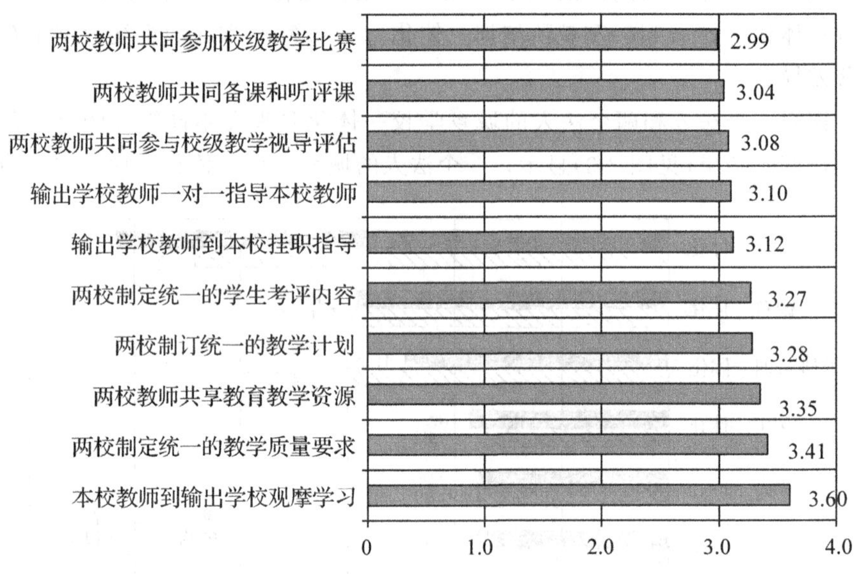

图 2-4 城乡学校教学一体化管理现状

(2)德育一体化管理现状

德育一体化管理涉及五项指标,调研结果(见图 2-5)显示,德育一体化表现程度最高的三个方面依次是本校借鉴输出学校经验,自主开展德育实践活动(3.43);两校制定统一的德育活动要求(3.21);两校间开展学生互访、交流或留学活动(3.18)。

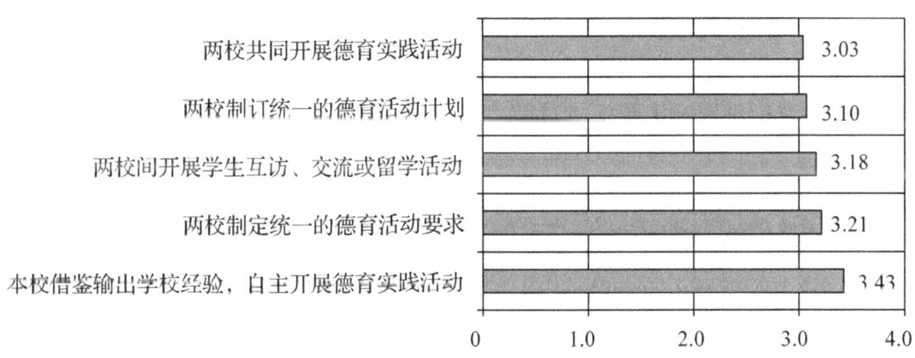

图 2-5　城乡学校德育一体化管理现状

(3)教研培训一体化管理现状

教研培训一体化管理涉及十一项指标，调研结果(见图 2-6)显示，教研培训一体化表现程度最高的三个方面依次是本校教师可以参加输出学校所在区的教研活动(3.48)；本校复制或借鉴输出学校教研培训经验，自主开展本校教研培训活动(3.33)；两校教师共同参加专题培训活动(3.26)。

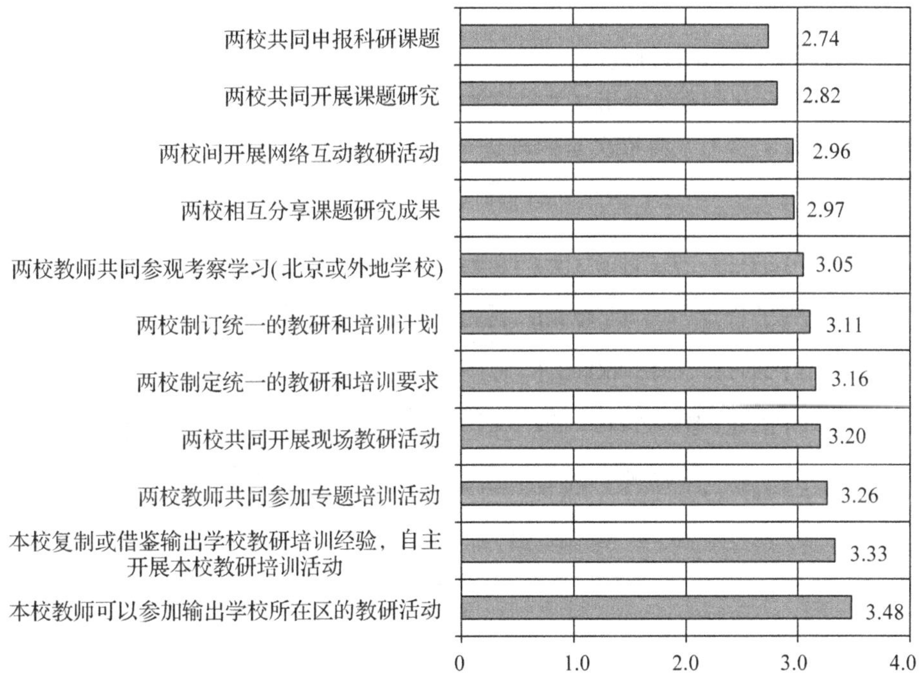

图 2-6　城乡学校教研培训一体化管理现状

(4)课程一体化管理现状

课程一体化管理涉及六项指标，调研结果(见图 2-7)显示，课程一体化表现程度最高的三个方面依次是本校借鉴输出学校课程，自主设置本校课程和教材(3.23)；两校制定统一的课程建设要求(3.17)；两校采用统一的课程体系(3.05)。

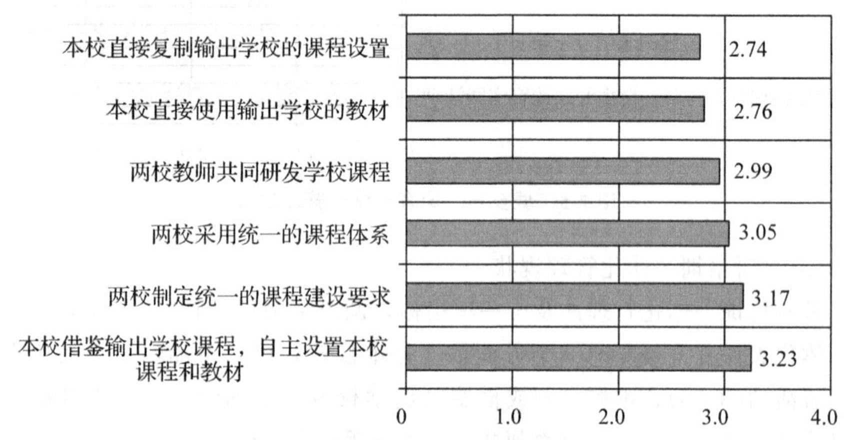

图 2-7　城乡学校课程一体化管理现状

(5)教师一体化管理现状

教师一体化管理涉及五项指标，调研结果(见图 2-8)显示，教师一体化表现程度最高的三个方面依次是两校进行统一的教师考核评价(2.81)、两校建立教师交流轮岗制度(2.78)、两校进行统一的教师配置任用(2.76)。

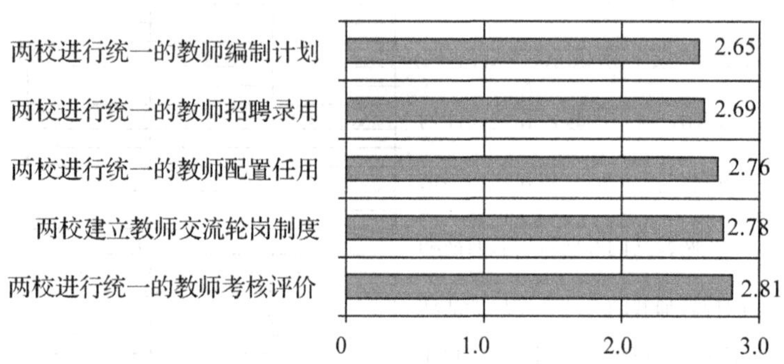

图 2-8　城乡学校教师一体化管理现状

(6)行政一体化管理现状

行政一体化管理涉及七项指标，调研结果(见图 2-9)显示，行政一体化表现程度最高的三个方面依次是两校定期共同召开行政会，对两校重要事务进行共同决策(3.35)；本校借鉴输出学校的各种管理制度，自主制定本校的各项管理制度(3.32)；两校设置相似的管理部门，以便统一行动(3.30)。

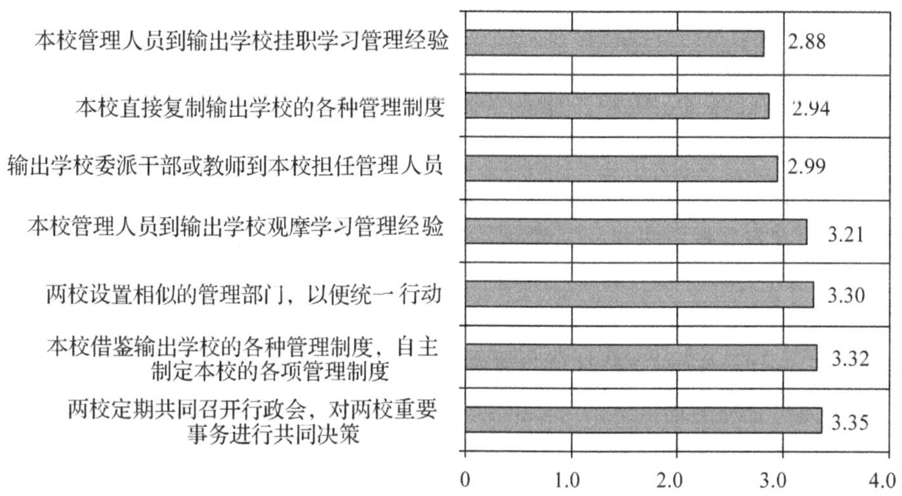

图 2-9　城乡学校行政一体化管理现状

(7)文化一体化管理现状

文化一体化管理涉及五项指标，调研结果(见图 2-10)显示，文化一体化表现程度最高的三个方面分别是两校统一了学校的行为规范(3.44)、两校统一了学校的管理方式(3.27)、两校统一了校训(3.04)。

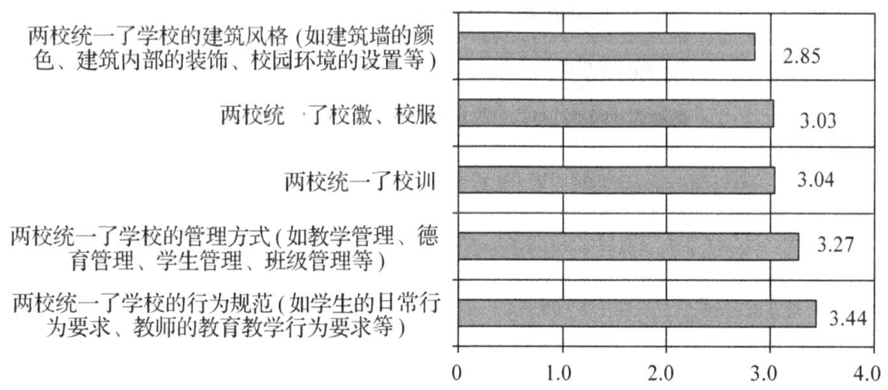

图 2-10　城乡学校文化一体化管理现状

3. 一体化管理的差异分析

访谈中发现，输入学校与输出学校是否隶属同一个行政区、是否同属一个法人管理，对一体化管理都产生了非常明显的影响。因此，在进行问卷数据分析时，课题组特针对这两个维度开展差异分析，以验证一体化管理各维度与这两个因素的相关性。

(1)一体化管理与是否跨区的差异分析

方差分析结果显示，跨区、同区的城乡学校一体化管理在教学一体化($F=125.691$，$p<0.001$)、德育一体化($F=109.384$，$p<0.001$)、教研培训一体化($F=104.966$，$p<0.001$)、课程一体化($F=80.980$，$p<0.001$)方面存在显著差异($p>0.05$接受原假设，通过方差齐性检验，进行方差分析)。修正后的方差分析结果显示，跨区、同区的城乡学校一体化管理在教师一体化($F=329.926$，$p<0.001$)、行政一体化($F=141.720$，$p<0.001$)和文化一体化($F=208.642$，$p<0.001$)方面存在显著差异($p<0.05$拒绝原假设，使用 Brown-Forsythe 对统计结果进行修正)。

一体化管理的均值结果(见图 2-11)显示，同区一体化管理在七个维度的一体化程度均高于跨区的一体化管理，其中，同区一体化管理各项均值都高于 3.5，跨区的各项均值则都在 2.95 以下。

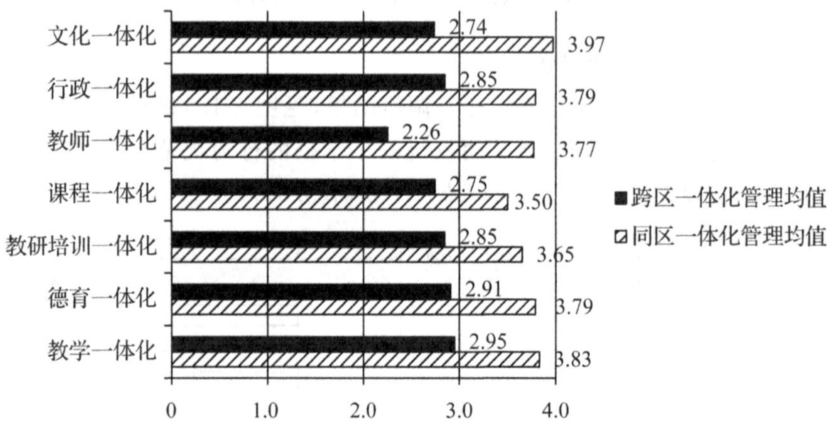

图 2-11　跨区和同区城乡学校一体化管理在七个维度一体化程度的比较

(2)一体化管理与是否同属一个法人的差异分析

方差分析结果显示，一个法人和两个法人的城乡学校一体化管理在教学一体化($F=186.442$，$p<0.001$)、德育一体化($F=158.996$，$p<0.001$)、

教研培训一体化($F=130.480$, $p<0.001$)、课程一体化($F=176.588$, $p<0.001$)方面存在显著差异($p>0.05$ 接受原假设，通过方差齐性检验，进行方差分析)。修正后的方差分析结果显示，一个法人和两个法人的城乡学校一体化管理在教师一体化($F=319.829$, $p<0.001$)、行政一体化($F=234.105$, $p<0.001$)、文化一体化($F=489.244$, $p<0.001$)方面存在显著差异($p<0.05$ 拒绝原假设，使用 Brown-Forsythe 对统计结果进行修正)。

一体化管理的均值结果(见图 2-12)显示，一个法人的一体化管理在七个维度的一体化程度均高于两个法人的一体化管理。其中，一个法人的一体化管理各项均值都高于 3.3，两个法人的各项均值则都在 2.7 以下。

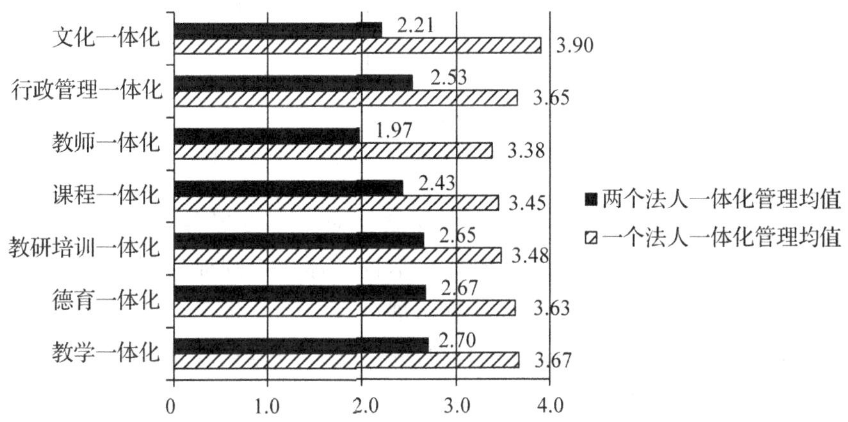

图 2-12 一个法人和两个法人城乡学校一体化管理在七个维度一体化程度的比较

(二)城乡学校一体化管理的成效

1. 学生发展的成效

调研结果①(见图 2-13)显示，城乡学校开展一体化管理以来，促进学生发展效果最显著的三个方面依次为学生学习视野拓展(1.87)、学生学习课程丰富(1.82)和学生学习成绩提高(1.25)。

① 在探究一体化管理以来促进学生发展效果最显著方面的分析中，将教师排在第一位的选项赋值为 5，将其排在第二位的赋值为 3，排在第三位的赋值为 1，未排在前三位的选项赋值为 0。计算其均值以揭示一体化管理对学生发展各方面的促进效果，即均值越高，促进效果越显著。

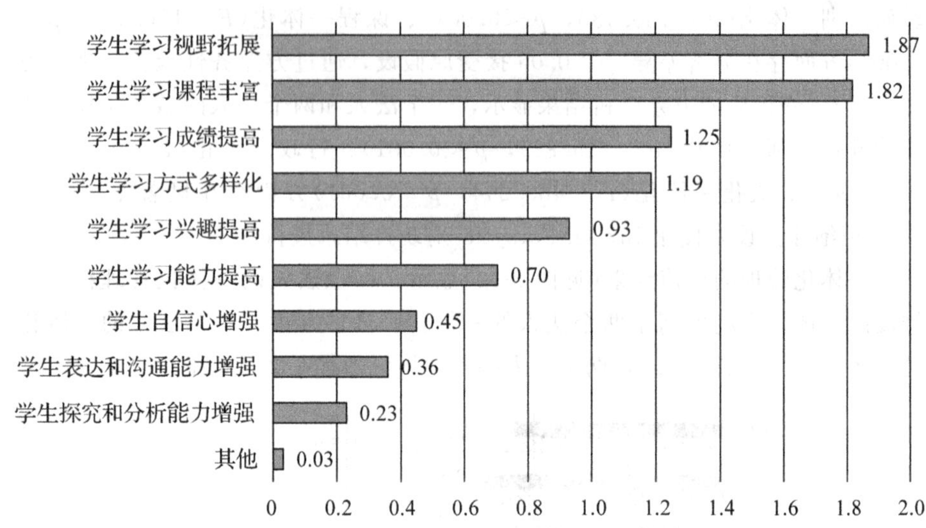

图 2-13 一体化管理促进学生发展效果最显著的方面

探究跨区和同区的城乡学校一体化管理对学生发展各方面的促进效果，调研结果(见图 2-14)显示，跨区的城乡学校一体化管理促进学生发展效果最显著的三个方面依次为学生学习视野拓展(1.86)、学生学习课程丰富(1.69)和学生学习方式多样化(1.20)。同区的城乡学校一体化管理促进学生发展效

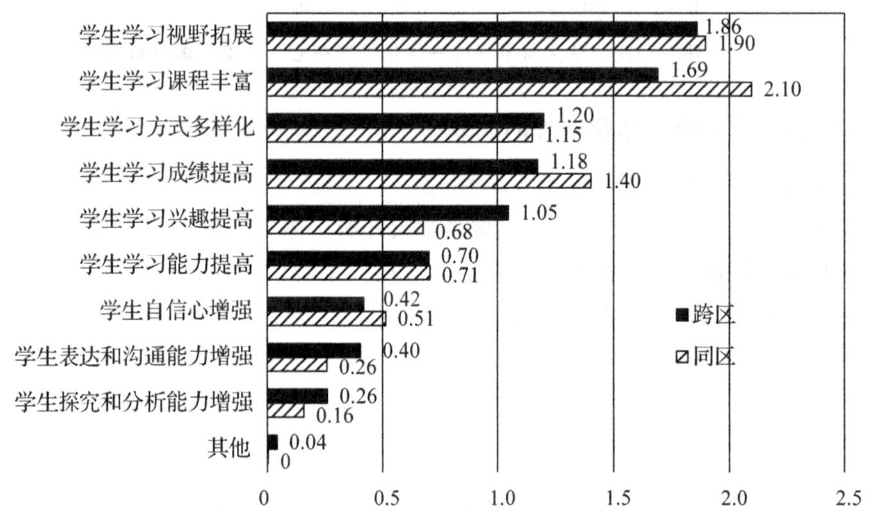

图 2-14 跨区和同区的城乡学校一体化管理促进学生发展效果最显著方面的差异分析

果最显著的三个方面依次为学生学习课程丰富(2.10)、学生学习视野拓展(1.90)和学生学习成绩提高(1.40)。

探究一个法人和两个法人的城乡学校一体化管理对学生发展各方面的促进效果，调研结果(见图2-15)显示，一个法人的城乡学校一体化管理促进学生发展效果最显著的三个方面为学生学习课程丰富(2.10)、学生学习视野拓展(1.81)和学生学习成绩提高(1.36)。两个法人的城乡学校一体化管理促进学生发展效果最显著的三个方面依次为学生学习视野拓展(1.94)、学生学习课程丰富(1.48)和学生学习方式多样化(1.19)。

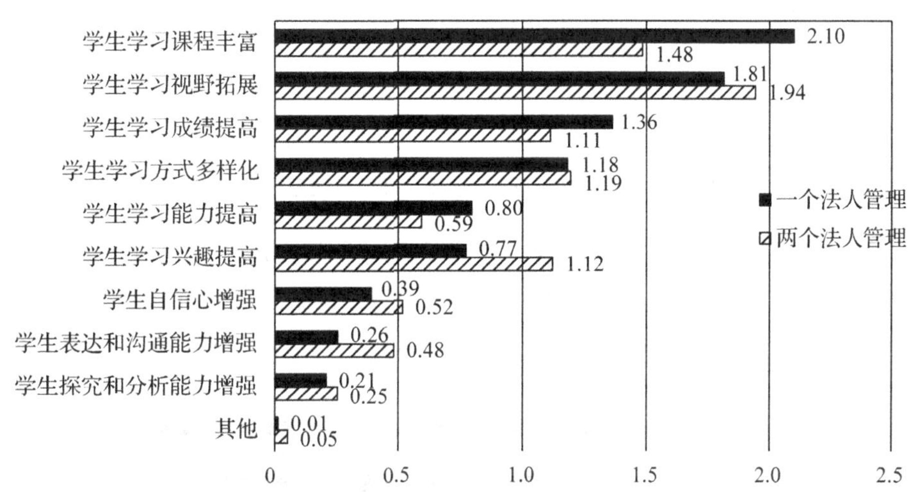

图2-15　一个法人和两个法人城乡学校一体化管理促进学生发展效果最显著方面的差异分析

2. 教师发展的成效

调研结果①(见图2-16)显示，城乡学校开展一体化管理以来，促进教师发展效果最显著的三个方面依次为教师专业视野拓展(2.33)、教师外出培训机会增加(2.01)和教师教育教学资源丰富(1.39)。

① 在探究一体化管理以来促进教师发展效果最显著的方面的分析中，将教师排在第一位的选项赋值为5，将其排在第二位的赋值为3，排在第三位的赋值为1，未排在前三位的选项赋值为0。计算其均值以揭示一体化管理对教师发展各方面的促进效果，即均值越高，促进效果越显著。

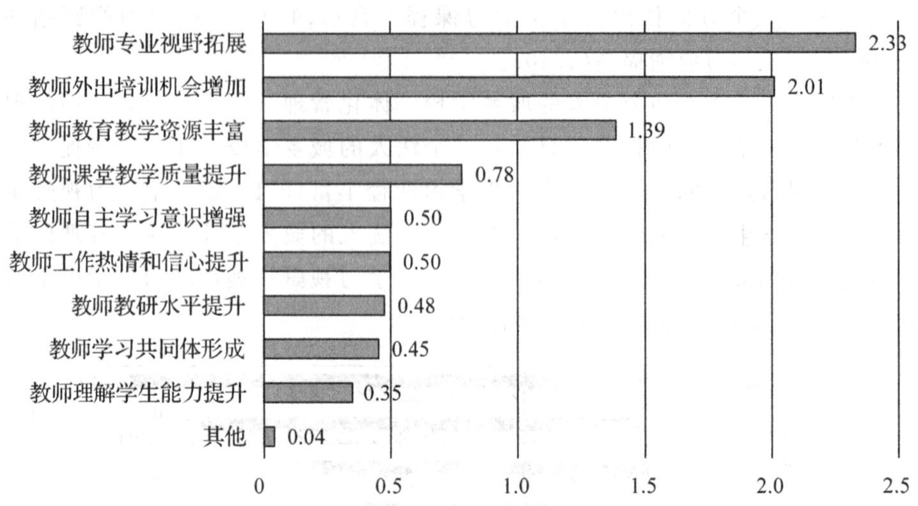

图 2-16　一体化管理促进教师发展效果最显著的方面

探究跨区和同区的城乡学校一体化管理对教师发展各方面效果的差异，调研结果（见图 2-17）显示，跨区和不跨区的城乡学校一体化管理在教师专业视野拓展（$p<0.01$）、教师外出培训机会增加（$p<0.05$）和教师教育教学资源丰富（$p<0.05$）方面的促进效果存在显著差异。具体来看，跨区的城乡学校一

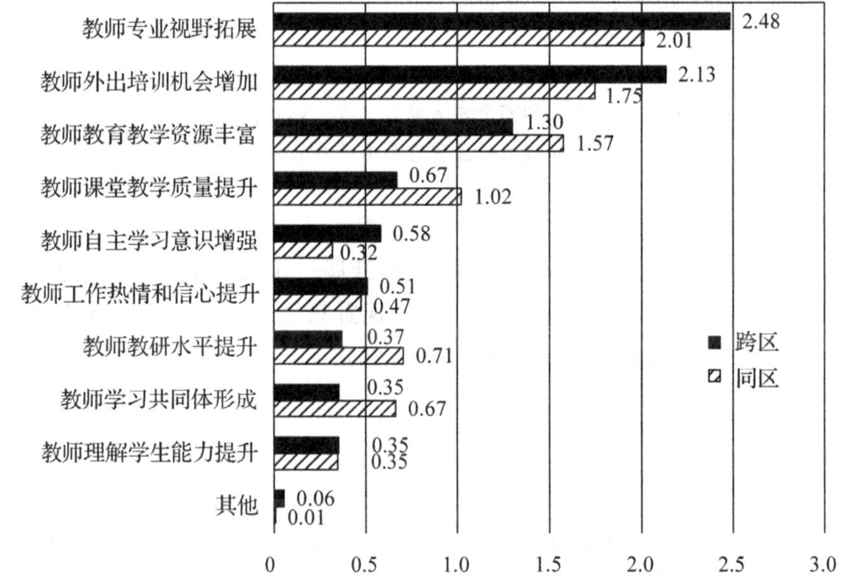

图 2-17　跨区和同区的城乡学校一体化管理促进教师发展效果最显著方面的差异分析

体化管理在教师专业视野拓展和教师外出培训机会增加方面的促进效果高于同区的城乡学校一体化管理。而同区的城乡学校一体化管理在教师教育教学资源丰富方面的促进效果(1.57)高于跨区的城乡学校一体化管理(1.30)。

探究一个法人和两个法人的城乡学校一体化管理促进教师发展效果最显著的方面，调研结果(见图 2-18)显示，一个法人和两个法人的城乡学校一体化管理促进教师发展效果最显著的三个方面均为教师专业视野拓展、教师外出培训机会增加和教师教育教学资源丰富。对这三方面进行方差检验，结果显示，一个法人和两个法人的城乡学校一体化管理在教师外出培训机会增加($p=0.371$)和教师教育教学资源丰富($p=0.429$)方面的促进效果不存在显著差异。但是，一个法人和两个法人的城乡学校一体化管理在教师专业视野拓展方面的促进效果存在显著差异($p<0.001$)。具体来看，两个法人的城乡学校一体化管理在教师专业视野拓展方面的促进效果(2.71)高于一个法人的城乡学校一体化管理(2.02)。

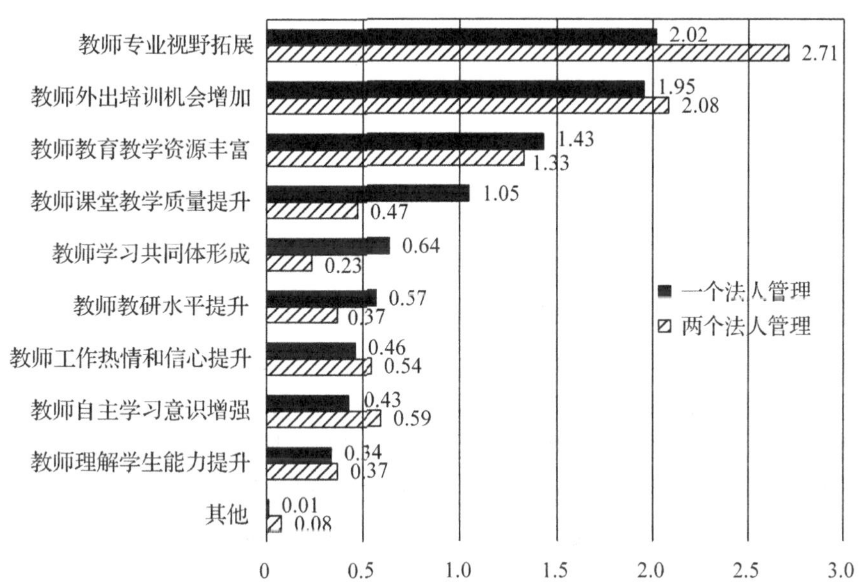

图 2-18　一个法人和两个法人的城乡学校一体化管理促进教师发展效果最显著方面的差异分析

3. 学校发展的成效

调研结果[①](见图 2-19)显示，城乡学校一体化管理促进学校发展效果最显著的三个方面依次为学校社会声誉度提升(3.06)、所在社区对学校的满意度提升(1.18)和学校校园环境和设施改善(0.97)。

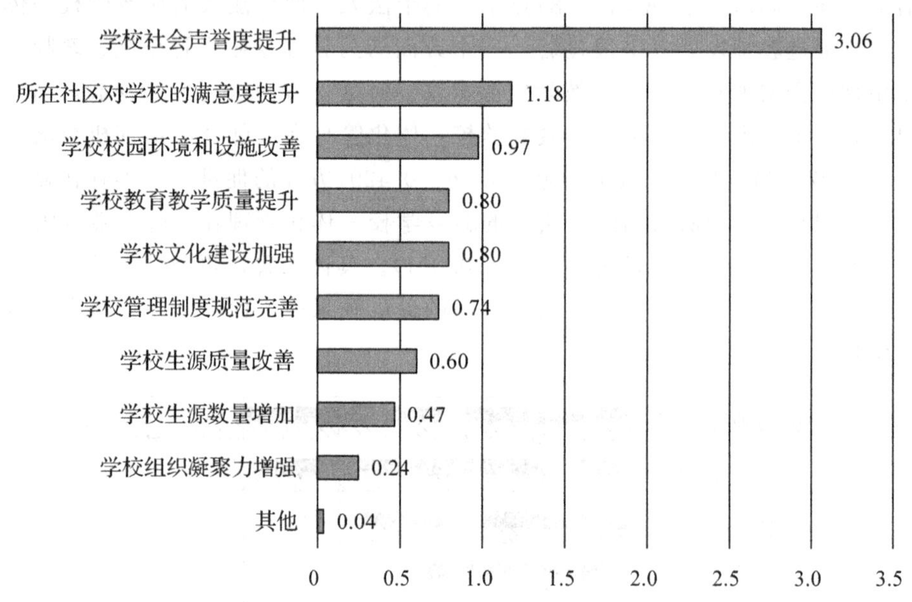

图 2-19　一体化管理促进学校发展效果最显著的方面

探究跨区和同区的城乡学校一体化管理对学校发展各方面效果的差异，调研结果(见图 2-20)显示，跨区的城乡学校一体化管理促进学校发展效果最显著的三个方面依次为学校社会声誉度提升(2.89)、所在社区对学校的满意度提升(1.14)与学校校园环境和设施改善(1.12)。同区的城乡学校一体化管理促进学校发展效果最显著的三个方面依次为学校社会声誉度提升(3.43)、所在社区对学校的满意度提升(1.25)和学校教育教学质量提升(0.79)。

① 在探究一体化管理以来促进学校发展效果最显著的方面的分析中，将教师排在第一位的选项赋值为 5，将其排在第二位的赋值为 3，排在第三位的赋值为 1，未排在前三位的选项赋值为 0。计算其均值以揭示一体化管理对学校发展各方面的促进效果，即均值越高，促进效果越显著。

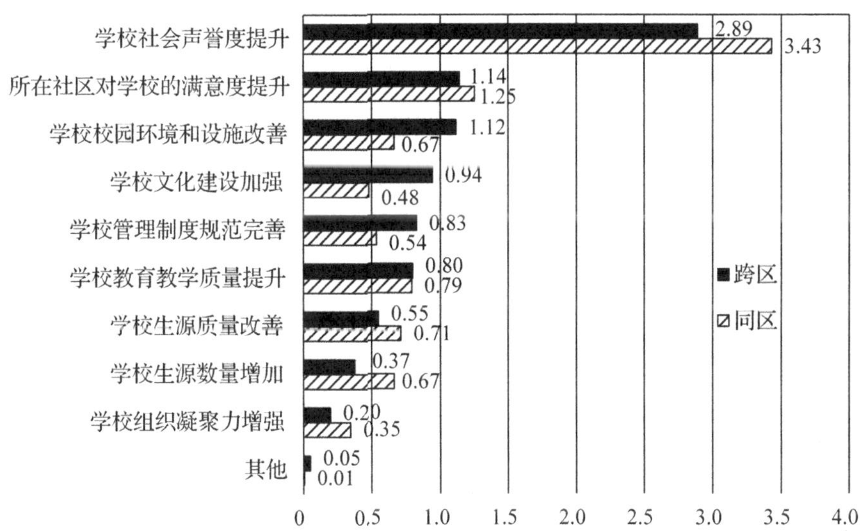

图 2-20　跨区和同区的城乡学校一体化管理促进学校发展效果最显著方面的差异分析

探究一个法人和两个法人一体化管理对学校发展各方面效果的差异，调研结果(见图 2-21)显示，一个法人和两个法人的城乡学校一体化管理促进学

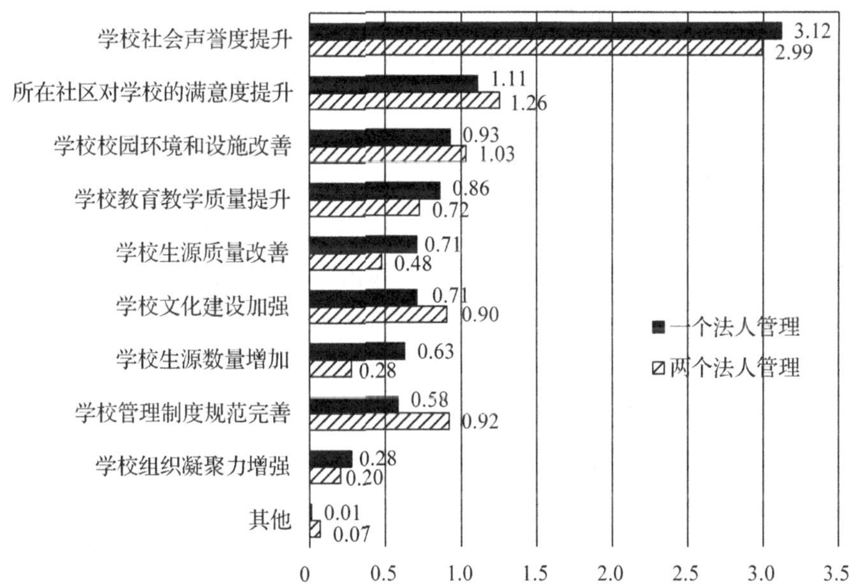

图 2-21　一个法人和两个法人的城乡学校一体化管理促进学校发展效果最显著方面的差异分析

校发展效果最显著的三个方面均是学校社会声誉度提升、所在社区对学校的满意度提升、学校校园环境和设施改善，不存在显著差异。

(三)城乡学校一体化管理的主要问题

基于对访谈文本的分析，当前城乡学校一体化管理中主要存在四方面的问题，涉及跨区体制障碍、教师轮岗交流、系统制度建设、资源配置方式等问题。

1.“以县为主”的教育管理体制对城乡学校一体化管理形成了一定障碍

在城乡学校一体化管理中，跨区的一体化管理学校占到了70%，是一体化管理学校的主要群体。受区域经济水平、地理位置、文化历史、教育重视程度等因素的影响，各区在教育投入、教育管理机制等方面存在较大差异。从学校层面而言，其隶属各区教育行政部门领导，自身很难突破各区间教育投入和教育管理体制的差异，实现完全的学校间一体化管理，包括办学经费、队伍建设、教育教学、文化建设等一体化。从实践调研来看，两区间教育管理差异主要体现在教师编制标准、教师待遇、教育管理政策、经费标准、校长自主权等，这些差异给城乡学校一体化管理带来了很多困难，如教师在工资待遇、学习机会、职称评聘等方面存在较大差异，导致两校间教师轮岗制度难以落实；教育管理和教研政策差异导致两校在教育教学、教研和管理上难以统一；校长自主权差异导致输出学校校长在管理输入学校时束缚过多而难以统筹两校一体化。其中，教师方面的差异问题最突出，许多校长认为这直接影响了两校教师的一体化管理，导致两校间无法统筹配置教师资源，对提升输入学校教育教学质量产生了很大影响。① 另外，关于跨区影响课程一体化的问题，主要表现在输入学校对本区和输出学校两套教材的协调、学生差异影响优质课程资源输入。这个问题虽然访谈者提及得不多，但从一体化管理的长远发展来看，还是需要引起重视的。

2. 两校间教师轮岗和交流制度实施困难

教师轮岗和交流是城乡学校一体化管理的一项重要内容，是优化配置人力资源、提升农村学校发展的重要途径。调研发现，教师人事问题主要体现在两个方面：一是教师编制不足。目前，各学校教师编制都是按照本校学生

① 陈丹，孟繁华：《城乡学校一体化管理的现状、问题及对策——基于X市6对一体化管理学校的访谈文本分析》，《北京教育学院学报》，2015年第10期，第75—84页。

人数进行配比，教师人数上没有富余，每位教师日常的教学教研任务比较满，甚至部分优秀教师还被要求超负荷工作。因此，输出学校没有足够的教师能派出去支教，输入学校也不能多派教师到输出学校研修学习。如此，编制不足问题成为制约教师交流发展的一个瓶颈。二是教师轮岗制度实施困难。教师轮岗问题一直受到广泛关注，在城乡学校一体化管理中，教师轮岗制度也成为一大人事难题。教师轮岗受到很多因素的影响，除前面提及的区县间教师工资差异和学校距离远等问题外，还包括学校是否有富余的教师可以参加轮岗，轮岗教师是否能适应相应学校不同的教育教学条件、氛围及文化，轮岗教师的教学是否会影响相关学校原有的教学质量，等等。访谈发现，大部分学校认为推行教师轮岗制度面临一系列待解决的问题。

3. 一体化管理制度建设系统性不足影响了城乡学校一体化管理的持续发展

制度影响着一体化管理资源的配置方式和配置效益，也决定着一体化管理权力的结构和运行方式，深入推进城乡学校一体化管理需要不断加强制度完善和机制创新。城乡学校一体化管理“涉及不同的组织层级、组织类型和地域，呈现出教育行政部门的强制性制度、输出学校的规范性制度和输入学校的内生性制度三种制度的建设需求”①。调研发现，城乡学校一体化管理的制度建设存在系统性不足：首先，一体化管理重点加强了宏观层面教育行政部门的强制性制度建设，为一体化管理提供了基本的行动框架和相关规定，如市级制定的一体化专门政策文件和管理办法、区级签署的一体化管理合作契约等。然而，市级缺乏一体化管理的细化制度，对评价标准也统筹不足。关于一体化建设的管理办法中，对一体化管理的组织分工、经费管理、学校管理体制机制等内容进行了规定，但没有从市级层面提供落实这些规定的具体制度安排、操作办法和评价标准。各区县和学校只能按照相关规定自行执行，其导致的结果是一方面城乡学校一体化管理制度性支持不足，一体化管理推进困难，一体化深度不够，预期目标可能无法实现；另一方面各学校间一体化进度不均衡，效果差异较大。其次，微观层面输出学校推进一体化管理的规范性制度和输入学校的内生性制度建设有待完善。由于输出学校规范性制度不足，输出学校对输入学校开展各类培训、教研和相关活动时缺乏完善的

① 陈丹，孟繁华：《城乡学校一体化管理的场域分析——基于北京市一体化管理学校调研》，《教育科学》，2018年第10期，第1—7页。

管理机制和教育教学活动的专业标准，导致许多教育教学专业输出活动的预期效果模糊、抽象，执行计划简单、粗略，组织过程随机性大，在一定程度上影响了一体化管理过程中优质资源的有效辐射。由于输入学校内生性制度不足，输入学校在输出学校专业的教育教学和管理的影响下，要么是从思想上肯定输出学校的经验做法而从行动上畏于改革创新，仍然维持本校原有模式，要么是直接放弃本校原有相关做法而模仿复制输出学校的教育教学方式、教研管理模式、课程设置结构和组织管理模式等，导致输入学校不能在一体化管理中树立自身的主体意识和加强自身的自主发展能力，没能真正建立起一套通过借鉴输出学校先进理念和模式并基于本校实践创新的管理制度体系，从而也阻碍了输入学校从外部“输血”到自身“造血”的内涵提升。与此同时，在城乡学校一体化管理实践中，三个方面的制度职能区分不清楚，制度结构不明晰，也没有体现制度间的协同效应。在任务相对单一或情境相对简单的情形下，加强某一类制度的建设可能就能解决存在的问题。然而，当同时应对多重任务或涉及多层关系的复杂环境时，单一的制度往往难以独立应对，而需要基于问题情境构建多层次、多类型的协同制度体系，从而确保系统地解决问题。实践表明，制度建设问题深刻影响着一体化管理的实践推进和目标实现。在短期内借助政府大额经费投入和行政指令，一体化管理学校在基础设施建设、办学条件改善、教育教学活动交流等方面会体现出明显效果，但从长远来看，系统的管理制度和机制的缺失，很难保障学校间实现深度的一体化管理，这种一体化到一定阶段可能会逐步弱化，进而转变为学校间间歇性的形式化活动甚至名存实亡。

4. 强化资源供给的资源配置方式影响了城乡学校一体化管理优质教育资源辐射效益

城乡学校一体化管理是政府通过财政投入、政策倾斜、名校参与等各种方式，加强对输入学校的优质资源供给，从而提升输入学校教育教学质量、促进区域教育均衡发展的过程。加强资源供给成为城乡学校一体化管理中资源配置方式的主体内容，而如何有效实现优质资源转化在这个过程中没有得到足够重视，由此，这在促进输入学校发展的同时也给城乡学校一体化管理带来了新的问题。调研发现，强调资源供给令教育行政部门和输出学校均形成了较大压力。一是资源的有限性和公共服务内容的多元性迫使市级教育行政部门只能以项目形式在特定的三年内为城乡学校一体化管理提供经费支持，后续发展则需要依靠输入学校及所在区自行筹措，这种资源供给方式造成的结果是使教育行政部门的资源供给成为一体化管理持续发展的必要条件。正如调研中校长们对推进一体化管理的建议，几乎每位输入学校的校长都提到希望市级教育行政部门持续提供对一体化管理的经费支持。二是输出学校参与城乡学校一体化管理，在一定意义上是履行推进区域义务教育均衡发展的社会责任。由于输出学校在我国社会发展的特殊历史时期享有了政府的重点发展和重点支持政策，形成了现有良好的办学资源条件、教育教学水平和社会声誉。因而，在推进义务教育均衡发展时期，输出学校有责任、有义务帮助农村学校发展，实施"城市反哺农村"。然而，输出学校自身感到这种"反哺"任务的压力逐步在加强，从最初的"手拉手"到名校办分校再到城乡学校一体化，输出学校在资源辐射、师资配置和管理机制上不断面临新的挑战。尽管市级教育行政部门对输出学校提供了相应的补偿性经费支持和优惠政策，输出学校认为这些支持仍然是不够的，随着其辐射的学校越多，其成本越高，经费和人力资源压力也越大，同时输出学校自身还面临着优质教育资源稀释的威胁。除此之外，在城乡学校一体化管理实践过程中，输出学校还要面对与输入学校及所在区教育行政部门在文化、管理、经费和人事等各方面协调与融合的多重复杂问题，这些都极大地影响着城乡学校一体化管理的深度推进，导致部分城乡学校一体化管理的优质教育资源共享内容不足、形式单一、程度不深等，不能实现预期的优质教育资源辐射目标，更谈不上一体化管理的持续发展。

(四)城乡学校一体化管理的影响因素

1. 一体化管理影响因素的总体情况

城乡学校一体化管理影响因素主要表现在学校管理差异、课程与教学教研差异、师生差异、办学条件和外部环境差异、相关利益方的支持和投入、两校间的地理距离六个维度。统计结果[①](见图 2-22)显示，受访教师认为最影响本校一体化管理成效的前三个维度分别为相关利益方的支持和投入(3.16)、两校间的地理距离(3.13)和师生差异(3.12)。

① 将"完全没影响"赋值为 1，"影响非常大"赋值为 5，计算其均值以揭示各因素的影响程度，即均值越高，影响程度越大。

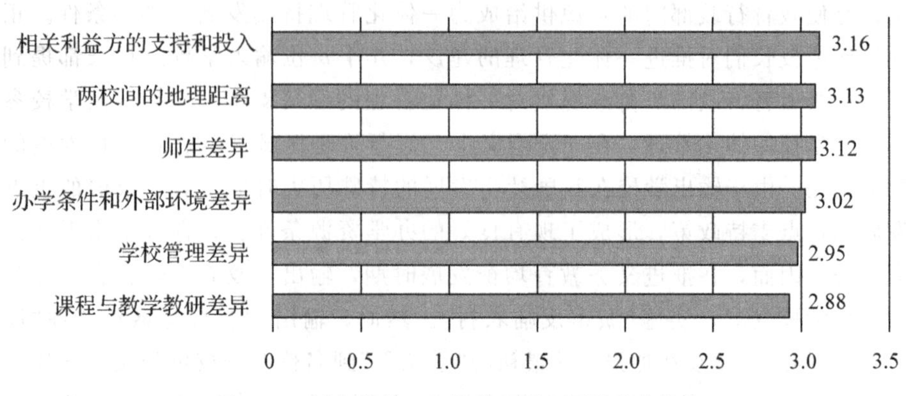

图 2-22 城乡学校一体化管理影响因素维度排序

探究跨区和同区城乡学校一体化管理的各维度因素影响程度的差异，调研结果(见图 2-23)显示，跨区的城乡学校一体化管理，受访教师认为最影响本校一体化管理成效的前三个维度因素分别为两校间的地理距离(3.28)、相关利益方的支持和投入(3.26)、办学条件和外部环境差异(3.21)。同区的城乡学校一体化管理，受访教师认为最影响本校一体化管理成效的前三个维度因素分别为师生差异(2.98)、相关利益方的支持和投入(2.94)和两校间的地理距离(2.81)。

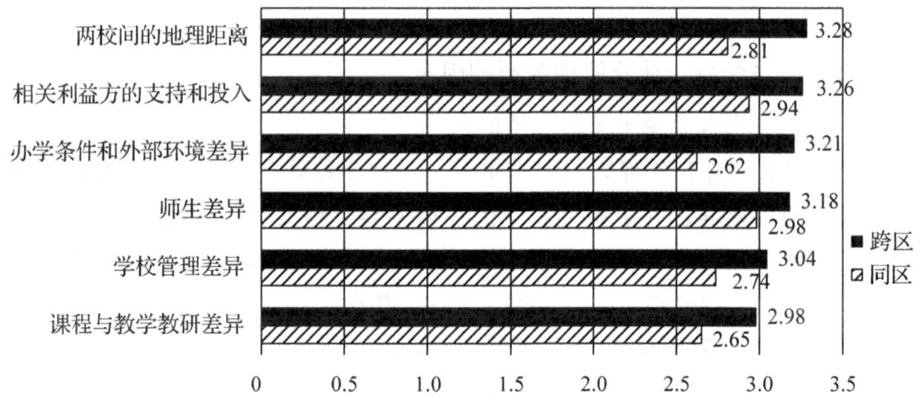

图 2-23 跨区和同区城乡学校一体化管理各维度因素影响程度的差异

探究一个法人和两个法人城乡学校一体化管理的各维度因素影响程度的差异，调研结果(见图 2-24)显示，一个法人的城乡学校一体化管理，受访教师认为最影响本校一体化管理成效的前三个维度因素分别为师生差异(3.05)、相关利益方的支持和投入(3.00)、两校间的地理距离(2.90)。两个法人的城乡学校一体化管理，受访教师认为最影响本校一体化管理成效的前三个维度因素分别为两校间的地理距离(3.40)、相关利益方的支持和投入(3.35)、办学条件和外部环境差异(3.30)。

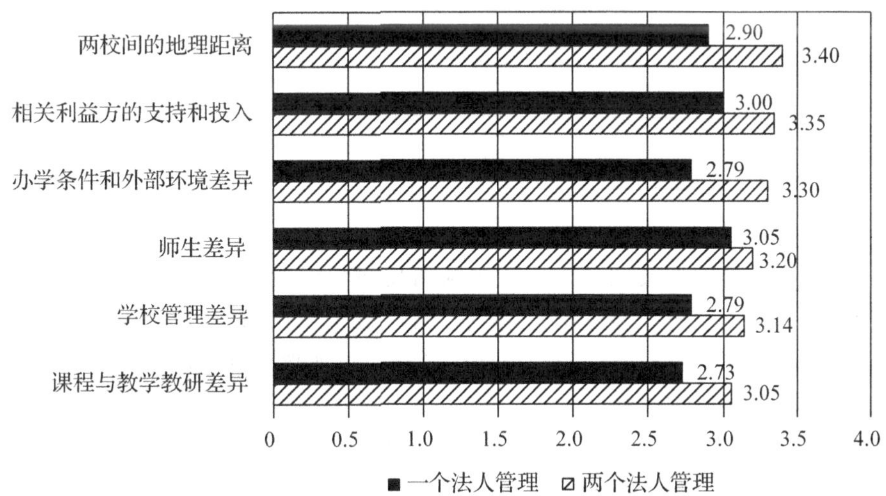

图 2-24　一个法人和两个法人城乡学校一体化管理各维度因素影响程度的差异

2. 一体化管理影响因素的具体情况

(1)相关利益方的支持和投入维度

相关利益方的支持和投入维度涉及六项内容，包括两校间一体化管理的保障制度建设、输入学校教师对一体化管理的认识和态度、输出学校教师对一体化管理的认识和态度、输入学校校长对一体化管理的积极性和投入程度、输出学校校长对一体化管理的积极性和投入程度、输入区教委对学校一体化管理的支持力度。调研结果(见表 2-9)显示，在相关利益方的支持和投入维度中，影响程度由高到低依次为：输出学校校长对一体化管理的积极性和投入程度、输入学校校长对一体化管理的积极性和投入程度、输入区教委对学校一体化管理的支持力度、两校间一体化管理的保障制度建设、输出学校教师对一体化管理的认识和态度、输入学校教师对一体化管理的认识和态度。

表 2-9 相关利益方的支持和投入

内容	两校间一体化管理的保障制度建设	输入学校教师对一体化管理的认识和态度	输出学校教师对一体化管理的认识和态度	输入学校校长对一体化管理的积极性和投入程度	输出学校校长对一体化管理的积极性和投入程度	输入区教委对学校一体化管理的支持力度
均值	3.05	2.89	2.94	3.37	3.39	3.29
N	858	851	851	857	856	855
标准差	1.229	1.183	1.160	1.305	1.312	1.281

(2)师生差异维度

师生差异维度涉及两项内容，包括两校间学生学业水平的差异、两校间教师教育理念的差异。调研结果(见表 2-10)显示，在师生差异维度中，学生学业水平的差异均值较高，影响程度较显著；教师教育理念的差异均值较低，表现出的影响程度不太显著。

表 2-10 师生差异维度的影响因素

内容	两校间学生学业水平的差异	两校间教师教育理念的差异
均值	3.33	2.91
N	854	853
标准差	1.173	1.168

(3)办学条件和外部环境差异维度

办学条件和外部环境差异维度涉及四项内容，包括两校间教师待遇的差异、两校间办学经费的差异、两校所在区的教研部门要求的差异、两校所在区教育管理政策的差异。调研结果(见表 2-11)显示，在办学条件和外部环境差异维度中，两校间办学经费的差异均值最高，影响程度最为显著；两校间教师待遇的差异、两校所在区教育管理政策的差异次之，影响程度较为显著；两校所在区的教研部门要求的差异均值最低，表现出的影响程度最低。

表 2-11　办学条件和外部环境差异维度的影响因素

内容	两校间教师待遇的差异	两校间办学经费的差异	两校所在区的教研部门要求的差异	两校所在区教育管理政策的差异
均值	3.01	3.11	2.98	3.01
N	854	855	855	853
标准差	1.283	1.245	1.199	1.182

(4)学校管理差异维度

学校管理差异维度共涉及四项内容，包括两校间办学理念的差异、两校间管理方式的差异、两校间学生评价方式的差异、两校间教师考核评价的差异。调研结果(见表 2-12)显示，在管理差异维度中，管理方式的差异均值最高，影响程度最为显著；教师考核评价的差异均值最低，表现出的影响程度最低。

表 2-12　学校管理差异维度的影响因素

内容	两校间办学理念的差异	两校间管理方式的差异	两校间学生评价方式的差异	两校间教师考核评价的差异
均值	2.96	3.00	2.96	2.86
N	855	851	853	856
标准差	1.212	1.165	1.130	1.147

(5)课程与教学教研差异维度

课程与教学教研差异维度共涉及三项内容，包括两校间教学模式的差异、两校间日常教学和教研的时间安排差异、两校的课程和教材差异。调研结果(见表 2-13)显示，课程与教学教研差异维度中，两校间日常教学和教研的时间安排差异、教学模式差异均值较高，影响程度较显著；两校的课程和教材差异均值最低，表现出的影响程度最低。

表 2-13　课程与教学教研差异维度的影响因素

内容	两校间教学模式的差异	两校间日常教学和教研的时间安排差异	两校的课程和教材差异
均值	2.92	2.92	2.80
N	857	855	859
标准差	1.100	1.106	1.206

三、城乡学校一体化管理现状调研结论

1. 城乡学校一体化管理程度总体较高，一体化管理启动初期拟重点推进教师、教学、教研培训一体化，当前实践中一体化管理程度实际排在前列的是教学、德育、教研培训、行政管理一体化

城乡学校一体化管理主要体现在教学、德育、教研培训、课程、教师、行政和文化七个方面。

在城乡学校一体化管理启动初期，教研培训、教师、教学一体化管理表现尤为突出，表明城乡学校一体化管理牢牢抓住学校发展的核心业务(教学、教研)与关键主体(教师)，以此为突破点提升输入学校教育质量。关于行政、课程、文化、教育一体化管理，研究结果表明这四方面存在着学校的差异性，行政一体化管理可以借鉴有效的学校行政管理模式，但需要付出努力去适应输入学校本土环境，包括校内组织环境和地方教育行政管理环境；课程体系、教材、教育理念与活动形式都可以借鉴，但学生的差异和跨区教学评价会对其造成一定障碍；文化具有典型的学校个性特征，不同的历史和环境很难造就相同的文化，且文化的形成需要长期的积累，一体化管理过程中只能体现出借鉴文化建设方法和理念的意义。由此可以看出，学校一体化管理初期重点突出教研培训、教学、教师的一体化，表现出对一体化管理的主次分明和轻重缓急。

当前城乡学校一体化管理现状表明，城乡学校一体化管理七个维度的最大均值是 3.22(教学一体化)，最小是 2.74(教师一体化)，其中有五个维度的均值都在 3 以上(取值范围是 1—5)，由此可以看出，城乡学校一体化管理整体程度相对较高，一体化管理七个维度之间相对均衡。其中，教学一体化、德育一体化、教研培训一体化、行政一体化程度位居前列，表现了一体化管理对学校教学、德育、教研培训和管理体系的重视，也突出了一体化管理是以学校的重点工作即教育教学、教研、管理为重要切入点。当前，教师一体化程度相对最低，究其原因，并不是一体化管理对教师维度不重视，而是教师管理受区域教育管理体制、学校管理文化等因素制约，尤其是跨区的一体化管理，很难突破教师管理上的体制障碍，导致教师一体化成为城乡学校一体化管理中最难的内容，教师一体化的程度自然也排在了最后。

2. 城乡学校一体化管理重在促进优质教育资源辐射、提供理念方法经验借鉴、拓展师生学习发展空间、提高教育教学和管理质量标准

城乡学校一体化管理促进优质教育资源辐射，主要体现在：教学方面本校教师到输出学校观摩学习(3.60)、两校教师共享教育教学资源(3.35)；教研培训方面两校共同开展现场教研活动(3.20)；课程方面两校采用统一的课程体系(3.05)；教师方面两校建立教师交流轮岗制度(2.78)。

城乡学校一体化管理提供理念方法经验借鉴，主要体现在：德育方面本校借鉴输出学校经验，自主开展德育实践活动(3.43)；教研培训方面本校复制或借鉴输出学校教研培训经验，自主开展本校教研培训活动(3.33)；课程方面本校借鉴输出学校课程，自主设置本校课程和教材(3.23)；行政方面本校借鉴输出学校的各种管理制度，自主制定本校的各项管理制度(3.32)。

城乡学校一体化管理拓展师生学习发展空间，主要体现在：德育方面两校间开展学生互访、交流或留学活动(3.18)；教研培训方面本校教师可以参加输出学校所在区的教研活动(3.48)、两校教师共同参加专题培训活动(3.26)；教师方面两校进行统一的教师配置任用(2.76)。

城乡学校一体化管理提高教育教学与管理质量标准，主要体现在：教学方面两校制定统一的教学质量要求(3.41)；德育方面两校制定统一的德育活动要求(3.21)；课程方面两校制定统一的课程建设要求(3.17)；教师方面两校进行统一的教师考核评价(2.81)；行政方面两校定期共同召开行政会，对两校重要事务进行共同决策(3.35)，以及两校设置相似的管理部门，以便统一行动(3.30)；文化方面两校统一了学校的行为规范(3.44)，两校统一了学校的管理方式(3.27)，两校统一了校训(3.04)。

总的来看，城乡学校一体化管理从资源、经验、空间和标准四个方面着手，将其作为实现一体化管理成效的重要手段和方式，大力推进输入学校教育教学和管理质量的提升。

3. 城乡学校一体化管理有效促进了学生、教师和学校的发展，突出表现在视野拓展、资源丰富、声誉度提升

城乡学校一体化管理在促进学生发展方面，效果最显著的三个方面依次为学生学习视野拓展、学生学习课程丰富和学生学习成绩提高；在促进教师发展方面，效果最显著的三个方面依次为教师专业视野拓展、教师外出培训机会增加和教师教育教学资源丰富；在促进学校发展方面，效果最显著的三个方面依次为学校社会声誉度提升、所在社区对学校的满意度提升和学校校

园环境和设施改善。

值得关注的是，目前的一体化管理成效还处于发展空间、视野、资源等外在表现阶段，对于促进师生内在发展的效果还不是很明显，如学生发展方面，学生的学习能力、表达沟通能力、探究分析能力、兴趣、信心等均排在后面；教师发展方面，教师的课堂教学质量、自主学习意识、教研水平、理解学生能力等也都排在后面。一体化管理旨在通过优质资源的辐射促进农村学校教育教学质量的提升，资源是手段，发展是目标，为此，一体化管理需要在现有优质资源辐射共享基础上，进一步推进师生的内在发展，使其在相应的能力和水平上都得到提升。

4. 城乡学校一体化管理的关键是破解跨区管理的障碍，核心是建立并完善市、区、校三级管理体系和制度体系

城乡学校一体化管理面临跨区体制障碍、教师轮岗交流、系统制度建设和资源配置方式等若干问题，其中，跨区障碍问题尤为突出，并影响着其他几个方面。“以县为主”的教育管理体制造成了区县间教育管理的许多差异，学校在一体化管理过程中需要增加许多协调性成本，如教师待遇的补齐、公用经费的统筹、交通费用的支出、教研教学评价的冲突、学校和教育行政部门的协调等，这也正是跨区城乡学校一体化的关键和难点所在。一体化管理的顺利实现十分有赖于跨区障碍问题的破解。在城乡学校一体化管理的诸多问题中，许多问题都与跨区障碍存在一定联系，其中，联系最为紧密的问题是人事、经费、市级统筹等问题。人事问题重点在教师编制和教师流动，经费问题重点在结构性不足，市级统筹重点在保障性制度不完善。由此，城乡学校一体化管理应该将人事、经费和市级统筹问题作为破解跨区障碍的突破口，扩宽教师资源来源渠道，调整经费投入结构，加强市级统筹制度建设，破解跨区对城乡学校一体化管理造成的障碍，促进城乡学校一体化管理的持续有效运行。

城乡学校一体化管理单靠输入学校和输出学校校际的一体化管理体系不足以支撑其运行，市级和区教育行政部门与其有着密不可分的联系。市级和区教育行政部门在政策倾斜、制度建设、经费支持、人事安排、教学评价、跨区协调等方面发挥着重要的支持和保障作用。如果没有市级和区教育行政部门的全力参与，输入学校和输出学校间只能建立一般的教育资源共享的合作关系，而无法形成完善的城乡学校一体化管理制度建设，学校自身无法解决一体化管理过程中关于跨区、经费、人事、评价等方面的诸多问题。由此，

城乡学校一体化管理必须建立并完善市、区、校三级管理体系和制度体系，明晰城乡学校一体化管理过程中三级主体的定位、职责和相互关系，建立系统的城乡学校一体化管理运行机制。

5. 城乡学校一体化管理成效的影响因素多元复杂，需要多方共同积极支持和投入，并克服校际地理距离与师生差异影响

在学校管理差异、课程与教学教研差异、师生差异、办学条件和外部环境差异、相关利益方的支持和投入差异、两校间的地理距离六个影响维度中，最影响一体化管理成效的三个维度依次是相关利益方的支持和投入、两校间的地理距离和师生差异。

在这六个影响维度下的二十个影响因素中，最影响一体化管理成效的五个因素依次是：输出学校校长对一体化管理的积极性和投入程度、输入学校校长对一体化管理的积极性和投入程度、两校间学生学业水平的差异、输入区教委对学校一体化管理的支持力度及两校间的地理距离。

从这些结果可以看出，城乡学校一体化管理要取得预期成效，不能仅依靠输出学校或输入学校单方面的努力，还需要输出学校和输入学校双方的共同努力和积极投入。同时，在经费投入和相关政策支持方面，输入学校所在区县也发挥了重要作用。在实践中，如果输入学校所在区教委对一体化管理大力支持，那么该输入学校一体化管理成效也相对显著。

6. 是否同区和是否一个法人对城乡学校一体化管理有重要影响，同区与跨区、一个法人与两个法人的一体化管理均存在显著差异

从一体化管理的七个维度来看，同区和跨区的教学、德育、教研培训、课程、教师、行政、文化一体化均存在显著差异，且同区一体化管理在七个维度的一体化程度均高于跨区的一体化管理。一个法人和两个法人的教学、德育、教研培训、课程、教师、行政、文化一体化也均存在显著差异，且一个法人的一体化管理在七个维度的一体化程度也均高于两个法人的一体化管理。这表示，同区的一体化管理、一个法人的一体化管理程度相对更高，管理效果也相对更好。究其原因，同区的一体化管理破解了跨区管理体制差异的障碍，在人、财、物等各类办学资源方面能实现最大限度的统筹整合，为一体化管理提供了先天的便利优势。一个法人的一体化管理相对两个法人管理，也更容易推进两校办学理念、管理方式和优质资源的统筹整合。

从一体化管理的成效来看，同区和跨区的一体化管理在学生发展和教师发展两个方面均存在差异。关于学生发展，跨区的城乡学校一体化管理促进

学生发展效果最显著的是学生学习视野拓展，同区的为学生学习课程丰富；关于教师发展，跨区的城乡学校一体化管理在教师专业视野拓展和教师外出培训机会增加方面的促进效果高于同区的城乡学校一体化管理，而同区的在教师教育教学资源丰富方面的促进效果高于跨区的城乡学校一体化管理。一个法人和两个法人的一体化管理在学生发展和教师发展两个方面也均存在差异。关于学生发展，一个法人的城乡学校一体化管理促进学生发展效果最显著的是学生学习课程丰富，两个法人的是学生学习视野拓展；关于教师发展，两个法人的城乡学校一体化管理在教师专业视野拓展方面的促进效果高于一个法人的城乡学校一体化管理。

鉴于同区与跨区、一个法人与两个法人导致城乡学校一体化管理各方面产生的显著差异，可以尝试将同区与跨区、一个法人与两个法人作为划分维度，将一体化管理分为四种类型，即同区一个法人的一体化管理、同区两个法人的一体化管理、跨区一个法人的一体化管理、跨区两个法人的一体化管理，通过分析每种类型的特点，为一体化管理实践提供不同视角的参考。

第三章　城乡学校一体化管理的场域分析

基于鲍威尔(Walter W. Powell)和迪马吉奥(Paul J. DiMaggio)等关于组织场域的定义，城乡学校一体化管理表现出了组织场域的基本特点，可以将其理解为：由教育行政部门、输出学校、输入学校、教研部门等系列组织通过任务联系共同构建的一个制度化场域，这些组织涉及教育资源的关键供应者(如教育行政部门、输出学校、教研部门)、资源消费者(如输入学校)，以及提供类似服务的其他组织(如相关联盟学校等)。城乡学校一体化管理场域不是以上系列组织的罗列，而是这些组织间制度化的结合，蕴含着相关组织间关系和场域的形成机理。

一、城乡学校一体化管理场域的主体组织

组织是一体化管理场域的基本构成单位，对主体组织的分析是场域分析的基础性工作。只有明晰了场域中的主体组织及角色定位，才能深入分析场域的运行结构。城乡学校一体化管理由市级统筹，跨越行政区县边界，聚焦学校发展，一体化管理场域中主要涉及市级教育行政部门、输入区县教育行政部门、输出学校、输入学校、区县教研部门五类组织，其各自扮演着不同的角色，发挥着不同的功能。

(一)组织类型与角色

1. 市级教育行政部门

城乡学校一体化管理是跨越区县边界的教育活动，它超越了单个区县教育行政部门的管理权限范围。市级教育行政部门作为重要主体组织之一参与其中，并发挥重要的统筹作用，其角色表现为：

第一，政策制定者。为实现基本公共教育服务均等化，构建完善的基本公共教育服务体系，市级教育行政部门出台推进城乡学校一体化管理的相关政策，制定相关管理办法。同时，运用行政手段推进城乡一体化管理政策的层层落实。

第二，资源补偿者。补偿性原则关注受教育者的社会经济地位的差距，并对社会经济地位处境不利的受教育者在教育资源配置上予以补偿。这样配置教育资源是不平等的，但却是公平的。[①] 城乡学校一体化管理中，市级教育行政部门对农村学校采取了补偿性原则，一方面加大对农村学校办学条件的倾斜性投入，改善农村学校教育教学环境；另一方面为农村学校牵线联络城市优质教育资源学校，提升农村学校教育质量和管理水平。同时，市级教育行政部门也对城市输出学校给予一定的一体化管理成本补偿，鼓励城市学校为推进教育均衡发展承担应有的社会责任。

2A 校校长与 2B 校执行校长访谈记录[②]

2A 校校长：今年(2012 年)就 5700 万左右吧，这些钱走的是"专项"的形式，主要指的是：信息技术、理化生实验室，还有一些基础的装修，然后还有宿舍的改造、校园的美化、校园文化的建设等方面。……我觉得一个学校要办好，没有政府的支持也不行，但是，最主要的，还是北京市教委给我们的关爱和支持，我们希望能继续得到其关爱和支持。

3A 校校长访谈记录

自从我们合作这个以后，现在我们享受到了 300 万的政府支持。……支持改善输出学校的校舍、办公设备、办学条件等。

第三，督导协调者。市级教育行政部门定期督导区县、学校的一体化管理实施情况，对农村输入学校的绩效进行评估。同时，城乡学校一体化管理是城乡一体化建设的一部分，它超越了单一的教育问题，需要统筹市级发展改革、规划、财政、人事等多个部门参与，市级教育行政部门理所当然地承担了多部门协调的重任。在实行过程中，由于平级部门间的权力博弈，这种协调并非易事。调研中发现，部分学校主要针对一体化管理过程中教师编制不足的问题，提出要加强市级相关职能部门的统筹，组织相关部门共同协商解决。目前看来，单纯为推进城乡学校一体化管理开设教师编制绿灯，是一项复杂且难度很大的协调性工程。

2. 输入区县教育行政部门

输入区县教育行政部门对上需要落实市级教育行政部门政策要求，对下

---

① 褚宏启，杨海燕：《教育公平的原则及其政策含义》，《教育研究》，2008 年第 1 期，第 10—16 页。

② 关于学校代码的说明：针对 2012 年开展访谈的 6 对一体化管理样本学校，分别用序号 1—6 表示。同时，A 表示输入学校，B 表示输出学校。如 2A 校表示第 2 对一体化管理访谈样本学校中的输出学校，2B 校表示第 2 对一体化管理访谈样本学校中的输入学校。第三章中相关内容同此说明。

需要督导、支持学校完成市级教育行政部门的政策任务。基于这样的行政位置，输入区县教育行政部门在城乡学校一体化管理场域中表现了突出的协调保障性角色。由于一体化管理重点是通过输出学校向输入学校辐射优质教育资源，输出区县在这个过程中只表现出了对输出学校执行政策的形式支持，而输入区县则要求从形式到实质提供全方位的支持与保障，二者相比较而言，输入区县在一体化管理场域中的表现更突出。输入区县教育行政部门的主要角色体现为：

第一，运行协调者。输出学校和输入学校分属不同的区县，在“以县为主”的教育管理体制下，两个区县的学校在经费、人事、教育教学、教研等管理方面存在差异，一体化管理需要平衡这些差异；此外，一体化管理保留了输入区县对学校的行政隶属及管理关系，而将输入学校的专业管理权分离给了输出学校，作为对学校的系统管理，一体化管理需要做好专业管理和行政管理的融合。这一系列工作都需要输入区县做好相关协调。调研发现，输入区教委的支持与输出学校的积极性有着紧密的联系，输入区教委的支持越多，输出学校开展一体化管理的积极性越高，一体化管理的效果也越好。

第二，资源供应者。在市级教育行政部门对输入学校提供了资源补偿的基础上，本着“谁受益，谁分担”的成本分担原则，输入区县在一体化管理中承担了重要的资源供应者角色。调研发现，输入区县在经费资源投入和教师资源倾斜两方面发挥的作用最为突出，为推进一体化管理提供了重要支持。

3A 校执行校长访谈记录

本区还是很支持我们的，比如学制怎么设，教材怎么使，老师怎么招，他们都尽可能地支持。当然从研究生的指标来讲，近几年限制得比较厉害，但他们也会比较优惠地给我们。比如一开始说给我们 4 个研究生，到后来给 8 个，一点点增加，所以我们的研究生比例还是很大的，我们现在有一半多的教师都是研究生学历。

第三，利益平衡者。调研发现，输入区县教育行政部门在与一体化管理场域中的组织紧密联系外，还在与一体化管理场域外的本区县内其他学校发生着隐性联系，这种隐性联系表现为一种利益平衡关系，对学校一体化管理产生着一定的影响。城乡学校一体化管理为输入学校提供了补偿性投入，争取了多方面的优惠政策，名校效应为输入学校争取了生源和师源。周边学校会对此产生不公平心理，一方面对输入学校享受的一体化管理优惠政策表示反对，另一方面也会去向教育行政部门争取自身相应的权利和资源。一体化管理在推进的过程中出现了一种新的现象，即一体化管理原本的目标是在区域内教育均衡基础上促进区域间的教育均衡，而现实推进过程中却可能导致区域内校际新的不均衡。输入区县教育行政部门为了维护基本的区域内教育均衡，就必须充当利益的均衡者，通过开展优质教育资源共享活动、统一教学教研评价标准、统筹行政教育管理等多种手段去平衡学校间、教师间、学生间的利益。而这种利益平衡的结果就导致一体化管理中涉及学校、校长和教师核心利益的政策无法落地。关于这些无法落地的政策对一体化管理的效果有多大影响，现在还不能下定论，需要在今后的实践中进一步研究论证。

3. 输出学校

城乡学校一体化管理是建立在合作契约上的制度构建，虽然教育行政部门对于这种契约制度建设发挥着领导作用，但输出学校和输入学校是这个契约中的实施主体，并且输出学校在契约关系中表现出更强的主导地位，其角色主要体现为：

第一，政策实施者。访谈记录发现(见表 3-1)，输出学校参与一体化管理最突出的三个原因依次是“输入区县的名校需求”“输出学校回馈国家政府支持的社会责任感”“输出区教委任务”。这三个原因均为来自外部的教育行政部门行为，这表明输出学校参与城乡学校一体化管理并非自主行动，而是被动接受的一项重要行政任务，是为了落实政府推进教育均衡发展的政策要求。这些任务主要来自于两个方面：一是教育行政部门，包括市级教委和输出区教委对输出学校提出的相关政策实施任务；二是输入区县和输入学校，主要是他们对共享输出学校优质教育资源以及通过一体化管理争取多种发展资源的需求。

表 3-1 “输出学校参与原因”的子项一览表

三级树节点	材料来源数(份)	参考点数(次)
输入区县的名校需求	9	10
输出学校回馈国家政府支持的社会责任感	6	7
输出区教委任务	3	4
两区教委参与	3	3
输出学校实施教育改革的责任感	2	2
输出学校维护自身声誉的责任感	2	2

续表

三级树节点	材料来源数(份)	参考点数(次)
两区学校相关领导间关系好	1	1
两区关系友好	1	1
输出学校促进自身发展	1	1
输入区县和学校的资金需求	1	1

第二，管理推动者。输出学校是一体化管理的重要推动力量，它对一体化管理的理解、态度、行动直接决定着一体化管理的成效。其中，输出学校校长的态度和行动尤其重要。从访谈记录来看，输出学校校长的积极态度与行动主要表现为：全力承担起建设输入学校的责任、为推进学校一体化管理与各级部门积极协调、积极为输入学校引入各类资源、统一两校的教学质量要求、制定输入学校长远发展规划、亲自主持或参与输入学校教师教研培训活动等。同时，其率先垂范效应带动了输出学校教师的支教热情，激发了输入学校校长和教师的工作动力，形成了推进两校一体化管理的合力。访谈发现，输出学校校长对两校一体化管理重视程度越高，两校一体化管理效果越显著，尤其是在输入学校的教师专业水平、学校管理水平、教育教学质量等方面促进作用明显。

2A校校长与2B校执行校长访谈记录

2A校校长：那次我带着两个本校副校长，我开车带他们到输入学校校区。在路上，我对他们说，办这个学校，我们会遇到很多困难，我们基本上顾不了家，我们基本上没有礼拜天，我们基本上也不会看电视了，因为我们要把时间都投在这里了，我们一天工作都在十二个小时左右。这里还有晚自习，我们的老师晚自习要到十点左右，我们的老师非常辛苦，因为有住宿生，我们的管理干部都是每天排班的。我跟他们说，如果他们觉得不行，现在从这辆“马车”上下去还来得及。他们说都愿意跟我干下去。我说，好，那我们就驾着这辆“马车”前行。所以我们是抱着这样的信念走进这个学校的。

第三，发展引领者。一体化管理旨在通过输出学校向输入学校辐射、共享优质教育资源，引领输入学校的专业提升，促进输入学校的内涵发展。输出学校对输入学校的专业发展引领至关重要。调研发现，在一体化管理中，输出学校对输入学校重点强调了三个方面的引领：一是教育理念的引领，帮助输入学校转变传统的教育教学和学校管理观念，建立科学的教育观、学生观和学校发展观；二是学生培养模式的引领，帮助输入学校改变传统的课堂教育模式，构建多样化的课程体系，丰富学生的教育方式、教学方式和评价方式，促进输入学校学生综合素质的提升；三是学校管理模式的引领，帮助输入学校形成民主管理理念，创新管理方式，逐步建立和完善学校行政、教育教学、教研等管理制度，提高学校管理水平，激发学校办学活力。

4A 校校长访谈记录

我们校强调的是理念的共享，强调的是优秀的师资的经验的共享，帮助他们输出理念和一些好的教育教学经验，用我们多年形成的优秀的文化去引领、带动分校的发展。这是我们一直坚持的思路。

4. 输入学校

在城乡学校一体化管理过程中，输入学校扮演着双重身份，一方面相对输出学校而言，输入学校是被帮扶、被支持的对象，甚至表现为是“被一体化”的对象，另一方面相对本地区学校而言，输入学校又成了优质教育资源集散地，成了为本地区拓展教育资源的窗口。其角色主要体现为：

第一，政策受益者。城乡学校一体化管理的出发点是促进教育公平，实现基础公共教育服务均等化，输入学校教育质量的提升是城乡学校一体化管理的重要目标。输入学校是一体化管理政策的直接受益者，在硬件建设方面，市级教育行政部门加大经费投入，为输入学校建立现代化的教育教学条件提供了巨大支持，区县教育行政部门也投入相关配套经费，保障输入学校的持续建设；在软件建设方面，市级教育行政部门针对管理体制、教学教研管理、课程体系建设等主要内容对输出学校提出了要求，从制度上保障了输入学校取得一体化管理预期成果，同时，区县教育行政部门为输入学校参与一体化管理提供了人事、教学教研、评价等多方面的政策支持，保证输入学校与输出学校一体化管理改革的顺利推进。

第二，模仿学习者。通常而言，成败与否，外因是条件，内因是关键。对于输入学校参与城乡学校一体化管理，享受各种优惠政策和待遇是输入学校发展的物质基础，但输入学校内在的动力和积极进取是关键，如果自身不努力借鉴、学习和创新，再多、再好的资源也只能是短期内借其形式，而不能真正地内化为输入学校的发展资本。访谈中发现，输入学校校长和教师的工作热情与投入十分突出，充分表现在：对教育工作和学生们的热爱、对本职工作的敬业和积极态度、对提升自身教育管理水平和学校教育质量的渴望、与输出学校在一体化管理各项内容上的充分沟通和借鉴融合、积极面对一体化管理过程中的相关问题并努力协调解决问题。一体化管理是输入学校逐步认同输出学校的管理和理念并不断模仿、借鉴、学习、创新的过程，其学习的对象包括输出学校及通过输出学校结识的输出区其他学校、输出学校其他联盟学校等，其学习的内容包括其他学校的办学理念、教育教学技能、课程体系、办学模式、管理制度、学校文化等，其学习的方式有观摩、交流、轮岗、体验等。同时，部分输入学校在模仿学习其他学校的基础上，结合自身学校特点和学生差异，进行有针对性的调整，实现本土化的运用和创新。

3B 校执行校长访谈记录

我从一开始接这个事，就暗暗下过决心，一定要办一个名副其实的分校。我当时就是这么想的，要做，就做好。当时他们都说我是追求完美的人，我来了以后对他们的要求也特别高，甚至有的年轻人说："校长能不能不要用您自己的标准来要求我们啊?"我说我做不到，因为我觉得我的责任太大了，面对这些可爱的孩子，我不能耽误他们。

第三，资源扩散者。在优质资源不足的情况下，利用增长极效应来推进资源的均衡分配是一种常见的手段，它通过非均衡的发展手段来推进区域的均衡发展。对于输入区县来说，输入学校就扮演了一个增长极的角色，通过单个城市输出学校对单个农村输入学校的资源辐射，大力提升输入学校教育教学质量，使输入学校成为本地区学校发展新的增长极，然后发挥该增长极的作用并将其作用扩散到周边学校，实现"点—点—面"发展的优质教育资源扩散和分配效应。实践也证明，输入学校的增长极表现是十分明显的，输入学校将一体化管理中获取的多方优质教育资源通过各种联合教研活动、学习交流、专业评比等形式直接或间接地辐射到本区县的教研机构、学校、教师等，同时，输入学校也搭建了输入区县教研机构和教师与输出学校、输出区教研机构联系的桥梁，极大地拓展了输入区县获取外部优质教育资源的渠道，为提升输入区县整体教育质量发挥了重要作用。

5. 区县教研部门

教研部门是我国基础教育发展具有特色的教育专业支持机构，它与学校教育实践紧密联系，深入开展教育教学行动研究，直接为学校的管理和教育教学工作提供专业咨询与指导，同时，区县教研部门还承担着本地区教师教研、培训和专业发展评估等多重任务，其角色主要体现为：

第一，专业支持者。无论是输入区教研部门还是输出区教研部门，都在一定程度上参与了城乡学校一体化管理，为输入学校教师专业发展起到了重要的促进作用。其中，一体化管理中尤其需要强调的是输出区教研部门对输入学校教师的专业支持。“以县为主”的教育管理体制导致了城乡学校发展的较大差距，同样也带来了城乡教研部门水平的参差不齐。城区教研部门由于历史和地理原因集聚了大量优秀的教研员和骨干教师资源，由此，输出区教研部门作为重要的专业支持力量被带入了城乡学校一体化管理中，通过输出学校的桥梁作用，输入学校不仅模仿、学习输出学校的教育管理理念、模式，同时还参与输出区教研部门组织的各种教研交流研讨活动，以及通过网络技术手段共享输出区的各种教研资源，极大地拓宽了输入学校教师的学习平台。调研中发现，部分输入学校教师对参与输出区教研部门组织的活动表现出很高的热情，深感收获丰富。

第二，教师评价者。区县教研部门除对学校教师提供专业指导外，还有一项很重要的工作，就是对本区县教师的专业活动及发展进行记录、评估，并为表现优秀的教师提供更广阔的交流机会和展示平台，拓展教师的职业发展空间。城乡学校一体化管理在让输入学校教师享受输出区教研资源的同时，也为输入学校教师带来了跨区学习与本区职业发展的冲突。由于时间和精力的限制，输入学校教师为参加输出区或输出学校的相关教研活动，就只能牺牲部分本区县教研部门的活动，对于教师而言都是在学习，但从教师管理制度上来看，如果没有跨区的教研协调，这些输入学校教师在本区县内将面临专业评价上的挑战，而这些评价可能直接关乎教师的个人利益和专业发展。与此同时，输出学校部分教师也面临着类似的评价问题，如因到输入学校任教影响了日常的教研学习和职称评定等。

3B 校中层干部访谈记录

教研这一块，本来我本区的教研任务就够重了，现在每周还得拿出一天去东城教研。往后这个怎么协调，怎么让东城的教研能在本区得到认可，或者让本区的教研能在东城得到认可，怎么让老师能省一点时间……如果都能得到承认，这就让人满意了。

总的来看，教研部门这个看似与城乡学校一体化管理联系不大的组织因其对教师的专业支持和评价的特定身份，成为一体化管理组织场域中一个相对次要但却不可忽视的组织部门。

(二)组织间关系

通过以上组织角色分析，可以发现一体化管理场域中组织间纵横交错的复杂的网络关系，将其梳理可以归为三类基本关系，包含垂直的行政关系、水平的合作关系和交叉的博弈关系。

1. 垂直的行政关系

城乡学校一体化管理是教育行政部门推进义务教育均衡发展和城乡教育一体化的重要举措，具有明显的行政指令特征，显现出来一条十分清晰的垂直的行政关系脉络。它同其他教育政策的落实具有相似性，即三层行政主体(市级教育行政部门、区县教育行政部门和学校)分别负责制定政策、落实政策、执行政策，保证政策层层落实。它也同其他教育政策的落实有不同的地方，表现为市级管理层级的转变，其结合了科层组织和扁平组织的特点，市级教育行政部门不仅通过区县教育行政部门来协调落实城乡学校一体化管理，而且还直接组织督导学校推进一体化管理工作，市级教育行政部门管理已经跨过区县教育部门直接延伸到了学校，突出了市级对城乡学校一体化管理的重视程度，同时也对城乡学校一体化管理形成了多头行政管理格局(如图 3-1)。

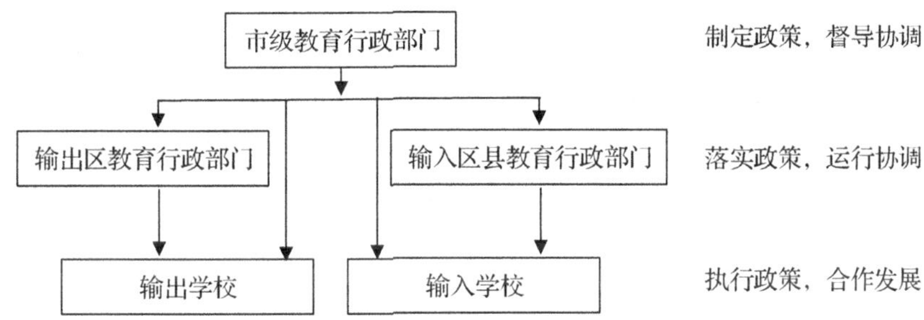

图 3-1　城乡学校一体化管理场域组织间垂直行政关系图

2. 水平的合作关系

城乡学校一体化管理的文字表述已经体现了城市学校和农村学校间的合作关系，其本质是通过组织场域中各类组织的合作来共同实现城乡学校一体化管理的目标任务。在城乡学校一体化管理组织场域中存在着三种水平的合作关系(如图 3-2)，包括输出区和输入区县教育行政部门间的行政合作、输出学校和输入学校间的学校合作、输出区和输入区县教研部门的专业合作。其中，输出学校和输入学校间的学校合作是核心，一体化管理旨在通过两校间管理体制改革和制度性合作促进两校学校管理、队伍建设、教育教学、课程体系等一体化，从而切实提升输入学校办学水平和教育教学质量。区县教育行政部门间行政合作与教研部门间专业合作是保障和支持：区县间教育行政部门通过行政合作，协调一体化管理过程中的各项行政需求，为学校一体化管理提供人、财、物等基础资源支持，为解决学校一体化管理跨区障碍提供特殊政策机制；区县间教研部门通过专业合作，协调一体化管理过程中的教师跨区教研、培训和专业交流，打破教师一体化建设中的跨区专业评价壁垒，促进了输入学校教师专业发展，同时也带动了城区教研资源向农村的辐射。

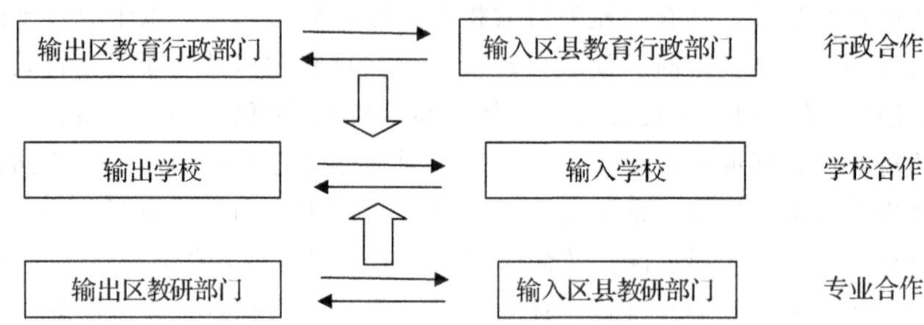

图 3-2　城乡学校一体化管理场域组织间水平合作关系图

3. 交叉的博弈关系

市级教育行政部门将城乡学校一体化管理作为一项政策要求布置下去，区县和学校在落实过程中采用了委托-契约的合作方式，区县与学校或仅学校间签订合作协议，委托输出学校开展两校间的一体化管理，帮助提升输入学校办学品质。这种委托-契约关系在实践操作中逐步衍生出一系列组织间的博弈关系(如图 3-3)，具体表现为：

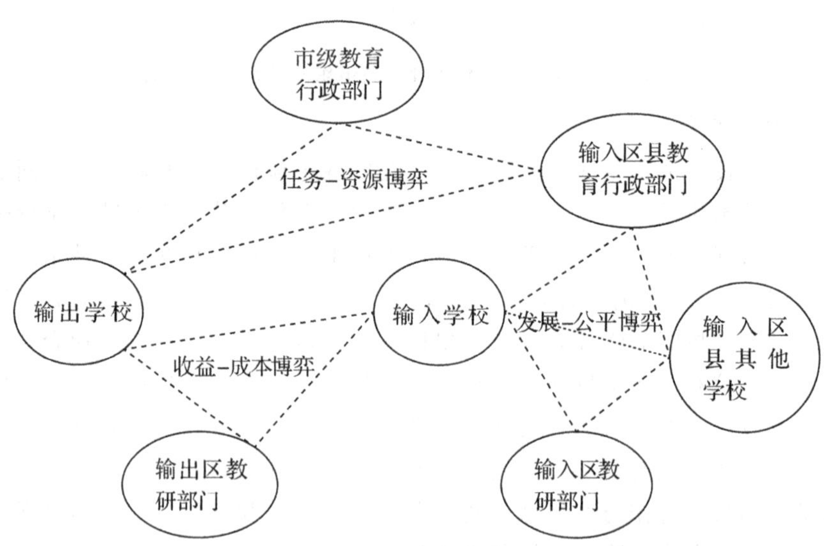

图 3-3　城乡学校一体化管理场域组织间交叉博弈关系图

第一，任务-资源博弈。实现区域间基础公共教育服务均等化是市级教育行政部门的责任。为履行该责任，市级教育行政部门通常采取出台相关政策、提供一定经费支持、组织相关部门共同参与的组合办法。在这个过程中，政策实施目标与资源支撑能力的匹配度十分重要，如果相关组织没有足够的资源支持，政策落实会遇到相应的阻力。城乡学校一体化管理中，输出学校承接了一体化管理的任务，是任务-博弈过程中的核心组织，它要求市级教育行政部门在经费、人事等方面提供足够的支持，同时，由于跨区开展一体化管理，输出学校还必须从输入学校的上级教育主管部门争取到学校管理、教育教学、教师配置等方面的权力和优惠政策，否则一体化管理很难推进。调研发现，输出学校在一体化管理中的关键地位极大提升了其博弈的能力，市级和输入区县教育行政部门在一体化管理过程中都在尽力去满足输出学校的资源需求，尤其是输入区县教育行政部门，为输入学校一体化管理提供了配套经费投入和一系列优惠倾斜政策。

第二，收益-成本博弈。输出学校除通过本校教师对输入学校开展教育教学指导外，还协调输入学校教师以一体化管理名义参与输出区教研部门的专业活动，拓展输入学校教师专业学习平台。由于输出区的非盈利性质及其本身的区域内教研任务要求，在输出区原有的资源配给条件下很难同时为输入学校教师提供额外专业服务，再加之现实存在的区域间的教育竞争问题，这种旨在一体化的“搭便车”行为进展并不顺利，输出区教研部门基于其专业权威性在一体化管理跨区专业服务博弈中具有绝对发言权。调研发现，输入学校综合考虑接受跨区教研服务的收益-成本问题，这种博弈最终导致了两种结果，一是部分输入学校自己为输出区教研部门的专业服务买单，保证输入学校教师继续享受到优质教研资源；二是部分输入学校认为成本较高，逐步减少或放弃跨区教研活动，将重点放在本区县教研和与输出学校的教研交流上。

第三，发展-公平博弈。城乡学校一体化管理使输入学校在一定时间内成为优质教育资源的集聚地。由于输入学校在输入区县内的弱势地位，人们可以将这种集聚理解为补偿性集聚，是促进区域内教育公平发展的手段。然而，这种集聚的速度和程度受多方因素影响而很难预计，当集聚程度超出了本地区原有的优质学校时，新的公平问题就会产生。前面在阐述输入区县教育行政部门的利益平衡角色时，对输入区县教育行政部门平衡输入学校和区县内其他学校的关系进行了阐述，这里就不再赘述。在此需要提及的是输入学校与输入区教研部门在发展上的博弈，输入学校借助一体化管理享受了两个区的教研资源，而且输出学校和输出区教研资源在某种程度上优于输入区教研部门资源，这对于提升输入学校教师自身专业能力发展来说是具有积极意义的，同时也能发挥在输入区县传播优质教研资源的作用。但实践中教研部门对教师的专业评价制度限制了这种跨区教研资源的共享。跨区教研能提升教师的专业能力，而区内的专业评价却影响着教师职业发展，孰重孰轻一目了然。在这种发展的博弈中，输入学校的教师往往是无力的。许多时候，服从管理规则比提升专业能力更重要。

二、城乡学校一体化管理场域的核心要素

从城乡学校一体化管理的历程及现状研究可以发现，一体化管理围绕着优质教育资源的共享和辐射，引发了城乡学校组织领导结构的变革，推动了城乡学校一体化发展的制度建设，资源、权力和制度在一体化管理过程中紧密地交织在一起，构成了城乡学校一体化管理组织场域的核心要素。

(一)要素类型

1. 资源要素

资源是组织发展的基础。组织是一个开放的系统，需要不断地从外界获取资源来维持自身的生存与发展。由于资源的有限性和稀缺性，组织间竞争将资源从影响组织生存的普通角色提升到了帮助组织获得持续竞争优势的战略地位。无论是宏观的国家层面还是微观的组织层面，争取关键资源都成为致力于长远发展的一项重要战略任务。古典经济学家讨论的资源主要集中于土地，现代经济学中资源的含义则不断扩展，主要体现为自然资源、物质资源、人力资源、科学技术等。彭罗斯(Penrose)在《企业成长理论》中分析了企业中物质资源和人力资源的关系，她认为，物质资源的服务潜能取决于人力资源所拥有的知识，两种资源的结合创造了独特的主观生产机会。巴尼(Barney)则强调资源的价值性、稀缺性、不可模仿性、不可替代性。随后，能力和知识被许多研究者认为是组织获取持续竞争优势的重要资源，形成了资源研究中的能力观和知识观。① 由此，可以从三个方面来理解资源：第一，资源是组织生存和发展的必需品。没有资源，也就没有实际意义上的组织，组织是资源的集合体，不同的资源在组织发展中发挥着各自的功能，各种资源协

① 许征文：《企业持续竞争优势的资源视角——基于资源理论的微观基础研究》，博士学位论文，上海交通大学，2008年。

调整合，共同保障组织的生存和发展。第二，关键资源是组织持续竞争优势的来源。组织类型不同，关键资源类型也存在一定差异，组织发展中往往需要重点把握住自身的关键资源，体现出其价值性、稀缺性、不可模仿性。第三，资源中需要突出能力和知识的效用。能力和知识既是组织发展的重要资源，也是整合组织各类资源、实现内外资源互补、实现资源利用最大化的重要条件。能力和知识相对于传统资源表现出一种隐性特征，往往通过组织中的结构、人员、制度、行为方式等载体得以体现。它们同组织文化一样需要长期的积累，对组织发展与变革产生深刻影响，所不同的是，文化突出思想层面，而能力和知识相对来讲则更突出其器具性。组织要利用好自身资源以实现竞争优势，需要先加强能力和知识的修炼。

城乡学校一体化管理的首要目标是均衡城乡学校优质教育资源配置，通过提升农村学校教育资源的品质来提高农村学校教育质量。资源成为城乡学校一体化管理中的基础性要素。从城乡学校一体化管理现状调研来看，学校一体化管理中的资源主要分为四类，具体如下：

（1）物质资源

物质资源是组织资源的基础，为组织发展提供基本的物质支持与保障。丰富的物质资源可以为学校教育教学创造良好的育人环境，丰富教育教学内容，拓展教育教学空间，为学生综合素质培养提供有力的物质支持。城乡学校一体化管理中，物质资源主要包括学校发展需要的场地校舍、教育设施设备、校园环境、地理位置等。教育行政部门在一体化管理中对物质资源建设投入力度很大，无论是新建校还是续建校，都得到了相当多的物质资源建设经费。调研中发现，这些投入极大地改善了输入学校的基础设施设备，如各类专业教室、体育场馆、数字化教学教研和校园文化环境建设等，为城乡学校一体化管理奠定了坚实的物质基础，促进了城乡学校物质资源的均衡配置。从物质资源获取方式和使用来看，教育行政部门的经费投入发挥了主要作用，通过短期内的集中投入就能帮助学校完成阶段性发展所需的物质资源积累，并且在今后较长一段时期内能持续发挥效应。

（2）人力资源

人力资源在组织发展中发挥着核心作用并体现为数量和质量两个方面。对于学校而言，教师是学校的重要人力资源，是保障教育教学质量的关键。当前，城乡学校发展不均衡、校际择校现象严重等问题与学校间优质教师资源不均衡配置有紧密关系。在均衡配置物质资源的基础上，促进优质教师资源配置成为城乡学校一体化管理的重要任务，市级层面对一体化管理学校的教师资源数量提供倾斜，输出学校对一体化管理学校的教师资源质量提供专业支持。城乡学校一体化管理的主要维度中“教师一体化管理”的编码数据位居第二(见表 2-1)也充分表明了一体化管理对教师资源的重视程度。与此同时，“行政一体化管理”中的编码数据(见表 2-5)显示，城乡学校一体化管理除重视教师资源建设外，还强调学校管理人员资源建设。前者是加强教师专业化发展，提升学校教育教学质量；后者是加强管理干部专业化培训，提升学校管理水平。由此，两类人力资源建设相结合来共同提升农村输入学校的办学品质。相比物质资源而言，人力资源建设是一个持续努力的过程，在数量上需要根据学校发展适时调整，在质量上也要求根据教育教学目标变化不断调整。

(3)技术资源

技术资源是指组织为解决问题及实现发展目标所使用的知识、设备、工具、经验等资源。对组织发展而言，技术资源同人力资源同等重要，人力资源是推动组织发展的主体，技术资源是实现组织发展的重要手段，二者紧密联系，共同构成组织专业发展的核心资源。从城乡学校一体化管理的内容来看，技术资源在一体化管理中与人力资源建设一样得到了相当的重视。城乡学校一体化管理的技术资源主要表现为教育教学资源、教研资源、课程资源和管理资源。其中，教育教学资源包含教育教学中的理念、专业知识、方式与技能等；教研资源包含各类教育教学设计、教研资料、教研模式等；课程资源包含课程体系结构、课程设置、教材、评价资料等；管理资源包含学校管理的理念、方法、制度、模式、工具等。如果人力资源是实现学校内涵发展的关键“人”，那么技术资源则是实现学校内涵发展的关键“物”。学校对于技术资源的建设必须和人力资源紧紧结合在一起，技术资源可以协助人力资源实现组织发展目标，同时，技术资源源于人的发明与创新，也需要人的能动性将其转化到实践应用中。基于此，一体化管理中学校技术资源的建设也将是一个持续的积累、创新过程。

(4)信息资源

信息资源是指组织发展过程中获取到的对组织发展和组织决策产生重要影响的资料数据等信息的总称。组织开放性程度不断提升，信息网络技术日新月异，信息资源在组织发展中的地位逐步凸显，大规模的信息网络技术应用也催生了教育领域教育教学和教研等模式的改革创新。在城乡学校一体化管理中，信息资源没有像物质资源、人力资源和技术资源那样被单独明确提出，一体化管理实践中也没有信息形式的突出表现，但它却一直贯穿于一体化管理的过程之中，发挥着重要的隐性支持作用。输入学校借助网络技术从输出学校、相关联盟学校和教研机构获取了大量的教育教学专业信息，克服了时间和空间上的障碍，极大地丰富了输入学校的专业信息资源库；同时，输入学校借助输出学校参与各类交流、研讨、访学等活动，不断从外部获取有关教育教学和学校组织发展的最新信息，开阔了教育视野，拓展了教育思路，提升了教师教学和校长办学的境界与水平。随着信息技术和组织网络化的快速发展，信息资源在城乡学校一体化管理中的地位将越来越重要，它将成为学校发展中人力资源和技术资源建设的有力支撑与补充。

综合以上论述，物质资源、人力资源、技术资源和信息资源共同构成了城乡学校一体化管理中的资源体系(如图 3-4)。其中，物质资源是基础和前提，人力资源和技术资源是核心和关键，信息资源是手段与工具。通过充分发挥物质资源和信息资源的支持作用，不断积累和优化输入学校的人力资源和技术资源建设，从而实现城乡学校一体化管理的资源配置目标。

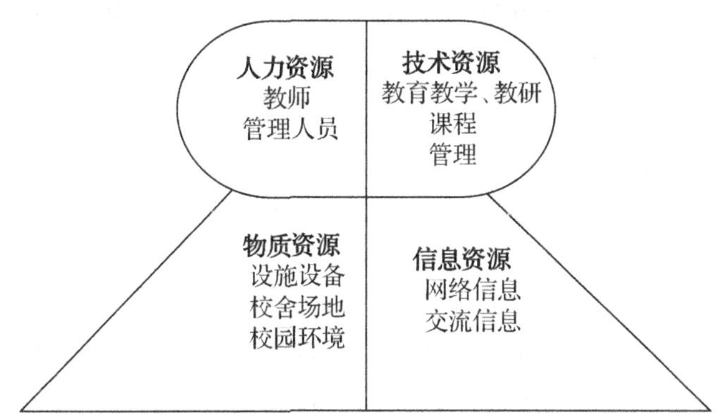

图 3-4　城乡学校一体化管理场域资源结构图

2. 权力要素

对于权力的理解，存在着几种典型的权力观：一是力量论，认为权力是将自己的意志强加于其他人从而实现影响或控制的能力和力量。如马克思·韦伯(Marx Webb)提出，权力代表着在社会关系中，即使遭到反对，也能贯彻自己的意志。二是资源论，认为权力是存在于社会关系中的一种资源，可以帮助权力主体实现自己的愿望。如吉登斯(Anthony Giddens)认为，权力场所是各种社会关系形成储存配置性和权威性资源的容器，权力结构的形成必然要基于社会体系再生产过程中的各种资源。三是关系论，认为权力体现了人们之间的不对等关系。如霍布斯(Thomas Hobbes)认为，权力是主动行动者和被动承受者之间的因果关系。四是网络论，认为权力是一种复杂的力量关系结构。如福柯(Michel Foucault)认为，权力以网络的形式运作，个人在这个网上是流动的，他们往往既处于服从地位，也同时运用一定的权力。五是软硬论。约瑟夫·奈(Joseph Nye)认为，软权力指意识形态、文化吸引力、国际制度与规则；迈克尔·H. 亨特认为，硬权力指国家的自然资源、军事力量及物资力量。① 综合这些权力观可以发现：第一，权力是实施控制和影响的工具。这是对权力的本源理解，也形成了对权力理解的广泛共识，无论以上哪一种权力观，都没有脱离这种基本的权力认识。基于这种理解，在权力运用的过程中，权力十分自然地成为一个典型地实现个体或组织意志的工具与手段，表现出了显著的工具性特征。第二，权力造就了个体或组织间的关系结构。从权力的关系论和网络论可以看出，权力是多元的、动态的、网络的。在不同的权力主导下，同一个个人或组织有可能既是权力的受动者，也可能是权力的实施者。各种权力角色以不同的权力关系相互作用，构成特定环境下的权力结构。② 个人和组织在基于权力形成的这种复杂权力结构中相互博弈、相互协作、相互制约。第三，权力的来源决定着权力的类型。权力不是自然生成的，是基于一定的法理、地位或资源形成的，在资源论和软硬论中能明显体现这一点。不同的权力来源可以帮助个人或组织获得相应的权力，如政治权力源于法理、传统与地位，经济权力源于金钱与奖酬，专业或学术权力则源于知识与能力等。③

城乡学校一体化管理体现了优质教育资源流动和再配置的行动路径，权力是推进这种资源流动的重要手段，因而权力也就成为一体化管理中必须要考虑的一个关键要素，一体化管理现状调研也发现各种权力在一体化管理过程中交织和博弈的复杂关系，这些权力具体表现为：以行政权威为基础的行

---

① 张其学：《对几种典型权力观的评析——兼论马克思主义的权力观》，《广州大学学报(社会科学版)》，2008年第8期，第13—18页。

② 张屹山，等：《资源、权力与经济利益分配通论》，北京：社会科学文献出版社，2013年，第16页。

③ 张天雪：《校长权力论——政府、公民社会和学校层面的研究》，北京：教育科学出版社，2008年，第53页。

政权力，以专业权威为基础的专业权力，以及以学校组织所有权为基础的自主权力。

（1）行政权力

行政权力是指行政机关或被授予行政管理权限的组织及人员，使用所掌握的政治资源对社会公共事务进行管理的能力，它具有强制性和普遍约束性。① 城乡学校一体化管理中，行政权力表现出绝对的权威，是推动优质教育资源跨区流动和再配置的主要力量。依据行政权力的层次划分，城乡学校一体化管理中行政权力表现在两个方面：第一，市级教育行政部门的行政权力。市级教育行政部门的行政权力在一体化管理中发挥着重要的统筹作用，它制定城乡学校一体化管理的政策，对区县教育行政部门和学校提出落实要求，同时借助行政资源对一体化管理学校提供财政支持和相关政策倾斜。从现状来看，市级教育行政部门的行政权力一方面通过经济资源控制力直接对城乡学校物质资源进行了再分配，有效促进了优质物质资源的城乡均衡配置；另一方面通过行政权威推动输出学校的人力资源和技术资源向输入学校流动，促进城乡优质人力资源和技术资源缩小差距。第二，输入区县教育行政部门的行政权力。输入区县教育行政部门的行政权力的强制性表现较弱，更多的是发挥执行和协调的职能。在市级教育行政部门的行政权力的压力下，输入区县教育行政部门对县域内部分教育资源进行重新分配，对一体化管理学校从经费、人事、教学教研上实施特殊倾斜政策，从而最大限度地为输入学校获取市级物质资源和输出学校的专业资源提供行政保障和支持。与此同时，输入区县教育行政部门为了保障学校间发展的公平，其在特定情况下也不得不利用行政权力，一方面保障为输入学校提供倾斜政策，另一方面平衡输入学校与本地其他学校的资源配置关系及保持原有的教育管理制度。而在这一过程中，不可避免地会出现与输出学校管理方式或要求不符的情况，进而也就出现了众多的输出学校与输入区县教委协调困难的问题。

（2）专业权力

专业权力是指组织或个人凭借其在专业上的知识、技能、经验、地位等权威而对其他人或组织形成的影响力。相比行政权力，专业权力没有正式意义上的控制力，更多的是专业上的影响力，当这种影响力的范围和程度足够大时，它对其他组织或个人在专业发展方面也会产生非正式的控制力，甚至

① 王邦佐，等：《政治学辞典》，上海：上海辞书出版社，2009 年，第 534 页。

对行政权力等其他类型权力形成挑战。城乡学校一体化管理中的专业权力对促进人力资源、技术资源和信息资源流动发挥着关键作用，是一体化管理中提升专业资源品质的主要力量，表现十分突出。专业权力主要来源于两个方面：第一，输出学校的专业权力。输出学校凭借深厚的历史积累、优质的教师队伍、科学的学校管理、良好的社会声誉等在教育教学和学校管理上树立起了专业权威地位，这种专业权威对输入学校不仅发挥着引领示范作用，而且还对输入学校的教学和管理形成了无形的控制力，这从“教学一体化管理”“教研培训一体化管理”“课程一体化管理”“行政一体化管理”的编码中都能深刻感受到。输出学校在一体化管理过程中，无论是面对教育行政部门还是面对输入学校都具有相当的发言权，如输入学校普遍复制、借鉴输出学校的教育教学方式、教研模式、课程体系、管理模式及制度，共同进行学校管理和发展决策，以及部分学校实施了“一个法人”的一体化管理体制等，同时，市级教育行政部门和输入区县教育行政部门对输出学校在一体化管理过程中的经费、人事、教育教学和评价等各方面给予支持与倾斜，这些都反映出输出学校专业权力在一体化管理中的重要影响力。第二，区县教研部门的专业权力。区县教研部门是学校业务发展的重要指导者和评价者，承担着区域教育教学实践研究、教师专业培训、教师专业考核评估等任务。在一体化管理中，区县教研部门的专业权力重点体现在两个方面：一是输出区县教研部门的专业资源供给权力。由于输入区教研部门相比输出区在教研质量上存在较大差距，输入学校教师普遍通过输出学校积极参与输出区教研部门相关培训和教研活动，共享输出区各类教研资源，实践表明其效果是显著的。问题在于，各区县教研资源首先要满足本区县内教师的发展需求，在资源配置有限的情况下，区县外教师享受这些资源需要为此付出成本，而这些成本往往由输入学校自己买单。二是输入区县教研部门的专业评价权力。输入学校教师专业发展既受到输入区教研部门的指导，也必须接受教研部门的评价，并且评价结果直接与个人职业发展挂钩。从教师专业发展来看，跨区的教研活动是有益于输入学校教师成长的，但从教师专业管理来看，“以县为主”的教研管理体制要求跨区教研的教师在时间、精力、经费等方面要付出相当大的成本，尤其是在个人教研评价方面，因为参与输出区的教研活动是不被所在区教研部门计入个人专业评价范围之内的。调研中发现，输入学校和教师对到输出区参加教研活动充满热情，但在输出区县的供给权力和输入区县的评价权力双重压力之下，许多学校和教师在衡量各类成本之后，逐步减少或放弃了这种跨区的教师研修活动，这极大地限制了城乡学校优质专业资源的流动与共享。

(3)自主权力

自主权力是指个人或组织凭借其自身地位、职能、资源等形成的自主决策、自主行动的能力。自主权力是否具有法定意义取决于这种权力形成的基础。城乡学校一体化管理中的自主权力是指输入学校基于组织的所有权和管理权而具有的对本校发展的控制力。它具有一定的强制性，有法律依据并受到法律保护。中小学校长负责制是这种自主权力的现实表现，校长是学校的法人代表，统一领导和全面负责学校的教育教学及其各项工作，拥有学校发展的领导权、规划权和决策权。自主权力是输入学校实现自主发展的前提，是实现外部资源校本化整合和创新的基础，是促进输入学校可持续发展的重要条件。城乡学校一体化管理现状研究表明，输入学校的自主权力表现较弱，面对具有管理隶属关系的市级和区级行政权力，输入学校主要表现为服从和落实，办学自主性空间不足；面对输出学校的专业权力，输入学校表现为接受和模仿，一定时期内无法体现自身发展的特色性。调研中发现，部分学校对此问题表现出了担忧。输出学校和输入学校的一体化管理呈现出自主权力向专业权力的让渡，“一个法人”的一体化管理体制正是这种自主权力让渡的极致表现。调研发现，自主权力的弱化直接导致了两种结果：一是输入学校的办学自主性降低，对外部依赖性增强，在这种情况下，流入输入学校的优质教育资源将不能实现充分而有效的本土转化，难以形成输入学校自身的“造血”机制；二是输入学校自主权力的弱化促使输出学校发展模式被大量复制，导致学校发展的单一化和同质化，而忽略了不同地域学校发展历史与文化的积累。这不利于完善输入学校发展的动力机制，也不利于学校组织生态的多样化发展。因此，在借助行政权力和专业权力提升输入学校教育质量的同时，保持输入学校适度的自主权力，以稳定输入学校办学动力并促进输入学校的自主发展和优质特色发展是十分必要的，毕竟输入学校今后的持续发展要靠输入学校自己来完成。

综上所述，行政权力、专业权力和自主权力构成了城乡学校一体化管理的权力结构(如图 3-5)，它们相互作用，共同决定了一体化管理中优质教育资源的配置。其中，行政权力发挥着统筹作用，通过对专业权力的支持与对自主权力的干预直接或间接地促进各类资源向输入学校流动、辐射；专业权力发挥着支持作用，通过对行政权力提出要求与对自主权力施加影响，推动了人力资源、技术资源和信息资源的流动；自主权力发挥着整合、转化作用，通过对行政权力的服从与对专业权力的让渡，最大限度地获取外部优质资源并利用相关条件实现本土转化。

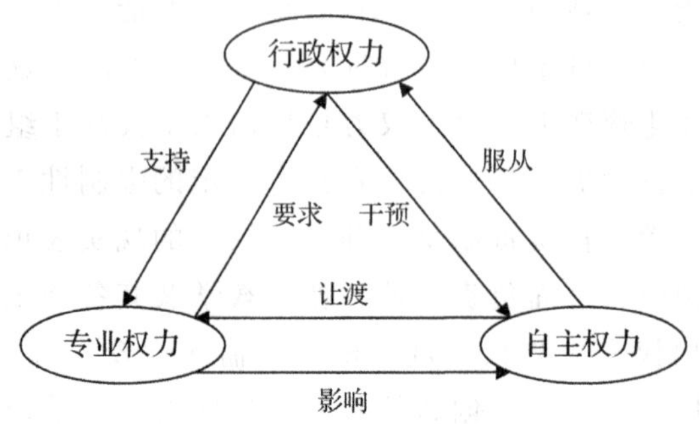

图 3-5　城乡学校一体化管理场域权力结构图

3. 制度要素

同权力一样，对于制度的理解也存在着不同的观点①。一是规则说，认为制度是一种规则，用以规范、制约、限制人们的各种行为活动。诺思(Douglass C. North)认为，制度是社会的游戏规则，是为决定人们的相互关系而人为设定的一些制约。它包括一系列被制定出来的规则、法律程序和道德行为规范，用以约束个人追求自身福利或利益的行为②。二是惯例说，认为制度是社会生活约定俗成的习俗惯例，代表了社会成员的共同理念。凡勃伦(Thorstein B. Veblen)提出，制度是一种习俗，是思想习惯适应的产物③。三是关系说，认为制度是人们结成的各种经济、社会和政治体系。青木昌彦认为，制度是通过博弈形成共有信念的自我维系系统，是对均衡博弈路径的浓缩型表征。④ 制度是 N 人博弈的均衡解。⑤ 从这些制度观可以发现：第一，制度是规范和制约行动的手段。制度为人们提供了一个行动的基本框架，描述出了组织和个体在行为中的地位与相互关系，在组织和个体的意识层面形成统一观念，继而通过对实际行动后果的反馈强化实现对制度的认同和内化。第二，

① 张翼：《教育发展与制度选择——我国二十五年来教育制度变迁分析》，广州：暨南大学出版社，2012 年，第 24—27 页。

② [美]道格拉斯・C. 诺思著，杭行译：《制度、制度变迁与经济绩效》，上海：格致出版社，上海人民出版社，1994 年，第 3、225 页。

③ 秦海：《制度范式与制度主义》，《社会学研究》，1999 年第 5 期，第 36—65 页。

④ [日]青木昌彦著，周黎安译：《比较制度分析》，上海：上海远东出版社，2001 年，第 28 页。

⑤ 盛洪：《为什么制度重要》，郑州：郑州大学出版社，2004 年，第 49 页。

制度提升了行动的稳定性，降低了行动的交易成本。在特定的制度框架下，组织或个体行为的透明性提升，不确定性降低，从而减少为这些不确定性需要支付的高额成本。第三，制度提供了激励机制。制度在对行为进行规范和制约的同时，也对行为主体的权力、责任、义务和利益分配进行了统一规定，为行为主体提供稳定的预期收益，减少“搭便车”行为，这能充分调动行为主体的积极性，促进组织的技术革新和创新。特定的制度是相关行为主体博弈的结果，其博弈的实质也是力求通过制度的激励机制帮助各自实现预期收益，当制度无法实现这种激励功能时，人们就会力图对其进行改造或变革。

从城乡学校一体化管理现状可以发现，制度建设对城乡学校一体化管理具有重要意义，城乡学校一体化管理是推进区域间教育均衡发展的一种制度性改革，是城乡学校组织发展制度性“同形”的一个过程。一体化管理通过制度建设，影响相关的权力结构和资源配置，推动城乡学校组织发展的制度性“同形”，从而实现城乡学校优质均衡发展的目标。鲍威尔和迪马吉奥认为，“同形”过程促使组织人口群体中的一个单元与其他的面临同一环境条件的单元相似。“同形”是组织为与所处环境特征相一致而不断修正自身特征、优化组织形式、调整组织行为①。城乡学校制度性“同形”不仅体现在组织外部的物质和行为表现形式，也体现在组织内部的组织结构、管理制度，还体现在组织的办学水平和教育质量上，即表现为城乡学校一体化过程中“形”“构”“质”的三个发展层面，城乡学校制度性“同形”必然是“形”“构”“质”三者的统一②。在此需要说明的是，组织“同形”并不代表组织发展完全一样，组织的历史、文化和基本价值体系仍然是保有鲜明的个性特征的，这是城乡学校各自作为独立组织发展的客观性所决定的，也是学校与学校间相互区分的内在标识。鲍威尔和迪马吉奥提出，制度性“同形”存在三种发生机制，一是源于政治影响和合法性问题的强制性“同形”，二是源于对不确定进行合乎公认的反应的模仿性“同形”，三是与专业化相关的规范性“同形”。城乡学校一体化管理现状研究发现，这三种发生机制在一体化管理中均存在，并共同影响着城乡学校组织发展的制度性“同形”。

---

① ［美］沃尔特·W. 鲍威尔，保罗·J. 迪马吉奥主编，姚伟译：《组织分析的新制度主义》，上海：上海人民出版社，2008 年，第 71 页。

② 张爽，孟繁华，陈丹：《城乡学校一体化发展模式探究》，《中国教育学刊》，2013 年第 8 期，第 27—31 页。

(1)强制性制度

强制性“同形”源于一个组织依赖的其他组织向它施加的各种压力以及社会中存在的文化期待对它施加的压力①。强制性制度会制约、规制、调节行为，其过程包括确立规则、监督实施，并给予可能的奖惩。尽管强制让人想到压制和约束的情景，但很多强制性规则对行动者及其行动具有使能作用，如许可某些类型的行动者获得特殊权力和收益等。② 城乡学校一体化管理是教育行政部门均衡城乡优质教育资源的公共教育服务行为，教育行政部门成为一体化管理中强制性制度的制定者、实施监督者及制度落实的物质保障者。这些强制性制度主要体现在两个层面：第一，行政管理制度。为有效推进城乡学校一体化管理，市级教育行政部门制定了专门的政策文件和管理办法，对学校一体化建设的目标、组织分工、经费管理、学校管理体制、教育教学、督导等内容进行了详细规定和要求，参与一体化管理的区县教育行政部门、学校都必须以这些政策与管理办法为行动准则和依据，认真开展城乡学校一体化管理的各项工作。行政管理制度在一体化管理制度体系中居于主导地位，统领其他类型制度的制定与实施，成为行政权力发挥统筹作用的制度工具。与此同时，市级教育行政部门通过财政手段给予输入学校和输出学校不同程度的经济补偿和相关政策倾斜，将行政的政策性要求与学校组织的收益相结合，进一步巩固了行政管理制度的执行力度。第二，一体化管理合作契约。在行政管理制度要求下，区县教育行政部门参与城乡学校一体化管理合作协议的签署，或是以协议方的角色直接成为协议实施的一个主体，或是以管理者的角色为学校间协议的签署提供行政支持，同时对协议实施进行监督。合作协议也以市级相关政策和管理办法为依据，规定了一体化管理相关主体的权利、责任、义务，明确了一体化管理的发展目标、管理体制、主要内容和形式等，为区县和学校开展一体化管理提供了行动指南和制度约束。教育行政部门的强制性制度为城乡学校一体化管理提供了刚性的政策性要求和一定的基础性制度保障，是城乡学校组织“同形”的重要制度来源。迈耶(Meyer)和罗恩(Rowan)曾指出，“当理性化的政府支配更多的社会生活领域时，组织结

① [美]沃尔特·W. 鲍威尔，保罗·J. 迪马吉奥主编，姚伟译：《组织分析的新制度主义》，上海：上海人民出版社，2008年，第72页。

② [美]W. 理查德·斯科特著，姚伟等译：《制度与组织——思想观念与物质利益(第3版)》，北京：中国人民大学出版社，2010年，第60页。

构就会逐渐体现出政府在该正体内合法化与制度化的规则”。①

(2)规范性制度

规范性“同形”主要来源于专业化进程。专业化可以理解为一个职业中的成员集体地为界定他们的工作条件和方法以控制“培育生产者”所做的努力，以及为他们的专业自治确立一种认知基础和合法性基础所做的努力。当前专业化的进展主要体现在组织中的专业人员。② 从城乡学校一体化管理的现状研究看，“教师一体化管理”“教研培训一体化管理”“教学一体化管理”的编码数据充分证明了专业化发展在一体化管理中的重要地位。一体化管理正是旨在通过输出学校帮助输入学校提升管理人员和教师的专业化水平，改进输入学校管理，提高输入学校教育教学质量，促进输入学校内涵发展，实现城乡教育优质均衡。城乡学校一体化管理中的规范性制度主要体现在两个方面：第一，专业的活动机制。一体化管理中，输出学校和区县教研部门是重要的专业资源供给机构，它们为输入学校的管理人员和教师提供了各种形式的专业化培训，包括校际轮岗、交流研讨、专家指导、网络教研等，并根据培训对象、类型和内容逐步建立与完善相关培训机制，如新教师上岗培训机制、教师交流机制、教师跨区教研培训机制等。这些专业的活动机制为传播和扩散教育专业发展理念、方法、内容和模式提供了重要制度保障，有效提升了输入学校管理人员和教师的专业知识和技能水平，从专业化认识和专业化规范上缩小了城乡学校管理人员间、教师间的差距。第二，专业化的标准。专业标准是专业人员发展的目标和指南，也是专业人员发展成效的评价尺度。城乡学校一体化管理中，专业化的标准体现在多个方面，如教师的招聘筛选、教育活动的规范、教学活动的设计和实施要求、教研活动的参与及各类教育教学评价考核等，无处不体现着输出学校和区县教研部门对输入学校的专业化标准与要求。通过专业活动和相关标准的机制建设，城乡学校一体化管理促进了学校发展和教师发展专业规范的传播，逐步造就了具有同样专业化思维的个体，使其具有相似的专业理念和行为倾向，这会超越城乡学校组织的边界，对学校组织产生类似的行为影响，继而导致城乡学校组织的“同形”。

---

① [美]沃尔特·W. 鲍威尔，保罗·J. 迪马吉奥主编，姚伟译：《组织分析的新制度主义》，上海：上海人民出版社，2008年，第73页。

② [美]沃尔特·W. 鲍威尔，保罗·J. 迪马吉奥主编，姚伟译：《组织分析的新制度主义》，上海：上海人民出版社，2008年，第76页。

(3)内生性制度

内生性“同形”是在本研究特定情境下的对模仿性“同形”表达的深层表述。模仿性“同形”来自于不确定性，当一个组织的目标模糊不清，或当一个组织的技术没有得到人们的理解时，该组织可能参照其他组织来建立自己的制度结构①。模仿行为具有明显的低成本的经济优势。在一体化管理场域中，模仿性“同形”不仅仅表现为单纯的模仿行为，它还表现出了结合具体情形有选择地借鉴、模仿及创新过程，体现了组织发展的一种自主性和内生性，因此，本研究认为用内生性“同形”来替代模仿性“同形”的表述更符合一体化管理场域中的相关制度分析。

同强制性制度和规范性制度相比，内生性制度更能体现出组织发展的主动性。制度建设源于自身发展需要，具有更强的内生动力。城乡学校一体化管理现状研究表明，输入学校模仿、借鉴输出学校的经验和典型做法是一体化管理中的普遍现象，在“教学一体化”“教研培训一体化”“教育一体化”“课程一体化”“行政一体化”“文化一体化”等方面均存在多种形式、多种内容的模仿与借鉴，甚至有的内容是直接复制，在这种模仿、借鉴的过程中，输入学校不断改进自身的教育教学方式、教研管理模式、课程设置结构和组织管理模式，完善学校的行政、人事、教育教学、教研、课程等各方面的管理制度，从学校制度建设上深化了城乡学校组织的“同形”。在此需要提及的一个问题是创新，城乡学校一体化现状研究发现，由于城乡学校在发展历史、地理环境、办学条件、师生状况、组织文化等方面存在较大差异，输入学校如果只是纯粹模仿和复制，往往会出现不适应的现象，它们必须结合本校实际情况进行选择和调整，创新由此而产生，内生性的过程也就相应地变成了“模仿—创新—再模仿—再创新”的持续发展过程，这个过程越持久，输入学校内生性制度建设将越全面，城乡学校组织“同形”也将越深入。

综上所述，强制性制度、规范性制度和内生性制度构成了城乡学校一体化管理场域中的制度体系(如图 3-6)，它们共同为城乡学校一体化管理提供制度保障，促进城乡学校组织“同形”。其中，强制性制度是统帅，它发挥着统筹的职能，并对其他制度起到限制和约束作用；规范性制度是一体化管理的核心，它紧扣输入学校发展的核心业务，关注组织的专业化发展；内生性制

① [美]沃尔特·W. 鲍威尔，保罗·J. 迪马吉奥主编，姚伟译：《组织分析的新制度主义》，上海：上海人民出版社，2008 年，第 74 页。

度是一体化管理的关键，它反映了一体化管理在促进输入学校发展方面的成果，也体现了输入学校自主发展的持续内生动力。

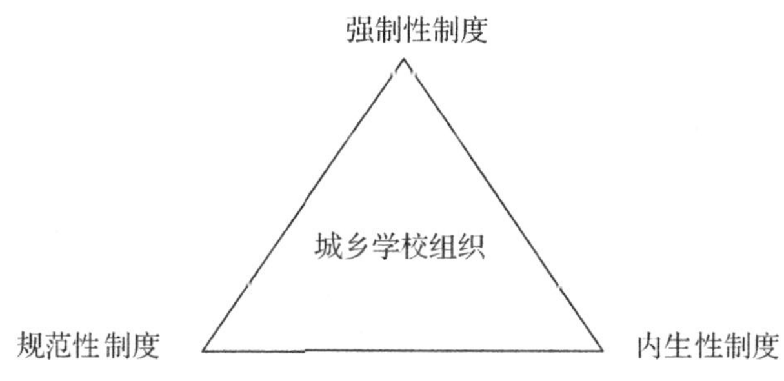

图 3-6　城乡学校一体化管理场域制度体系图

(二)要素间关系

1. 资源与权力

在前面提到的几种权力观中，有一种资源论，即权力本身就是一种社会资源，它存在于社会关系中，可以帮助权力主体实现自己的意志或愿望。笔者认同这种对权力的理解，但在本研究中需要对“资源”和“权力”两个概念进行独立化操作，以此作为分析资源与权力关系的前提条件。关于资源与权力的关系研究，主要表现在两个方面：第一是从权力的来源视角提出资源是权力形成的基础。如丹尼斯・朗(Dannis H. Wrong)认为“权力的基础是掌握资源的个体及组织”。资源是权力形成的基础，资源的类型、数量与质量决定着权力的大小与内容。[①] 安东尼・吉登斯也提出资源是权力得以实施的媒介[②]。第二是从权力的功能视角提出了权力对资源的控制力量。康芒斯(John Rogers Commons)等认为社会制度安排中的权力结构决定着资源配置。马克思也认为，资源配置只能在特定权力关系下运行。[③] 总的来看，资源和权力之间体现了相辅相生、互为依存的关系，资源是权力的源泉，没有资源就谈不上权力，同时，权力控制着资源并影响着资源的流动和分配。

在城乡学校一体化管理过程中，资源和权力间也表现出了这种典型的相

① 张屹山，等：《资源、权力与经济利益分配通论》，北京：社会科学文献出版社，2013 年，第 18 页。

② 郭忠华：《资源、权力与国家：解读吉登斯的后马克思主义国家观》，《中山大学学报(社会科学版)》，2008 年第 4 期，第 154—161 页。

③ 张屹山，等：《资源、权力与经济利益分配通论》，北京：社会科学文献出版社，2013 年，第 1 页。

生关系。权力来源的视角对城乡学校一体化管理中的权力类型给予了很好的解释，场域分析中提到了一体化管理中存在行政权力、专业权力和自主权力三种权力，每种权力背后具有不同的资源基础，代表了不同的权力主体及相关利益。权力功能的视角也为这些权力实现相关的资源配置提供了有利的佐证。在此，需要重点探讨的问题是不同的权力是如何影响资源的。

首先，关于行政权力与资源。政府是行政权力的主体，是义务教育资源投入和配置的主要来源。义务教育是公共产品，具有典型的公共性、外溢性特征，它要求政府在教育资源配置中起基础性作用，充分发挥政府的调控功能，集中必要的资源来支持教育发展的重点领域和薄弱环节。① 自2006年修订的《中华人民共和国义务教育法》颁布以来，政府加强了义务教育均衡发展的力度，同时加大了对公共教育资源的投入与督导，全国各地定期发布义务教育均衡督导报告。从国家教育督导团发布的督导报告中可以了解到，政府对义务教育资源的配置重点体现在教育投入、办学条件和师资队伍三个方面，为义务教育发展提供基础性办学资源。近几年不断攀升的教育投入数字向社会昭示了政府推进义务教育均衡发展的坚定决心。在声势浩大的义务教育均衡发展改革试验中，城乡学校的不均衡程度逐渐缩小，这是对政府的资源配置行动的肯定，也为实现基本公共教育服务均等化目标提供了利好条件。那么，这种资源配置评价结果能代表城乡教育质量的差距真正缩小了吗？答案很难判断。督导评价指标表明，政府权力在配置教育资源时重点突出的是数量上的均衡，如生均预算内教育事业费、生均预算内公用经费、生均校舍建筑面积等②，而对质量上的均衡评价显得相对不足。也正因为如此，教育资源配置效益评价研究成为当前均衡发展中的一个重要议题。笔者认为，这其中包含了资源配置内容、结构和方式的问题，也体现了行政权力在资源配置上的有限性。教育是培养人的过程，不同于企业的生产，一定的资金和人员加上先进的设备就能生产出标准化的高质量的产品，教育则无法与之相比。教育中的物质资源需要通过人力资源进行转化，作用于学生的教育教学过程中，才能实现教育资源与教育成果的完美结合。而这种人力资源不仅需要数量的足额配给，更需要质量上的专业表现。这些都需要在学校教育的现场通过专

① 范先佐：《教育资源配置：政府应起基础性作用》，《河北师范大学学报(教育科学版)》，2006年第2期，第5—11页。

② 国家教育督导团：《国家教育督导报告2005——义务教育均衡发展：公共教育资源配置状况》，《教育发展研究》，2006年第5期，第1—8页。

业化的力量来逐步完成，行政权力已经不能直接作用于教育中人力资源知识、经验、能力的累积过程中，对教育教学的技术转化过程更是鞭长莫及。

其次，关于专业权力与资源。专业权力的主体是在某领域具有专业权威的个体或组织，专业权力来源于个人或组织经过长期学习、训练积累形成的专业知识技能及其所能提供的专业化服务。专业权力相比于行政权力没有基本生产性资源的控制能力，也不具有法理上的强制性，它更多地体现为一种基于专业知识的权威和声誉而形成的影响力，突出在物质资源基础上对专业的知识、技能和规范的“生产”。目前，基础教育领域专业权力在名校、名师和教研机构三个方面表现比较明显：名校基于高水平的教育质量和良好的社会声誉在同类学校中树立了典范地位，成为各校争相学习、模仿和借鉴的对象，它们的发展理念、教育方式和管理模式逐步成为学校管理的基本行动范式，许多名校甚至成了管理干部和教师的实践培训基地。名师由于优异的教育教学成绩，获得了专业上的认可，取得了骨干教师、学科带头人、特级教师等专业荣誉称号，由此也奠定了他们在教育教学中的专业权威地位，在各类教学教研培训和指导中，名师成为教师们追逐和膜拜的对象，他们的教学方式方法在潜移默化中影响着教师们的专业成长，在“一对一”的师徒关系中这种专业影响更深入。教研机构兼顾行政管理和专业指导两种功能，其中专业指导功能占主要部分，区县教研机构着重从专业视角对本区域学校管理和教师教育教学进行研究和指导，同时整合本区域专业力量和专业资源，构建本区域的教研资源共享平台，提升本区域整体的教师发展水平和学校教育质量。实践表明，区域间教研机构专业水平的差距也是形成区域间教育水平差距的一个重要原因，在日益频繁的区域间教师交流中，教师们能深刻地感受到这一点。正因为如此，拥有丰富专业资源和较高水平的教研机构也成为其他区县教研机构、学校和教师向往的学习、培训和资源共享的场所。明晰这三种专业权力来源有助于解释专业权力和资源之间的关系，其关系主要表现为：第一，知识产生价值，专业权力不直接掌握基础性资源，却可以利用权威的专业知识技能争取到个人或组织发展的各类政治资源和社会资源，用以补充自身的基础性资源，其中包括行政权力借助专业权力落实公共教育服务时为其支付的资源成本，这些补充有时甚至超出了常规资源需求，导致了个体或组织间发展资源的巨大差异。第二，专业权力的重要功能体现在对基础资源和专业资源的整合上。学校发展基础资源包括校舍、场地、设备、经费等物质，专业资源包括教师、课程、教学、教研资源等，没有基础资源的专业资源无法提供现代教育的条件支撑，没有专业资源的基础资源无法保障教育的持续内生发展，二者的结合才能创设完备的、高质量的教育教学环境。在当前城乡学校物质条件逐步均衡的情况下，专业资源的均衡和整合成为教育发展的重点。这需要充分借助专业权力主体的努力与智慧，广泛传播他们在长期的教学和管理过程中反复实践、研究、总结、验证而固化形成的专业理念、知识、技能和经验，丰富学校发展的专业资源，实现物质资源与专业资源的有效整合。

最后，关于自主权力与资源。自主权力主要表现为输入学校的发展自主权，其主体是农村学校或被一体化管理的学校。对学校自主权的探讨由来已久。20 世纪 80 年代以来，国际和国内教育改革都强调政府权力向学校转移，增加学校办学自主权成为学校自主发展的根本保障。我国 1985 年颁布的《中共中央关于教育体制改革的决定》提出，改革管理体制，在加强宏观管理的同时，坚决实行简政放权。国家、地方、学校间管理权力逐层下放，校长负责制的实施标志着学校办学自主权的重大转折。为什么学校要有办学自主权？教育服务的专业技术要求是首要原因，学校教育所需的技术资源不是来自管理部门，而是源自学校自身，学校最了解他们的师生，能采取更适宜的措施改进学校的服务和教学质量。① 从办学自主权的需求来看，自主权力与资源的关系不同于行政权力对资源的供给，也不同于专业权力对资源的整合，而是体现在结合学校具体情境和目标对资源的转化与创新。行政权力和专业权力相对学校而言都是外部权力，它们为学校输入的各种物质资源和专业资源都需要学校自身通过实际的教育教学和管理过程将其进行本土化利用和转化，才能充分发挥这些资源的功效，使其真正形成学校的实际产出成果。在教育实践中，学校自主权表现相对较弱，许多时候对于已经获得了的配置资源却由于外部行政权力的限制和干预而无法结合自身情况对资源进行自由支配和使用，在一定程度上影响了学校的教育教学，降低了资源的配置效益。政府不应是唯一的权力中心，应该让学校拥有更多的财权、人权，为其资源的校本开发与转化提供充足条件。

2. 资源与制度

制度是规范和制约的手段，能降低交易成本，提升行动的稳定性，并提

① 劳凯声：《重构公共教育体制：别国的经验和我国的实践》，《北京师范大学学报（社会科学版）》，2003 年第 4 期，第 75—86 页。

供激励机制，从制度的这些基本功能可以发现，制度对资源的影响着重点不在基本的配置上，而在资源配置和利用的效率上，资源的配置需要建立在制度的基础上。制度和资源的关系总的来看体现为单向的关系，更多地倾向于制度对资源的保障、影响和促进作用。第一，制度保障着资源配置的稳定，制度规定了资源配置的几个主要方面：一是资源配置的主体和客体，即资源由哪些主体掌控，这些主体将把资源分配给哪些客体；二是资源配置的方式，即主体运用什么方式将资源分配给客体；三是资源配置的收益，资源主体对接受资源配置的客体提出一定的预期收益目标，资源客体在获得资源的同时承担着预期收益要求的压力。这些规制明晰了资源配置中的主客体权力和职责，为资源配置提供了行动的框架，保障资源配置有序进行。第二，制度影响着资源配置的效率。资源是有限的，资源的需求是无限的。在对有限资源进行分配时，权力主体必定会考虑其资源的配置效率，促进现有资源转化为最大产出。在教育领域中，教育制度的效度与教育资源利用效率间存在着正相关关系，教育制度供给越有效，对于教育资源利用效率的促进作用越大；教育制度如果缺失或缺陷，则会产生消极影响。① 第三，制度促进着资源的整合转化。合理的制度能激发资源的潜能与活力，充分发挥资源的效用，并实现资源间的深度整合，将资源转化为组织发展的核心能力，进而形成组织的绩效和持续竞争优势。在组织发展过程中，有形的物质资源是一个相对的存在，关键需要人力资源和无形资源与其整合才能发挥其价值，制度在这个过程中发挥着重要作用。

在城乡学校一体化管理中，制度与城乡学校组织“同形”紧密联系在一起，表现为强制性制度、规范性制度和内生性制度。对于这些制度与资源之间的关系，还需要在以上关系分析的基础上结合一体化管理情境做进一步探究。

首先，强制性制度与资源。强制性制度主要源于教育行政部门，体现了对一体化管理行为的规制和制约，从这种制度的出发点来看，其核心是在对一体化管理中的资源配置进行根本性的规定。强制性制度主要以两种形式呈现，一个是行政部门的相关政策，它是一体化管理制度的纲领性文件；另一个是行政部门和城乡学校间的合作契约，它是一体化管理实践的基本行动指南。这两种形式同资源的关系具有相似性，即都强调资源的供给层面，提出

① 杨秀芹：《教育资源利用效率与教育制度安排——一种新制度经济学分析的视角》，武汉：华中师范大学出版社，2009 年，第 123—124 页。

明确的资源供给主客体关系，资源供给的类型、方式和权责分工，同时，这两种形式同资源的关系又表现出一定的不同。对于政策形式的强制性制度，它是一种政令，是政府为实现一定政策目标而强行实施的制度形式，在资源配置中占有绝对的主导地位。政策制度具有公共性特征，也具有很强的功利性取向，要求获得与其资源配置目标相一致的收益结果，因此，政策制度在对资源配置做出基础性规定后往往会附带着相应的监督评估机制，充分体现其对资源配置效益的追求。对于合作契约形式的强制性“同形”制度，它相对而言没有政策的那种强制性，也不同于法律意义上的契约关系，只是在政府政策要求下的形式化的协议关系，是对合作过程中双方的权责和资源配置行为的有限约束。这种契约合作是政府落实公共服务的一种委托代理形式，教育行政部门委托输出学校对输入学校进行一体化管理，作为代理者的输出学校同作为委托者的教育行政部门的利益取向是存在差别的，输出学校一方面关注自身在这个过程中付出的资源成本和获得的收益，从而使自身利益不至于受损，另一方面关注如何利用现有资源促进输入学校的发展，从而能基本完成上级下达的任务。这种政策压力下的契约合作形式表现出了输出学校在一体化管理中关于资源配置的高度的成本意识。

其次，规范性制度与资源。规范性“同形”源于专业化过程，规范性制度理所当然地同一体化管理中的专业资源紧密联系在一起，它影响着专业资源的供给，更决定着专业资源的整合利用。强制性制度解决了一体化管理中各类资源的来源问题，为一体化管理提供所需的资源基础，然而如何发挥这些资源的效用，对输入学校的发展产生实质性的影响，规范性制度起到了重要的支持作用。一体化管理中规范性制度来自具有专业权威的输出学校和教研机构，主要体现为专业活动机制和专业化的标准，专业活动机制包括教师培训机制、教师轮岗机制、教师教研机制等，专业化的标准包括学生评价制度、教学评价制度、课程评价制度、教师评价制度等，这些制度是学校发展的核心制度，直指学校的教与学。规范性制度促进了输入学校各类专业资源的建设，包括教师资源、教学资源、教研资源、课程资源等，使得输入学校专业资源从数量和质量上都得到了很大提升。其中，教师资源是规范性制度关注的重点，是规范性制度与资源联结的一个关键点。教育教学活动具有很强的主观性，教师的态度、认识、知识和能力对教育教学活动产生直接影响，教学过程是教师通过自身对教育和知识的理解，整合各类教育资源并作用于学生认知和学习的过程，也是教师通过反思和自主行动不断开发创新教育资源的过程。教师资源的质量决定着教育资源转化利用的效益与教育资源的开发再生。专业活动机制和专业化的标准都在极力强调教师的专业规范认知和专业实践能力水平的提升。

最后，内生性制度与资源。内生性制度最初以模仿为起点，组织以其他组织作为参照来建立自己的制度结构，具有明显的低成本和高成效特征。模仿不是复制，它的前提是基于组织自身特点的建构，体现了本土化的思想。相比强制性制度和规范性制度，内生性制度更关注从自身发展的基础、目标和发展的可能性出发，借鉴那些对于自身发展具有可行性的规范、方法和模式，或是在借鉴的基础上依据自身情况对其进行改造、创新，用以补充完善自身原有的制度体系。在城乡学校一体化管理中，内生性制度主要源自输入学校，其表现为输入学校通过模仿、借鉴、学习不断改进自身教育教学方式和管理模式，从而逐步形成新的学校管理制度和机制。这些制度同规范性制度一样主要集中于学校发展的核心制度，所不同的是，它在与资源的关系上表现出更加典型的本土取向，它的目标直指资源的本土转化，即通过内生性制度将内外部各种资源与学校发展的核心环节及其过程紧密结合，促进资源转化为有效的学校产出。在资源的获取上，它是有选择的，主要依据学校发展的基础和实际发展需求；在资源的利用上，它是有重点的，主要基于学校发展中存在的主要问题。内生性制度是输入学校结合自身发展逐步形成的，是从最根源处为学校和资源的全面对接与深度整合提供规范和支持。强制性和规范性制度相对于内生性制度而言，重点在外来资源的供给和整合，短期内产生效果是可能的，长期的持续跟踪调整却很难做到，只有充分发挥内生性制度的作用，一体化管理才能深入输入学校发展的核心问题，实现资源供给和资源整合的效益最大化。

3. 权力与制度

权力体现为强制和影响的能力，它为实现强制和影响提供支持，而制度则体现为规则，它为规制和制约行为提供依据，二者都表现出一定的工具性。基于这种工具性特征，权力和制度的关系表现在两个方面：一是权力和制度相互制约。在诺思的“制度是人为设定的一些制约”的表述中，其中“人为设定”正是来自权力的主体，权力主体决定着制度的制定、内容、实施方式及变迁，并借助制度对权力客体实施规制作用，用以维护自身的统治、权威和利益。与此同时，青木昌彦所描述的“制度是通过博弈实现共有信念的自我维系系统”表明，由于权力博弈的存在，制度在规制行为之外也成了制约权力的有力工具。二是权力和制度相互促进。不同的来源造就了不同的权力，也给权力形成了相应的边界，如果实然权力超越了应然权力，则其根源在于制度设计的不完善。权力固然表现了强迫的特性，但它在公共领域中对社会资源配置发挥的强大作用不容忽视，由于“经济人”的趋利性，在没有权力作用下而纯粹依赖个体或组织的道德认知很难实现社会资源的公平分配。制度不是用来压制权力，更不是用来消灭权力，而是对权力行为进行规范和引导，通过合理的制度设计充分发挥权力的积极影响力。与此同时，对权力规范和引导的过程也是促使制度体系不断变迁、完善和创新的过程。在资源配置过程中，权力和制度间的相互制约、相互促进最终形成了二者的合力，共同推进资源的供给、整合、转化和创新。

城乡学校一体化管理中，权力和制度都有各自的结构，其中，权力结构中包括行政权力、专业权力和自主权力，制度结构中包括强制性制度、规范性制度和内生性制度，这些制度和权力间既呈现出一定的对应关系，也表现出了一些特定的相互影响。

首先，权力和制度上的对应性。在前文权力与制度相互制约的关系中，我们提到制度是权力主体制定的，主体所拥有的权力类型决定着其制度的性质、内容和实施。这种权力对制度的决定作用产生了权力和制度上的对应关系。行政权力的法理地位赋予了其制度上的强制性，制度被打上政令的烙印，组织“同形”表现为外部力量的强制推进，行政权力下的制度显著表现为强制性制度；专业权力是基于专业知识的影响力，重在对学校管理和教师发展的专业化引导，在促进组织“同形”的过程中，专业权力尽管同行政权力一样源自外部力量，但这种力量是一种非强制性的专业取向，通过对专业人员的行为规范促进组织的“同形”，其制度表现为规范性制度；自主权力也具有法理性，是输入学校组织发展的自主权，但这种自主权受到行政权力的控制，权力的大小往往取决于行政权力的放权程度。一体化管理的目标重在促进输入学校的发展，输入学校在一体化管理过程中能否发挥自主权不断创新，以完善自身内生性制度建设，显得至关重要。内生性制度的构建在一定程度上体现了自主权力实际蕴含的力量。对于较弱的自主权力而言，内生性制度的构建意义甚微，因为当内生性制度与行政权力发生冲突时，制度的实施就成为一个不可逾越的现实问题，也必然会影响内生性制度构建的动力。

其次，制度促进了权力的转移。托夫勒(Alvin Toffler)在《权力的转移》中阐述了不同社会制度下权力会发生转移，如在远古和人类产业文明之前，暴力形式的权力占主导地位。随着资本主义制度产生，权力与财富捆绑在一起。而伴随知识经济时代的到来，知识又成为权力的新的重要来源。[①] 在教育领域，权力的转移与教育管理体制的改革也是紧密联系在一起的，管理体制的调整重点围绕着权力的转移而展开，呈现出集权和分权更迭交替的历史进程。中央向地方放权，政府向学校放权，转变政府职能，构建服务型政府，已然成为我国当前经济社会发展的普遍共识和努力的目标。随着公共服务理论的演进，政府经历了从划桨者、掌舵者到服务者的角色演化，教育领域的权力转移也出现了两种值得关注的现象，城乡学校一体化管理中也同样如此：一是教育管理体制改革促使学校自主权力在不断扩大。1985 年《中共中央关于教育体制改革的决定》提出的校长负责制是教育管理权力从政府向学校转移的重要转折点，校长能自主行使学校的相关管理权力，也能按照自己的思路制定适合本校的办学目标和管理策略。[②] 进入 21 世纪，新课程改革又进一步扩展了学校的办学自主权，国家、地方和学校三级课程体系打破了以往的课程管理权由国家集中控制的局面，激发了地方、学校的办学积极性和发展活力，促进了学校的特色发展。二是借助委托代理制度的政府职能转变导致了学校自主权力的相对降低。管好该管的，放下不该管的，这是政府职能转变的基本思想。对于不该管的，由学校自己来管，那么如果学校自己管不好怎么办？由此导致的学校间的差距又成为政府推进教育均衡发展的公共责任，政府必须行使权力进行干预，但这种干预鉴于学校工作的专业性质只能是间接的，教育专业组织或机构就成为政府落实公共服务责任的代理人，诸如名校、名师、教研机构、高校或科研院所等，他们代为帮助指导和改进学校的教学与管理。尽管这种委托代理有时并不具备严格意义上的契约关系，但这种委托代理的思想已经清晰地浮现出来。作为代理的专业机构改变了原来的政校二级关系，形成了政府、专业机构和学校间的新的关系组合，行政权力也由原来的向学校自主权力的一维转移逐渐演变为向专业权力和自主权力的二维转移，由此，学校自主权力受到行政权力和专业权力的双重影响。与此同时，当专业权力过于强势时，自主权力也必须向专业权力实施让渡，从而导致自主权力的削弱。

---

① 张天雪：《校长权力论——政府、公民社会和学校层面的研究》，北京：教育科学出版社，2008 年，第 198—199 页。

② 吴志宏，冯大鸣，魏志春：《新编教育管理学(第 2 版)》，上海：华东师范大学出版社，2008 年，第 63 页。

三、城乡学校一体化管理场域的运行结构

城乡学校一体化管理是组织和要素间的一个系统的关系结构，它们相互关联，相互依托，形成有机整体，共同构成了城乡学校一体化管理的运行机理。通过分析城乡学校一体化管理场域中的组织和核心要素可以发现，该场域中存在着两种运行结构：一个是一体化管理的宏观运行结构，它涉及市区两级教育行政部门、输出学校和输入学校两类学校等主体组织在内的三级运行结构，囊括了一体化管理运行的各类组织和所有要素内容的综合系统，表现为一体化管理运行体系的全貌，也是一体化管理场域得以存在和运转的基础与前提；另一个是一体化管理的微观运行结构，它涉及输出学校和输入学校两个核心组织的平行互动结构，突出了以这两类组织为基础的相关资源、权力和制度要素内容，表现为一体化管理运行体系的内核部分，在一定意义上，它是一体化管理场域得以高效运行和内涵发展的关键。一体化管理的宏观运行结构和微观运行结构二者融为一体，共同呈现出一体化管理场域的运行机理。

(一)城乡学校一体化管理的宏观运行结构

在城乡学校一体化管理的宏观运行结构中，权力是推动资源配置的主要力量，制度是提升资源配置效益的主要保障，城乡学校一体化管理是以权力为主导、以制度为保障的资源配置和组织制度性“同形”过程，它通过充分发挥各种权力对不同资源的配置功能，依托相关制度的支持保障，推进资源的供给、整合和转化，实现城乡学校间“形”“构”“质”相统一的组织“同形”(如图3-7)。

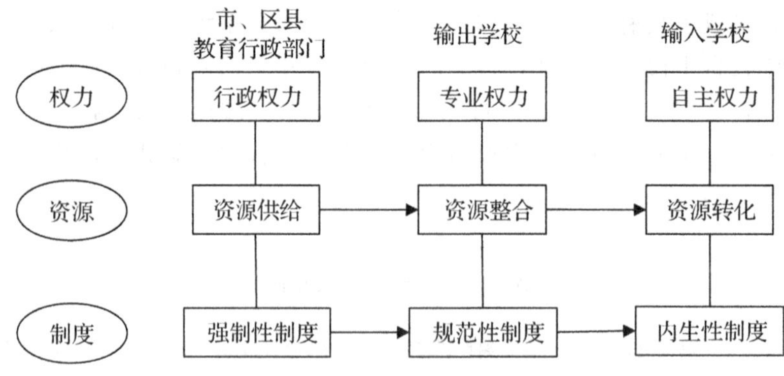

图 3-7 城乡学校一体化管理的宏观运行结构图

1. 一体化管理要素功能

资源是城乡学校一体化管理的核心目标，一体化管理体现为资源的供给、整合和转化的过程。首先，资源供给是起点，资源是组织生存和发展的基础，缩小城乡学校差距首先必须均衡城乡学校教育资源，尤其是均衡优质教育资源，为城乡学校发展创设公平的教育资源环境。行政部门作为资源供给的主体，一方面利用公共财政对农村学校提供补偿性资源配置，另一方面推动城市学校资源向农村学校辐射，推进城乡学校资源的共享，优化城乡学校资源配置格局。其次，资源整合是重点，组织发展需要多元化的资源，在有限的资源条件下，组织需要不断整合多方面的资源支持组织的发展，诸如一体化管理中体现的城乡学校资源的整合，像学校物质资源和专业资源的整合、学校资源和专业机构资源的整合等，通过整合发挥资源的最大效益和实现产出最大化。最后，资源的转化是关键，组织要实现发展需要将资源结合自身特征与需求进行转化，形成组织发展的能力和实际的绩效。一体化管理中输入学校自身对资源的转化能力尤为重要，如果这种转化能力不能建立起来，资源与组织发展间则失去了催化剂，资源就只能是一种独立于组织的存在形式，而不能真正形成组织发展的一种优势，从“输血”到“造血”正是对这种资源转化能力的形象表达。

权力是城乡学校一体化管理的关键手段，表现出行政权力、专业权力、自主权力的协同。一体化管理中的权力更多地体现为一种力量，它推动着资源的供给、整合和转化过程，也影响着制度的制定、实施以促进城乡学校的组织“同形”。行政权力、专业权力和自主权力在一体化管理中发挥着不同的职能。行政权力宏观统筹一体化管理，直接作用于资源的供给，并间接干预和监督着资源的整合和转化，同时对专业权力和自主权力在一体化管理中的角色定位进行相应的规定；专业权力受行政权力委托对农村输入学校进行专业管理和支持，它重点在于城乡资源的整合，提升农村输入学校教育资源质量，促进学校管理和教师发展的专业化水平；自主权力基于行政权力和专业权力的资源供给与整合，突出表现在着眼自身需求和发展的资源转化，实现资源与组织发展的充分融合，形成组织发展核心能力，促进学校效能的提升。

制度是城乡学校一体化管理的重要保障，表现为强制性制度、规范性制度和内生性制度的整合。制度即规则，对于资源而言，有效的制度可以保障资源配置稳定，降低资源配置成本，提升资源整合和转化的效率；对于权力而言，完善的制度可以抑制权力的专制，避免权力的滥用，发挥权力的积极影响力。强制性制度为一体化管理统筹安排提供了制度保证，明确了一体化管理的发展目标、资源配置方式、权力主体职责、重点实施内容等，从政策层面为城乡学校组织"同形"提供了依据和支持；规范性制度体现了对学校管理和教师发展的专业性要求，为学校技术资源、人力资源等专业资源与物质资源、信息资源的整合提供了基础，从专业层面促进了城乡学校的组织"同形"；内生性制度体现了农村输出学校的自主发展意识，是对自主发展权的强化，它是在模仿和借鉴的基础上进行的本土化创新，为资源的有效转化和"造血"功能的形成提供了制度保障，从自主层面促进了城乡学校的组织"同形"。

2. 一体化管理运行层次

资源、权力和制度间表现出一定的对应性，大致形成了城乡学校一体化管理运行的三个层次。

第一层的对应关系表现为行政权力—资源供给—强制性制度。这是城乡学校一体化管理的基础层，它体现了城乡学校一体化管理的源起，没有行政权力的强制性制度及资源的介入，不可能规模性地推进城乡学校一体化管理。

第二层的对应关系表现为专业权力—资源整合—规范性制度。这是城乡学校一体化管理的中间层，它体现了城乡学校一体化管理的过程，一体化管理的关键是通过专业权力在资源整合和制度建设上介入农村输入学校的发展，帮助农村学校实现教育质量提升。

第三层的对应关系表现为自主权力—资源转化—内生性制度。这是城乡学校一体化管理的目标层，它体现了城乡学校一体化管理的目标，一体化管理的目的不是永远的一体，而是借助一体化管理促进输入学校的高位发展，输入学校必须经历从外力助推到内生发展的过程，充分利用自主权不断学习、模仿、创新，努力构建具有自身特色的学校制度体系，最大限度地发挥资源转化效益，实现与城市一体化学校的同等优质。

从这三个层次可以看出，资源、权力和制度三个维度在城乡学校一体化管理过程中的阶段性特征，表现出逐步深化的递进关系，勾勒出了城乡学校一体化管理的演进路径。

3. 一体化管理宏观运行结构系统

以上对城乡学校一体化管理宏观运行结构进行了分维度、分层次的论述，但这种分层方式不是绝对的，资源、权力和资源间的对应关系也是相对而言的。分层是为了便于系统化、条理化地把握一体化管理的演进路径，为理解一体化管理的运行机制提供一种合理的理论表述方式。在城乡学校一体化管理实践中，资源、权力和制度间的关系是错综复杂的，一体化管理的发展阶段的界限也不是绝对的清晰。不论是资源、权力和制度哪一个维度，在一体化管理中都可能是同时存在的，只是以某一维度为主导，例如无论是在一体化管理的哪个阶段，行政权力的资源供给都在发挥着作用，只不过可能在一体化管理初期阶段相对资源整合和转化表现更突出。同时，资源、权力和制度间的对应关系也存在着交叉，例如专业权力的重点体现在资源的整合功能上，但在校际人力资源的调配中，它也表现出了一定的资源供给功能。因此，城乡学校一体化管理宏观运行结构既呈现了相对清晰的分层路径，也体现了复杂的系统的整合性，需要综合辩证地对其进行理解。

(二)城乡学校一体化管理的微观运行结构

在城乡学校一体化管理的微观运行结构中，输入学校和输出学校二者之间是同区还是跨区、是一个法人还是两个法人在很大程度上决定了它们的一体化关系，从而形成了特定关系情境下的一体化管理微观运行结构。由此，城乡学校一体化管理表现为在不同体制情境下，输入学校与输出学校以权力关系为基础，以制度为保障，以资源整合和转化为手段，促进城乡学校“形”“构”“质”相统一的组织“同形”过程(如图 3-8)。

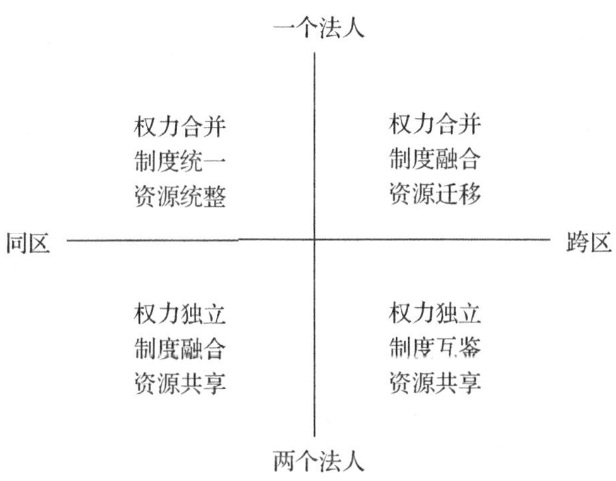

图 3-8 城乡学校一体化管理的微观运行结构图

1. 一体化管理的两个维度

输入学校和输出学校一体化管理是否是同一个法人、是否在同一个区，是一体化管理的两个重要维度，决定了一体化管理的运行方式。

关于是否是一个法人，这里的法人并不是指一种社会组织，而是指组织的法定代表人，即按法定程序产生，代表学校行使民事权利、履行民事义务的责任人，也就是学校的主要行政负责人——校长。相比两个人分别担任两所学校的法定代表人，一个人同时担任两所学校的法定代表人在一体化管理过程中更容易进行权力、制度和资源的整合，从而也能更深层次地推进一体化程度。

关于是否在同一个区，基于“以县为主”的教育管理体制，每个区在教育发展规划、教育管理制度、教育财政支持、教育人员配置、教育督导评价等方面都存在差异，这些差异成为影响不同区的输入学校和输出学校间一体化的重要因素，校际很难突破跨区体制障碍，因而，相比跨区的输入学校和输出学校的一体化管理，同区的一体化管理推进相对更容易，一体化管理程度也相对更高。

2. 一体化管理的四类方式

在城乡学校一体化管理微观运行结构中，输入学校和输出学校是否隶属一个行政区、是否是一个法人管理，这两个维度将一体化管理分成了四类运行方式，权力、制度和资源三个要素在四类方式中也呈现出不同的功能和特点。

第一类是一个法人同区，输入学校和输出学校在体制上和组织上完全成为一所学校，表现出了权力合并、制度统一、资源统整的特征，输入学校的自主权力、资源转化、内生性制度在这种方式下几乎被纳入输出学校的专业权力管理体制内，形成了完全的一体化管理。

第二类是一个法人跨区，输入学校和输出学校在组织上由一个人兼任法定代表人，基于组织主要负责人构建了两校一体化管理的联结，但在管理上仍然受跨区教育管理体制差异的影响，表现出权力合并、制度融合、资源迁移的特征，输入学校的自主权力被纳入输出学校的专业权力管理范围内，而其资源转化和内生性制度功能依然在很大程度上发挥着作用。

第三类是两个法人同区，输入学校和输出学校由于共同的教育行政隶属，在管理体制上具有高度的一致性，二者之间依靠区域资源整合的相关机制建立了一体化管理的联结，但是，它们在组织上分属两个独立的实体，且由两个人分别任法定代表人，表现出权力独立、制度融合、资源共享的特征，在区域资源整合机制约束力不强的情况下，输入学校的自主权力、资源转化和内生性制度可以得到基本体现。

第四类是两个法人跨区，输入学校和输出学校没有共同的教育行政隶属，在组织上也分属两个独立的实体，且由两个人分别任法定代表人，二者间的一体化管理联结来自一体化管理的政策要求与自主化契约，表现出权力独立、制度互鉴、资源共享的特点，输入学校的自主权力、资源转化和内生性制度得到充分体现。

3. 一体化管理微观运行结构系统

以上对城乡学校一体化管理微观运行结构进行了分维度、分类型的论述，但这种分类方式也不是绝对的。一体化管理分类有许多种方式，通过是否同区、是否一个法人两个维度来进行划分，一方面是为了便于系统地呈现一体化管理的分类，为全面理解一体化管理微观运行提供一种有效的表述方式，另一方面也是为了体现是否同区和是否一个法人相对其他因素对一体化管理产生的影响更为重大，以此来构建相关一体化管理模式，在一定意义上会有相对的说服力。与此同时，权力、资源和制度三个要素在四种分类中表现的特点也具有相对性，输入学校的自主权力、资源转化和内生性制度在四种分类方式中都有所体现，只是在程度上有所差异，体现出了三个要素不同的主导地位。例如，即便是在高度统一的一个法人同区运行方式下，输入学校的自主权力被纳入输出学校的专业权力管理体制中，表现十分微弱，但为了顺应学校办学的校本特点和管理灵活性，输入学校在具体的教育教学实施过程中还是会有小部分相应的业务自主权。因此，城乡学校一体化管理微观运行结构既呈现出相对清晰的四种分类方式，同时四种方式之间存在紧密的联系，权力、资源和制度三个要素在其间的作用具有复杂性和相关性，因而也是需要去系统、辩证理解的。

第四章　城乡学校一体化管理宏观运行结构中的模型及案例

在城乡学校一体化管理的宏观运行结构中，城乡学校一体化管理表现出了三个运行层次，即：以“行政权力—资源供给—强制性制度”为特征的基础层，以“专业权力—资源整合—规范性制度”为特征的中间层，以“自主权力—资源转化—内生性制度”为特征的目标层。这三个层次间表现出一定的顺承性，同时它们又体现了相对的独立性。如果以某一个层次作为主导层来进行审视，则会表现出三种不同的城乡学校一体化管理模型，每种模型都具有各自的政府定位、权力结构、管理方式、资源配置、制度构建和一体化表征。

一、规制型

(一)模型构建

规制型模型是以行政权力—资源供给—强制性制度为主导的一种城乡学校一体化管理，它突出了教育行政部门的行政权力在一体化管理中的主导地位，充分发挥行政权力的资源配置功能和学校机构的领导职能，并通过强制性制度对学校发展实施全面介入，从基础资源供给层面快速推进城乡学校一体化，充分实现城乡学校物质层面的一体化(如图 4-1)。

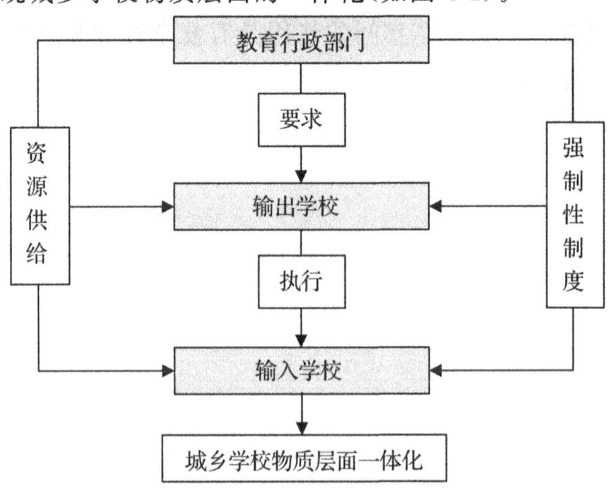

图 4-1　城乡学校一体化管理规制型模型图

1. 政府定位

城乡学校一体化管理规制型模型的主导是行政权力，体现了教育行政部门在城乡学校一体化管理中的权威地位和公共职责。该模型以政府责任和政策目标为基础，是一种全能型政府领导的城乡学校一体化发展模型。首先，政府是城乡义务教育的提供者。基于义务教育产品的纯公共性特征，政府有责任提供义务教育并保障义务教育的公平，包括建立以公平为导向的城乡学校一体化建设政策、保证城乡教育资源的均衡供给、提供有质量的义务教育、保障基本教育公共服务均等化等。其次，政府是城乡义务教育均衡的领导者。推进城乡义务教育公平，政府在城乡学校一体化管理中发挥着重要的领导和管理职能，从城乡义务教育学校一体化的宏观政策调控到微观学校管理，政府的作用通过“自上而下”的行政要求得到全面渗透。最后，政府是城乡义务教育公共服务效益的督导者。在承担义务教育公共责任的同时，政府也在追求着公共资源配置后的效率与收益。公共选择理论代表人布坎南(James Mcgill Buchanan)指出，每个具有独立价值和利益的个人，都会以自身的利益要求参加政治决策，以谋求实现个人的目标和利益，政府也与个人一样，以追求其利益最大化为行为准则。政府在配置公共资源时，会把公共资源优先分配给能给自身带来更多利益的部门。[①] 在这种情况下，城乡学校一体化管理中政府资源配置的内容、数量、范围、方式等均与政府政策目标紧密联系，从而保障政府资源配置效益最大化。

2. 权力结构

城乡学校一体化管理中涉及以教育行政部门为代表的行政权力、以输出学校为代表的专业权力和以输入学校为代表的自主权力，在不同的一体化管理发展模型中，三种权力的结构表现不一。对于规制型发展模型，行政权力在一体化管理中占据主导地位，与专业权力和自主权力形成科层的行政领导关系，并借助专业权力对输入学校自主权力形成全面影响。教育行政部门从整体上统筹城乡学校一体化管理，包括政策制定、经费投入、管理体制、教学课程管理、监督评估等，输出学校和输入学校则落实、执行教育行政部门的各项要求。专业权力是在行政权力的要求、指令下代其开展对输入学校的专业管理。在教育行政部门主导模式下，输出学校的专业权力相对于教育行

① 鲍传友：《教育公平与政府责任》，北京：北京师范大学出版社，2011年，第330页。

政部门的行政权力而言是有限的，其行为是在行政要求和支持范围下的一种相对的专业服务。与此同时，输出学校在行政权力的要求下对输入学校也形成了一种“自上而下”的态势，具有对输入学校相当的管理权力，造成输入学校自主权力向专业权力的部分甚至全面让渡。规制型发展模式体现了行政权力的无限性，输出学校的专业权力和输入学校的自主权力无法得到彰显。在促进城乡教育公平的名义下，一体化管理的重点放到了如何通过强有力的行政权力，要求输出学校共同干预促进输入学校的发展，输入学校自身的自主权力对于学校发展而言意义甚微，甚至会以牺牲输入学校的自主权力为代价。

3. 管理方式

以行政权力为主导决定了规制型模型在管理上的科层制。马克斯·韦伯认为合理化-法律化的权力形态是科层制的基础，科层管理的特征表现为明确的分工、层次分明的指挥系统、正式考核的职务任用、指挥权力的授予、严格服从的规章制度等。在规制型的城乡学校一体化管理中，市区教育行政部门间、教育行政部门与学校间、输出学校与输入学校间都呈现出显著的层级指挥关系。教育行政部门制定一体化管理制度，明确一体化管理中各城乡学校的权利、责任、义务以及一体化管理工作的各项要求。同时，教育行政部门对参与学校一体化管理的法人资格进行审核并予以委任，并将标准化作为实现效率的重要手段，推行统一的一体化管理制度和模式，提出统一的一体化管理要求，这显然忽视了区县和学校发展的差异性特征，在实践推进中必然会导致部分输入学校的水土不服。

4. 资源配置

资源的配置包括资源的供给、整合和转化。在规制型模型中，由于行政权力职能的性质及其边界，资源配置往往重点突出资源的供给环节。农村学校的办学条件与城市学校相比存在很大差距，教育的均衡发展首先要解决的就是办学条件的均衡，只有在相对公平的办学资源配置条件下，才有可能去追求相对公平的教育过程和相对均衡的教育质量。因此，教育行政部门加大对输入学校的财政投入，改善学校办学条件，增加学校办学经费，提供优惠政策增加教师编制等。对于如何将这些资源与教育教学实现整合和转化，则超出了行政权力的能力范围，即便教育行政部门出现“越位”现象，干预学校微观教育教学，其管理效果可能也是不尽如人意的。从发展方式来看，规制型模型对资源的配置体现为一种粗放式的发展方式，它主要是通过增加人、财、物等基础性教育资源的数量来推动输入学校的发展，这种发展方式可以在短期内实现城乡学校资源配置数量上的均衡，但质量上的均衡很难实现。与此同时，资源配置是和政策目标紧密联系在一起的，规制型一体化管理中的资源配置尽管已经体现了向农村教育的倾斜，但这种倾斜也是有重点、有选择的，其标准往往是见效快、收益大，这反映到一体化管理输出学校和输入学校的选择上，主要表现为力争选取城市中最好的输出学校和农村中相对好的输入学校，从而既能快速看到城乡学校一体化管理的成效，又能为农村学校培养“增长极”。

5. 制度构建

制度是用以约束行为和维持秩序的规则，具有三种特性，即强制性、规范性和内生性，在不同情境下表现出不同的特性。在城乡学校一体化管理中，规制型模型中的制度构建主要来自教育行政部门，表现出显著的强制性特征。制度是行政权力用来管理和制约一体化管理行为的工具，制度构建的目的旨在保障一体化管理政策执行的稳定性和有序性，为学校落实一体化管理提供基本的行动框架和要求准则。强制性制度构建的出发点是如何对一体化实施有效管理，重点考查城乡学校一体化管理的预期结果，而对于一体化管理的过程则关注不足，没有重点考虑学校推进一体化管理过程中迫切需要哪些制度保障以及学校能否取得实质性发展。实践证明，突出行政管理的强制性制度体现出了高度的政令性和统一性，在这种情况下，区县和学校在一体化管理的许多方面往往无所适从，只能凭借各自的理解和自身条件各行其是，或是在强制性制度的要求下打破自身原有的管理制度或管理办法，或是在不违背强制性制度要求的情况下采取各种迂回的应对策略。

6. 一体化表征

资源、权力和制度要素的不同组合会产生不同的一体化管理效果，表现出一体化管理的不同特征与发展阶段。学校间的一体化通常需要经历从表层到内核的逐步浸润与融合，从学校间的外显物质层面到学校间的组织结构和制度建设，再到学校间的精神文化与办学质量的逐层一体化，表现为从“异形异构异质”到“同形同构同质”的发展过程。① 这恰好也揭示了城乡学校组织制度性“同形”过程的原理。规制型模型往往出现在城乡学校一体化管理的初级

---

① 张爽，孟繁华，陈丹：《城乡学校一体化发展模式探究》，《中国教育学刊》，2013 年第 8 期，第 27—31 页。

阶段，行政权力主导下的资源供给和强制性制度为输入学校的一体化管理提供了合法性，但这种一体化管理还没有深入学校的制度结构层面，对输入学校的影响主要停留在学校发展的物质活动的形式上，如两校的办学条件、办学理念表述、校园环境、建筑标识、校服校歌以及日常活动形式等，因此，规制型的城乡学校一体化主要表现在物质形式层面。

(二)相关案例

JM 校始建于 1978 年，是 M 区一所普通农村中学，生源中 70%为流动人口子女。JF 校创建于 1957 年，是一所由海淀区教委直接领导的区属重点中学，学校具有先进的教育理念和丰富的管理经验，拥有一支“业务上乘、个体素质高、结构合理”的教师队伍。

2012 年，在北京市教委开展城乡学校一体化管理改革试验中，两区教委分别向市教委进行申报，两校间建立一体化管理关系。在此之前，JM 校与 JF 校没有任何渊源，双方在此试验中能走到一起，主要源于 M 区教委副主任与 JF 校校长是私交不错的同学。

2012 年 6 月 20 日，M 区教委与海淀区教委正式签订合作办学协议。根据协议，两个校区实行一个法人、一体化管理，JM 校更名为 JF 校分校。M 区教委任命 JF 校校长为 JM 校校长，M 区教委副主任兼任 JM 校书记，JF 校的一位副校长为 JM 校执行校长，聘用 JF 校的一位退休老教师为 JM 校发展顾问。同时，M 区教委负责 JM 校其他干部的任命，主要由原 JM 校干部担任。M 区教委统筹考虑 JM 校教师编制。

JM 校虽然与 JF 校是一个法人、一体化管理，但是在行政管理上仍隶属 M 区教委。在 JM 校参与一体化管理的过程中，区教委积极落实北京市关于城乡学校一体化管理的相关政策要求，同时继续保留区教委在学校管理上的相关权力。例如，关于学校教师的聘任，聘任权在区教委，学校只有教师的使用权。关于一体化管理专项经费，学校必须向区教委提交详细的申请说明，区教委通过后方可使用，并且区教委决定着费用的支付时间。关于学校教材的选用，区教委也进行了统一安排。因此，JF 校在对 JM 校进行一体化管理的过程中，受到区教委的很大制约，一体化管理只能在有限的学校自主权范围内缓慢推进。

两校一体化管理的成效重点体现在学校校园环境的改善。一体化改革试验中，JM 校申请经费 3500 多万元，主要用于教学楼、办公楼、实验楼、图书楼的内外装修改造(1500 万元)和教育教学设施补充及更新(2053 万元)，包括教室多媒体设备、校园安全监控系统、户外全彩LED显示屏、教学家具配备、校园文化建设(文化装饰)、师生计算机、演播室设备、校园网升级、数字化校园、电脑网络阅卷、计算机教室上机刷卡系统、各学科教学专用仪器设备、体育与卫生保健设备、现代教育技术设备等。同时，在学校基础设施建设过程中，还加强了功能教室、专业教室的改造和建设。

鉴于两个学校存在跨区管理的体制障碍，JF校校长对于两校的一体化建设选择了“慢起步、稳发展”的发展思路，一体化管理活动很难进入学校制度结构改革层面，主要是以基本的借鉴、交流活动为主，例如选派JF校优秀教师到JM校指导，安排JM校教师到JF校培训、学习；双方学校教研组、备课组共同开展教学活动；学生共同参加两校的重大活动；学习JF校的课程建设方式，丰富JM校的课外活动兴趣小组等。对于JM校的制度建设，JF校校长认为，原有的规章制度多数基于M区教委的相关制度而设，在县教委管理制度不改变之前，学校层面很难撼动这些规章制度。

二、合作型

(一)模型构建

合作型模型是以专业权力—资源整合—规范性制度为主导的一种城乡学校一体化管理，它在发挥行政权力资源供给职能的基础上，突出了专业权力在一体化管理中的主导地位，充分发挥专业权力的资源整合功能，通过专业的规范性制度对输入学校进行一体化管理和指导，从组织制度结构层面深入推进城乡学校一体化管理，充分实现城乡学校组织结构层面的一体化(如图4-2)。

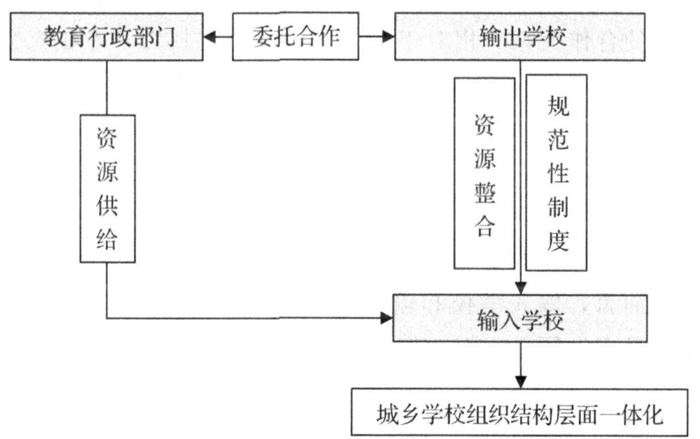

图4-2　城乡学校一体化管理合作型模型图

1. 政府定位

合作型模型的主导是专业权力，体现了政府管理从全能政府向有限政府的转变。政府依然承担着义务教育公平的责任，但实现公共服务的方式从直接的行政手段转变为间接的经济手段和专业委托，充分体现政府在履行公共服务职能过程中对学校发展微观领域专业知识技能的需求与尊重。新公共管理理论是转变政府职能改革的重要指导思想。政府不断改革官僚制的弊端，提高公共管理水平和公共服务质量，政府不再是公共服务和公共物品的唯一供给者，市场机制被引入公共服务供给中，公共物品和服务的供给方式更加灵活多样，逐步形成政府与社会合作供给公共服务的格局。① 在教育领域，政府除加大义务教育经费投入之外，为缩小学校教育质量差距，也尝试开展公共教育服务供给的多元合作，旨在通过加强学校间、学校和教育部门间的合作，提高农村学校、薄弱学校的教育教学质量。政府不再是基本公共教育服务的唯一供给者，政府正在同市场、社会、学校共同合作，提升义务教育公共资源的配置效益。合作成为教育行政部门在城乡学校一体化发展进程中的重要理念，教育行政部门从全能政府向有限政府的转变也促使输出学校不再是纯粹执行政策的代理人，而是成为实施政策的相对平等的合作者。

2. 权力结构

对于合作型模型，行政权力、专业权力和自主权力形成了纵横结合的结构关系。专业权力在城乡学校一体化管理中相对占据主导地位，它不同于行政权力的法理性的主导，而是基于专业知识影响力的专业引导。教育行政部门与输出学校间改变了传统的单一的行政隶属关系，建立起了旨在推进城乡义务教育均衡的合作关系。相对于行政权力和自主权力，专业权力在一体化管理中表现出了相当大的专业发言权。行政权力在组织关系上依然保持着对专业权力组织的上下级领导关系，但这种行政隶属关系并不会影响到专业权力在一体化管理中的权威地位，相反行政权力为实现公共服务目标还需要为专业权力的实施提供相应的政策和资源支持，并尽可能地向其分权，保障专业权力在一体化管理中具备更大的施展空间，体现了有限政府的职能特点。对于自主权力而言，输入学校和输出学校间从组织层面来看二者是平等的，对各自的组织具有发展自主权，但在一体化管理合作中，一体化管理的权力

① 石国亮，张超，徐子梁：《国外公共服务理论与实践》，北京：中国言实出版社，2011 年，第 63 页。

主体是偏向了专业权力的，专业权力扮演着专业规范的传播者和巩固者的角色，专业权力基于其广泛的社会认可和权威地位对自主权力产生着无形的影响。在管理体制上，无论自主权力是完全让渡于专业权力还是依然独立存在，自主权力已经在深层次上被专业权力所俘获，如在一体化管理的制度下，输入学校在学校决策、资源配置、管理模式、教育教学等方面已经不自觉地形成了对专业权力的依赖与顺从。

3. 管理方式

合作型模型表现为教育行政部门和城乡学校间的契约式合作，是为推进城乡教育均衡发展而形成的阶段性的组织联盟，组织间的合作关系重于组织间的上下隶属关系，突出组织间的互利共赢。这种模式决定了一体化管理是基于合作的契约式管理。通过组织间形式上或实质签署的协议内容，明确教育行政部门和城乡学校各自在一体化管理中的责任、义务、收益、奖惩和评价标准，各组织按照协议内容有序开展工作，并共同协调一体化管理中出现的相关问题。契约式的管理体现了两方面的优势：一是有明确的评价和奖惩。评价标准提供了组织行动的目标，也对各组织的行为形成了约束，这保证了管理是基于制度的理性，避免了权力的滥用。二是有收益预期，教育行政部门和城乡学校在这个过程中都可以获得自身所期望的收益，为一体化管理提供了有效的激励，在一定程度上解决了一体化管理的动力问题。在此需要说明的是，对于“一个法人”体制下的城乡学校一体化管理，这种协议的落实会相对容易，因为法人的同一性促成了两个独立学校的统一，尽管这两个学校分属两地，但学校管理在一定程度上已经从组织外部管理转变为组织内部管理。

4. 资源配置

在合作型模型中，城乡学校物质资源配置已经实现相对均衡，教育发展的重点任务从资源供给转向资源整合，教育行政部门和城乡学校共同推进资源的整合与再配置。与此同时，资源配置的主体逐步转向城乡学校自身，其中输出学校在这个过程中发挥了关键作用。一方面，在教育行政部门为输入学校改善教育资源配置和硬件办学条件的基础上，输出学校从软件着手，帮助输入学校提升办学理念、培训教师和干部、完善学校制度建设、丰富学校课程设计等，从而促进人力资源、技术资源和物质资源的整合，充分发挥物质资源的配置效益；另一方面，输出学校在一体化管理中利用一定的自主权充分整合输出学校和输入学校的人力资源和技术资源，如教师干部轮岗和交流、共同开展教学教研活动、共享教育教学信息等，通过这种资源的再配置，输入学校的资源品质得到了极大提升，并切实提升了输入学校的教育教学质量。

5. 制度构建

合作型模型以专业权力为主导，制度构建的主体来自输出学校，制度表现为规范性的特征，其功能不是强调对学校一体化管理行为的管束，而是对学校一体化管理的行为规范和对输入学校教育教学与内部管理的专业规范，其目标是指向一体化管理中专业的发展和品质的提升。它遵循教育行政部门关于一体化管理相关政策的要求，重点照应城乡学校一体化管理的中观层面，涉及学校间教师一体化、教学一体化、教研一体化、行政一体化等学校发展的核心内容，保证输入学校在教育质量和管理水平上的稳步、有序推进。规范性制度的构建是输出学校帮助输入学校建构组织、完善制度、提升专业知识和能力的过程，同时也是输出学校通过一体化管理推广自身专业经验和知识、扩展自身专业发展空间、提升自身专业影响力、拓展自身专业权力的过程。这种制度的构建相对于规制型模型下的制度不再显得那么强硬，体现出了对教育教学规律的遵循与对学校发展规范的关照。

6. 一体化表征

合作型模型通常出现在城乡学校一体化管理的中期阶段，表现为专业权力主导下的资源整合和规范性制度，旨在提升一体化管理的效能，重点推进城乡学校制度结构层面的一体化。城乡学校间对一体化管理有明确的计划和制度安排并得到切实的履行，输出学校为输入学校提供了各种管理制度、组织结构和发展模式的范本，创造性地运用到了输入学校的管理实践中，并取得了一定的效果，两校间逐步实现了在组织结构、制度建设、教学教研、课程体系等核心方面的一体化。[①] 一体化管理不再是停留在物质外显层面的一体化，而是触探到了学校发展的关键，城乡学校一体化进入了组织结构层面的一体化。

（二）相关案例

SY校前身Y中学是T区一所纯初中学校，2005年由北京市发改委和T区发改委牵头，根据北京市“名校办分校，共享优质教学资源”政策，与北京

---

① 张爽，孟繁华，陈丹：《城乡学校一体化发展模式探究》，《中国教育学刊》，2013年第8期，第27—31页。

市 SF 校合作办学。2007 年，Y 中学更名为 SY 校，由一所初中学校升级为 T 区唯一一所完全中学。SF 校接受北京市教委和 S 大学双重领导，是北京市首批市级重点中学和示范性高中校，有着悠久的历史，被多次授予"质量优秀校"和"全面育人，办有特色校"称号。

2005 年 12 月，T 区教委与 SF 校签订合作办学协议。2006 年 6 月，双方在协议基础上进一步签订合作办学细则，该细则对 SF 校和 T 区教委的责任、义务进行了详细的规定。其中，SF 校的主要责任包括：SF 校校长有义务对 SY 校的工作给予指导及支持，原则上每周应到 SY 校巡视、办公一次；SF 校派出有能力、有经验、素质高、有高级教师职称的人员任 SY 校校长，全面负责 SY 校工作。校长应在任期内将 SF 校的办学理念、教育教学管理制度及经验结合学校实际创造性地在 SY 校给予落实；S 大学和 SF 校对 SY 校干部和教职工进行岗位培训；SF 校制定在职教师对 SY 校支教的条例，并协调 S 大学的教育资源，确保 SY 校在办学理念、管理水平、教育教学质量等方面与 SF 校靠近，逐步将 SY 校办成达到示范校标准的优质学校。T 区教委的主要责任包括：SY 校隶属 T 区教委领导，教委负责为该校核定干部、教师编制并划拨办学经费；T 区教委在划拨经费上对 SY 校给予政策倾斜，以利于学校优质师资的引进和稳定；T 区教委每年向 SF 校拨付 35 万元，SF 校派出人员工资及支教教师补贴原则上从中开支。

2007 年 Y 中学正式更名为 SY 校，SF 校派了两名教师到 SY 校担任执行校长和副校长，T 区指定本区一位经验丰富的校长到 SY 校担任书记兼法人，组成了更名后的第一届班子。2011 年，SF 校外派的两位校长退休，在其建议下，T 区教委指定该校常务副校长任校长。2012 年，两校又继续参与市教委组织的城乡学校一体化管理改革试验中，二者的合作关系进一步加深。

从 2005 年至今，两校经历了名校办分校、一体化管理等发展阶段，这些市级项目帮助 SY 校不断改善学校基础设施和校园环境建设，同时大量引进先进的办学理念、教师培训、教学教研等专业资源：第一，SF 校组织本校教师对 SY 校教师不断进行培训，从制度建设、课堂教学等几个方面引领 SY 校的发展；第二，在 SF 校办学理念的影响下，SY 校确定了"尊重每一个学生的个性发展，相信每一个孩子都能成才"的办学理念；第三，实行了"进修双轨制"，SY 校教师既参加 T 区的进修，每周也参加 SF 校和海淀区教师进修学校的进修，在教学研究上极大拉近了 SY 校和海淀区的距离；第四，实行"课改理念培训制"，定期请 SF 校的优秀教师和特级教师到 SY 校辅导，与教师一起备课，指导课堂教学，进行学生与考试质量分析，对SY校教师的区级或校级做课进行及时听评；第五，实施"影子工程"，高考结束后，委派高三年轻教师到SF校教研组听课，参与该教研组的活动；与SF校学生一起参与学校校本课程的学习；参与SF校高三教学成绩分析会；SF校对SY校高中教师试卷批阅情况进行审查。

T区教委对SF校的业务指导与一体化管理给予了高度支持，在教师招聘上，由SF校帮助向北京市及全国其他省市招聘引进各学科优秀教师，进行整体培训后上岗，享受T区引进人才政策；在干部培养上，副校长及中层管理干部的选拔任用坚持SF校标准，组成政治素质好、服务意识浓、管理能力强的干部管理队伍，实施SF校办学理念；在学校人事制度改革上，T区教委充分放权，SY校引入SF校人事管理机制，打破传统的"大锅饭"制度，全面实行校内全员岗位聘任制度，定岗定编，以岗定薪，老教师三年一聘，新教师每年一聘，完善学校双向选择、择优上岗的用人制度，逐步建立起激励、约束和竞争机制，激发了教职工的工作积极性，优化了学校的人力资源结构。

通过几年的努力，SY校市级骨干教师实现零突破，区级骨干教师增至8名；在2011年北京市青年教师基本功竞赛中脱颖而出，3名教师获市级二等奖。SY校的教育质量在T区已名列前茅，地区内生源不再转到其他区就读，而且还出现了其他区学生转来SY校读书的情况。

三、自主型

(一)模型构建

自主型模型是以自主权力—资源转化—内生性制度为主导的一种城乡学校一体化管理，它突出了自主权力在一体化管理中的相对主导地位，教育行政部门和输出学校协同合作，针对输入学校的发展需求，共同为其提供行政服务和专业服务，同时充分发挥输入学校的资源转化功能，通过输入学校自身不断地学习、模仿和创新，加强内生性制度建设，提升学校办学水平，从教育质量层面促进输入学校发展，全面实现城乡学校质量层面的一体化(如图4-3)。

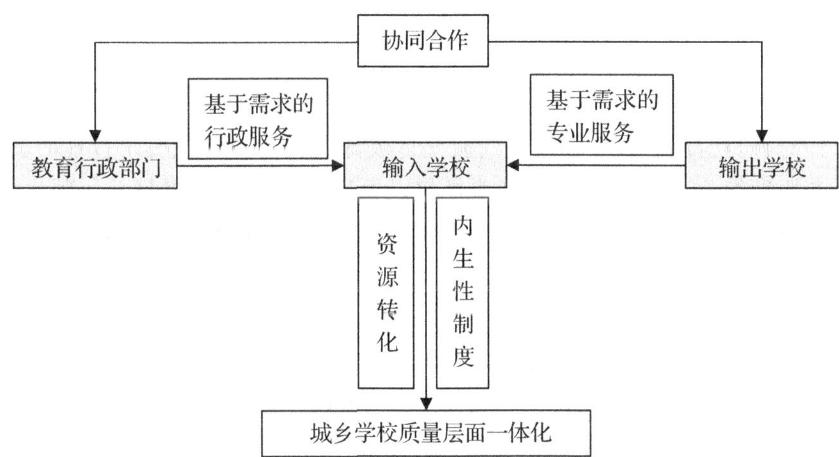

图 4-3 城乡学校一体化管理自主型模型图

1. 政府定位

自主型模型的主导是自主权力，它是合作型模型下政府职能的进一步转变、深化和聚焦。政府从全能型政府、有限政府走向服务型政府，政府角色从领导者、管理者走向服务者，突出政府的公共服务职能，强调政府公共服务的公共性和民主性，表现了政府在推行教育发展和改革过程中对学校微观情境及实际需求的更多关照。自主型模型是在政府服务和专业服务基础上的“以输入学校为本”的发展模式，呈现出校本管理的发展理念。不同的学校在其组织特征上存在相对的一致性，但学校间的差异性是客观存在并不容忽视的，这也是形成学校间相互区别的学校特色的基础和前提。学校需要更大的自主权来按照自己的情况制定学校经费、人事、教学、课程等方面的改进措施，从而有效利用教育资源，提高学校办学质量，增强学校对环境的适应能力和创新能力。① 在自主型城乡学校一体化管理中，政府不着重强调以公共服务政策目标为导向，也不强化输出学校在一体化管理中的专业权威的扩张，而是充分尊重输入学校发展的主体性和内生性，立足输入学校自身的潜力挖掘和能力培养，以实现输入学校的自主、持续发展。这是对服务型政府公共服务公共性、民主性内在要求的回应。

2. 权力结构

在自主型模型中，自主权力位于权力结构的中心，行政权力和专业权力

① 毛亚庆：《应注重以学校为主体的校本管理》，《教育研究》，2002 年第 4 期，第 78—80 页。

与自主权力相互配合、补充，为输入学校发展提供支持，共同推进城乡学校一体化管理。输入学校拥有办学自主权，可以自行安排学校的发展规划、经费使用、人力资源配置、教学管理、课程设置等；输入学校拥有需求发言权，可以针对自身情况和存在的问题向教育行政部门和输出学校提出合理的要求，请求其协助解决；输入学校拥有选择权，可以根据学校发展目标、师生情况和教育教学需求等对输出学校提供的专业规范和技术指导进行筛选和改造，满足学校的个性化和特色发展需求；输入学校拥有一定的评价权，可以根据自身在一体化管理中的发展情况不断进行自评和改进，同时以此为依据对教育行政部门的相关政策与输出学校的指导效果提出反馈建议。行政权力和专业权力在自主型模型下都表现为“服务者”的角色，行政权力重在从资源配置、政策倾斜、绩效评估、制度保障上为输入学校的自主发展提供支持，专业权力也不直接干预输入学校的日常管理和决策，而是在学校管理、教师干部培训、教学研究、课程体系建设等核心业务方面为输入学校提供有针对性的专业支持与咨询。这种权力结构体现为一种内生式的权力结构，它赋予了输入学校的自主权力以重要地位，同时也让输入学校承担了重要的发展责任，是教育行政部门与输出学校将相关的权力、责任同时向输入学校转移。

3. 管理方式

自主型模型突出以输入学校发展为本，在管理上不同于规制型或合作型模型中的外控方式，而是强调学校自主发展的内生方式，是学校内部和外部相结合的校本管理。在一体化管理中，输入学校居于中心位置。在外部，输入学校与教育行政部门、输出学校等相关组织建立联合议事机构，形成一体化管理的外部治理结构。其中，输入学校保持学校发展决策的主体地位，其他相关组织参与决策，各类决策行为以输入学校发展为依据，保障一体化管理的整体性安排。在内部，输入学校形成校长、教师、家长和社区的多元主体联合决策网络，输入学校的自主权力在联合决策网络中进行相应的分配，从而保证学校内部决策的科学性和合理性。在这种内外结合的校本管理中，职责分工主要根据各组织或群体在推进学校发展中扮演的角色来确定，输入学校需要明确自身的发展问题、资源需求及未来的发展规划，为这些组织或群体的角色定位提供充分依据。自主型模型的管理方式表现出了“由内而外”“自下而上”的管理特征，是校本管理在城乡学校一体化管理中的延伸运用，相比科层管理或契约式管理而言，这种管理既有相关的约束机制作为管理的基础保障，还体现出组织生态发展对校本管理的要求与支持。城乡学校一体化管理是教育行政部门和城乡学校共同运行的一个组织生态系统，是教育行政部门和城乡学校在各自的生存发展需要和利益诉求上的相互依赖、相互促进的集中体现。这种生态系统的内部关系往往能超越传统的法理或契约式结合，从生存和发展的高度促进组织间有机地紧密联系在一起。

4. 资源配置

在自主型模型中，输入学校需要从外部获取各种发展需要的资源并进行资源整合，同时更重要的是要将这些资源努力转化为自身发展的知识和能力，进而形成自身发展的实际绩效。因此，自主型模型中的资源配置更关注对现有资源的深度转化，促进资源的增值和新资源的创造。在一体化管理中，这个转化的过程主要依赖输入学校自身，输入学校通过树立资源转化的意识，不断加强资源转化能力的建设，促进外来资源与本校业务的深度整合，实现学校组织的高效产出。在资源转化过程中，学校中的人是关键，包括校长、教师、管理人员、家长等，他们是学校资源转化的受众者，更是学校资源转化的实施者，即资源转化过程是通过学校人力资源的开发来带动其他各种资源的校本整合与转化。人力资源开发可以分为观念和技能两个层面，观念层面表现为学校成员对学校发展和学生教育的态度、认知、情感等，技能层面表现为学校成员完成学校管理和教育教学活动所具备的知识、技能和经验等。基于此，自主型模型的一体化管理在资源配置上体现了以人为出发点，通过转变人的态度和观念，激发人的主动性与创造性，在依托外部支持的基础上自主实现知识和技能的提升，从而促进各类资源在学校范围内的有效转化，同时在创新意识的激发下帮助学校形成自身的特色资源，从数量上和质量上共同实现优质教育资源的增值。

5. 制度构建

自主型模型的主导是自主权力，制度构建主要来自输入学校自身，制度表现为模仿和内生的特性，制度的功能不是强调行政权力对一体化管理行为的约束，也不是基于专业立场的学校发展和教育教学规范，而是立足输入学校的特色、优质和持续发展，在模仿、借鉴和创新过程中的学校制度构建。它遵循教育行政部门关于城乡学校一体化管理的相关政策要求，也接受输出学校关于学校管理和教育教学的相关专业规范，同时更关注城乡学校一体化管理中的学校微观层面，涉及输入学校内部的行政管理、人事管理、教学管理、教研管理、学生管理等方面，这些都是基于本校发展需求建立的。在遵循教育发展规律之外，它能深刻体现一个学校发展的过程，也最能激发学校发展的内在活力。在自主型模型中，一体化管理的制度体系是以学校的制度构建为根基的，输入学校发展制度是一体化管理制度体系的核心，外围的行政强制性制度和专业规范性制度不再发挥一体化管理的主导性，也不再是对学校发展的管控，而是实现输入学校发展与构建现代学校制度的重要支持与保障。

6. 一体化表征

自主型模型一般出现在城乡学校一体化管理的后期阶段，它强化“以输入学校为本”的发展，输入学校的主动性和活力得到充分释放，从依赖行政、专业资源的被动发展转变为借助行政、专业支持的主动发展。输入学校和输出学校的一体化已经超越物质外显层面、制度结构层面，进一步提升到学校的教育质量、社会声誉和文化品质层面，输入学校达到了与输出学校相似的办学水平，也成为本地区或跨地区的学校典型和优质教育资源，城乡学校逐步实现了同质或特色优质。① 城乡学校一体化已经上升到了教育质量层面，这种城乡学校优质均衡的情形改变了优质资源仅从输出学校向输入学校单向流动的局面，逐步形成了城乡优质教育资源的双向流动，进一步巩固和深化了城乡学校一体化管理的成果，也为输入学校重获独立、自主的发展铺平了道路。

(二)相关案例

JS校成立于1960年，是一所专门进行城市中小学教育改革的试验学校，被评为北京市重点学校、示范性高中校，是联合国教科文亚洲教育更新计划联系中心之一。自1960年创建以来，学校在学制、课程、教材、教法等多方面进行试验和探索，始终走在教育的前沿。

JY校建于2007年6月，是一所九年一贯全日制公立学校，作为S区Y小区配套学校，由S区教委、JS校和Y地产公司三方联合创办。JY校由Y地产公司提供校舍；S区教委提供办学经费、编制指标、工资等，通过各种倾斜政策为学校办学提供充分支持；JS校负责办学，把控学校办学质量。JS校校长兼两所学校的法人，JS校派已退休的一位副校长到JY校做执行校长，全面负责JY校的各项工作。JY校其他干部、教师人事关系隶属S区。执行校长是JY校的主要管理者和决策者，经常与JS校校长沟通交流，重要事情会请示JS校校长。2012年JS校与JY校参与北京市城乡学校一体化管理改革

① 张爽，孟繁华，陈丹：《城乡学校一体化发展模式探究》，《中国教育学刊》，2013年第8期，第27—31页。

试验，协议合作方由原来的三方变为JS校与JY校两方，JY校的地位日益加强。

对于JY校的建设，执行校长被赋予了充分的决策权。执行校长力争借鉴JS校的精髓，但不是完全复制，在此基础上试图办出JY校自己的特色。执行校长也将这份工作当成了个人事业发展中一次有意义的创业历程。

JY校充分借助JS校的优质教育资源，建立教师之间师徒结对关系，教师可以随时去JS校听课；备课组长每周都到JS校去进行教研活动，以保持两校的教学进度一致；教师每年都会参加JS校的毕业年级交流会。两校配备了“视频交互系统”，两校教师可以同时备课与教学研讨；JY校还开始探索“远程交互授课”，JY校学生也可以与JS校学生一起听取特级教师的学科课程，并与授课教师实时互动。两校采用了共同的学制和教材，实行教学同步、考试同步，并始终用JS校的评价标准进行自我评价。借助JS校对外平台，JY校自主拿出经费派优秀教师和学生到国外学习培训。与此同时，JY校形成了非常好的发展氛围，执行校长和教师们在情感上走得很近，教师们都很喜欢这个学校，工作非常用心，有着很高的团队协调意识和集体荣誉感。

JY校在共享JS校优质教育资源的基础上，结合学校自身情况，逐步摸索，形成了具有JY校特色的一系列管理制度和管理模式。其中，比较突出的是新教师培训制度和三位一体化管理模式。第一，新教师培训制度。培训分为三个阶段，包括体验、提升和实践。体验是让新教师与JS校的教师师徒结对，体验JS校的办学理念、教育内容和教育形式等，提升是对新教师开展专业培训，提升专业技能；实践是自行备课、集体说课，进行教学前的实战训练。这个培训制度是JY校根据需要自行创立的，其显著的效果促使JS校也开始模仿建立类似的培训制度。第二，三位一体化管理模式。鉴于社区背景，JY校建立了学校、社区、家庭三位一体的管理模式，三方建立合作关系，共同为培养学生而努力。学校成立了学校和谐发展管理委员会，实行三级管理，分别是班级、年级和校级管理委员会，委员会由Y地产公司、社区人员、校方人员和学生家长构成，每学期有定期的活动，有专门的办公室和章程。社区物业帮助学校实现了后勤社会化，促进了学校将更多的精力专注于学生的教育教学工作。社区还为学校提供了丰富的社会资源，如地产商基金会经常带领着师生深入贫困地区开展捐献、支教活动，每年为学校教师提供一定金额的发展基金。

经过几年的努力，JY校年轻教师成长得很快，许多已经成为骨干力量，该校在S区的青年教师基本功大赛中获奖最多，学生的管乐团、健美操等在全国、北京市的大赛中都拿到了很重要的奖项。2012年JY校参加第一次中考，取得全区第一名的佳绩，不管是平均成绩还是单科成绩均位列全区第一。JY校的成绩逐步接近JS校，甚至在某些科目上已经略高于JS校。这两年JY校借助JS校开展教师培训和跨区教研的规模日益缩小，初步具备了自主发展的条件，已经开始了自行招聘教师、自主培养教师等。

综上所述，城乡学校一体化管理宏观运行结构中的三种模型表现出了不同的政府定位、权力结构、管理方式、资源配置、制度结构和一体化表征(见表4-1)。其中，政府定位在城乡学校一体化管理中发挥着统领的作用，权力结构、管理方式、资源配置和制度构建则反映着城乡学校一体化管理的运行过程，而一体化表征则呈现出不同的一体化管理结果。

表4-1 城乡学校一体化管理宏观运行结构中的三种模型

表现维度	模型类型		
	规制型	合作型	自主型
政府定位	全能型政府	有限政府	服务型政府
权力结构	行政权力主导	专业权力主导	自主权力主导
管理方式	科层管理	契约式管理	校本管理
资源配置	资源供给为主	资源整合为主	资源转化为主
制度构建	强制性制度	规范性制度	内生性制度
一体化表征	物质形式层面	组织结构层面	教育质量层面

城乡学校一体化管理模型是基于资源、权力和制度三个维度对一体化管理的理论构建，它是从意识形态层面对一体化管理的系统梳理。理论模型往往具有一定的相对性，事实上，在实践过程中，由于一体化管理在结构上的复杂性和在发展过程上可能出现的反复性，各种因素总是会交织在一起，模型间的界限是很难明确划分的。因此，在实践中需要结合具体情况进行辩证地判断及有选择地运用。

第五章　城乡学校一体化管理微观运行结构中的模式及案例

在城乡学校一体化管理微观运行结构中，一体化管理基于输入学校和输出学校是否隶属一个行政区、是否是一个法人管理两个维度，形成了四类运行方式：即一个法人同区、一个法人跨区、两个法人同区、两个法人跨区。它们之间有一定的联系，也具有相对的独立性，表现为不同的管理模式，具有各自的一体化结构、制度构建、资源配置及面临的挑战，也提供了不同的一体化管理启示。

一、合并型

合并是指“结合到一起”。组织合并包括对等合并和吸收合并两种形态。其中，对等合并是指合并的组织各自失去法律上的独立性，组成更大规模的新的组织；吸收合并是指合并对象中只有一个组织合并后仍存在并在法律上具有独立性，其他组织则被那个继续存在的组织所吸收。① 城乡学校合并型一体化管理属于吸收合并，是输入学校被同一行政区内的输出学校吸收合并，纳入输出学校整体发展中以获得持续发展的组织变革，也是区域教育资源的重组和教育生态的优化。在学校管理体制方面，输入学校不再有独立的办学自主权，学校发展各项重大决策由输出学校统筹，输入学校只是参与决策，在本校区内拥有一定的业务自主权；在学校办学资源方面，输入学校与输出学校的教育教学、教师、经费等资源全部打通，由输出学校进行全面统筹，综合配置使用；在学校办学制度方面，输入学校推行输出学校的教育教学、教师发展、学生发展等管理制度，融入与输出学校统一的制度体系中。②

① 韩双林，马秀岩主编：《证券投资大辞典》，哈尔滨：黑龙江人民出版社，1993 年，第 241 页。

② 陈丹，孟繁华：《城乡学校一体化管理的现状、问题及对策——基于 S 市 6 对一体化管理学校的访谈文本分析》，《北京教育学报》，2015 年第 10 期，第 75—84 页。

(一)一体化结构

城乡学校一体化管理主要表现在教学、德育、教研培训、课程、教师、行政管理和文化七个维度①，每所一体化管理学校在七个维度的表现各不相同，呈现出了差异化的一体化管理结构。

合并型一体化管理模式表现出以文化为引领的一体化管理基本结构(如图5-1)。

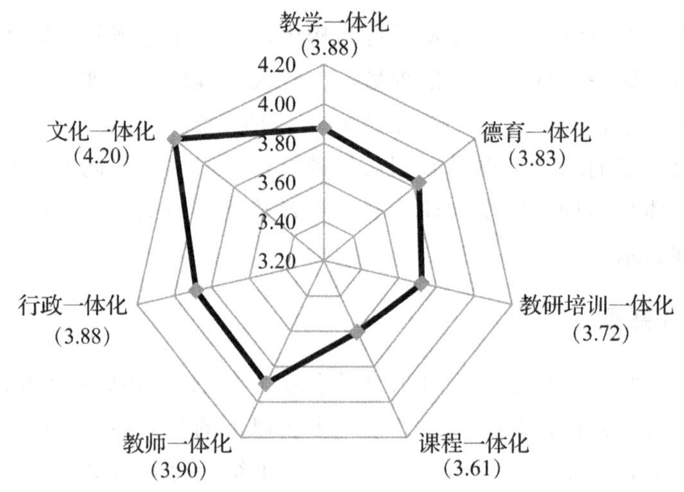

图5-1　合并型一体化管理模式的基本结构

调研结果显示，合并型一体化管理模式中七个方面的均值都非常高(均值范围是1—5)，从高到低依次是：文化一体化(4.20)、教师一体化(3.90)、行政一体化(3.88)、教学一体化(3.88)、德育一体化(3.83)、教研培训一体化(3.72)、课程一体化(3.61)。其中，文化一体化均值明显高于其他方面，位居首位。实地调研中也发现，合并型一体化管理模式中输入学校在校园中用各种可见的物质标识开展文化宣传，随处可见输出学校的办学理念、育人目标、办学特色等，让人充分感受到输出学校的校园文化。

在此基础上，文化一体化维度的5个二级指标数据均值也都很高(见表5-1)，均超过了4(均值范围是1—5)。其中，排在前三位的依次是两校统一了

① 陈丹，孟繁华：《城乡学校一体化管理的现状、问题及对策——基于S市6对一体化管理学校的访谈文本分析》，《北京教育学报》，2015年第10期，第75—84页。

校徽、校服(4.33)、两校统一了学校的行为规范(4.28)、两校统一了学校的管理方式(4.21)。

表 5-1　合并型一体化管理模式的文化一体化维度各指标均值

文化一体化维度指标	均值
两校统一了校徽、校服	4.33
两校统一了学校的行为规范(如学生的日常行为要求、教师的教育教学行为要求等)	4.28
两校统一了学校的管理方式(如教学管理、德育管理、学生管理、班级管理等)	4.21
两校统一了校训	4.08
两校统一了学校的建筑风格(如建筑墙的颜色、建筑内部的装饰、校园环境的设置等)	4.08

合并型一体化管理体现了以文化为引领的一体化管理基本结构。它用文化一体化带动德育、教学等其他几个方面的一体化，体现了从思想意识到行动实践的一体化管理路径。此外，每所学校在文化建设上有着自己特定的逻辑，合并型一体化管理从校徽、校服等物质文化入手，再到行为规范、管理方式等行为和制度文化，体现了从有形物质到无形价值观的文化一体化路径。

(二)制度构建

合并型一体化管理普遍实施了以教育集团为平台的一体化管理运行机制。城乡学校一体化管理与教育集团先前并无联系，最初是输出学校和输入学校两所学校间的一体化，随着区域优质教育资源整合的需要，许多"一对一"的一体化管理逐渐被融入"一对多"的教育集团管理中。

在合并型一体化管理中，输入学校全部被纳入以输出学校为龙头的教育集团中，成为教育集团的核心成员校或校区，学校的教育教学和管理活动都是在教育集团的大平台规划下有序开展。调研数据显示，81.7%的教师表示学校参与了输出学校教育集团的活动，其中，25.7%的教师表示学校参与了输出学校教育集团的所有活动，46.8%的教师表示参与了大部分活动，9.2%的教师表示参与了少数活动。访谈中了解到，合并型一体化管理中的教育集团运行机制主要表现在以下几个方面：一是学校权力归属的转移。输入学校不再是独立法人，在教育行政管理上归口输出学校集团，集团再归口地区教育行政部门。集团校长为法人代表，输入学校校长为执行校长。二是集团管理体系的构建。针对一校多址的现状，输出学校集团普遍根据学校相关业务工作分类建立系列中心或机构，统筹整个教育集团相关领域的工作，主要涉及宏观规划、制定标准、提供服务和开展评价等。输入学校则在集团领导下组织本校区的教育教学活动。三是集团行政管理的融合。合并型一体化管理强调教育集团决策的统一、组织机构的协同及管理制度的共享等。调查数据显示，在合并型一体化管理中，行政管理一体化程度较高(见表 5-2)，指标均值都超过了 3.5(均值范围是 1—5)。其中，排在前三位的指标依次是两校设置相似的管理部门(4.24)、两校定期共同召开行政会(4.14)、借鉴输出学校的各种管理制度(3.89)。

表 5-2　合并型一体化管理模式的行政管理一体化维度各指标均值

行政管理一体化维度指标	均值
两校设置了相似的管理部门，以便统一行动	4.24
两校定期共同召开行政会，对两校重要事务进行共同决策	4.14
本校借鉴输出学校的各种管理制度，自主制定本校的各项管理制度	3.89
本校直接复制输出学校的各种管理制度	3.84
输出学校委派干部或教师到本校担任管理人员	3.79
本校管理人员到输出学校观摩学习管理经验	3.76
本校管理人员到输出学校挂职学习管理经验	3.50

教育集团已成为合并型一体化管理的重要运行平台。在教育集团的统筹管理下，输入学校与输出学校统一了发展要求和评价标准，建立了一体化的组织结构和管理流程，有效促进了输入学校与输出学校教育教学活动的同步性，确保了输入学校教育质量的稳步提升。

(三)资源配置

一体化管理是通过体制机制创新，将输入学校和输出学校之间的物质、人力、技术和信息四类办学资源进行重组，实现基于资源优化的教育质量提升。

首先，合并型一体化管理十分重视人力资源，将其放在了资源统筹配置的首位。调研数据显示，教师一体化的均值(3.90)在一体化管理结构中位居第二(如图 5-1)，其各项二级指标均值也基本都在 4 左右(见表 5-3)，体现了从教师编制计划到考核评价等各环节基本趋于统一。其中，排在前三位的依次是统一的教师招聘录用(4.13)、统一的教师配置任用(3.99)、统一的教师编制计划(3.96)。

表 5-3　合并型一体化管理模式的教师一体化维度指标均值

教师一体化维度指标	均值
两校进行统一的教师招聘录用	4.13
两校进行统一的教师配置任用	3.99
两校进行统一的教师编制计划	3.96
两校进行统一的教师考核评价	3.94
两校建立教师交流轮岗制度	3.46

其次，技术资源在一体化管理资源配置中也占有重要地位。技术资源主要是教育教学、教研、课程等专业资源。调研数据显示，教学一体化维度中有关技术资源的指标“两校教师共享教育教学资源”均值(3.90)较高，教研培训一体化维度中有关技术资源的指标“两校教师共同参加专题培训活动”均值(3.85)、“两校相互分享课题研究成果”均值(3.56)也是较高的。

再次，信息资源在一体化管理资源配置中也发挥了重要作用。信息资源主要是组织获取的有重要影响的外部资料数据等。调研数据显示，一体化管理在学生方面取得的成效均值排在前两位的分别是学生学科课程丰富(2.21)、学生学习视野拓展(2.12)；教师方面取得的成效均值排在前两位的分别是教师专业视野拓展(2.14)、教师外出培训机会增加(1.96)。

最后，物质资源在一体化管理中也得到了一定程度的统筹配置。调研中发现，在学校间相对地理位置允许的情况下，学校间的专用场地、教育设施等都进行统筹使用。此外，输出学校集团对办学经费进行了统筹管理，输入学校只在一定程度上具有经费决策权和使用权。

合并型一体化管理密切围绕资源要素，在人力资源、技术资源、信息资源和物质资源方面进行了一体化管理系统配置。它充分发挥同一行政区内教育管理体制统一的优势，借助教育集团打破校区壁垒，全面加强资源的统筹管理。同时，它突出各类资源中的重点，如人力资源中的教师、技术资源中的教育教学和专题培训、信息资源中的课程和校外学习、物质资源中的办学经费，以此带动其他资源的系统整合。

(四)面临的挑战

1. 输入学校对输出学校学校文化的认同与落实需要一个长期的过程

合并型一体化管理以文化一体化全面引领一体化管理，这一特征充分说明了学校在推进一体化管理过程中对共同理念和价值引领的高度重视。输出学校的发展理念、办学目标及各种学校文化标识从物质形态上便捷地被移植到输入学校，但从意识形态上，新的文化的影响和形成远没有这么简单，面对输入学校原有的发展生态、人文环境、思维和行动方式，它需要经历一个被质疑、了解、认同和内化的复杂而长期的过程，而这也正是合并型一体化管理过程中最关键且最难的一项工作。调研中发现，被访者从不同侧面都提到了这个问题，如一位执行校长表示："一体化管理首先是需要上下一条心，统一思想，有共同的认知和愿景。"一边是原输入学校对教师责任心、善良等品质的重视，一边是输出学校对教师专业发展的高要求和管理的新理念，执行校长在这个过程中努力扮演着桥梁的作用，带领着教师们共同学习、践行输出学校的文化理念，让输出学校的文化精神在该校区落地生根。

2. 办学自主权的转移在一定程度上影响了输入学校发展的自主性

合并型一体化管理的一个典型表现是输入学校的办学自主权转移到了输出学校，输入学校从原有的自主发展转变为在输出学校领导下的共同发展，这有效帮助了输入学校提升发展平台、拓展资源渠道、优化学校发展，与此同时，它也在一定程度上削弱了输入学校的发展自主性，影响了学校的管理效率。通过对执行校长们的访谈发现，其主要源于两个方面：一是业务决策权有限，输入学校主要是执行和落实，面对输入学校区的许多业务的具体事宜或调整，需要先汇报审批再付诸实施，这不仅加重了输出学校或集团领导层的管理负担，也将输入学校区管理者的许多时间和精力都耗费在了请示和等待过程中。二是经费决策权缺乏，输入学校区不是独立的财务核算单位，没有独立的财务账户和审核签字权，校区各项主要经费的预算、审批、支出等由输出学校或集团层面统筹管理，这无形中造成了校区经费使用程序的烦琐，也降低了校区管理者的相关责任意识。由此，如何合理有效地分配相关决策权也是合并型一体化管理中面临的一个重要挑战。

3. 现有合并型一体化管理与教师的期待之间还存在差距

合并型一体化管理取得了一定的成效，从区域教育均衡发展方面体现了这种一体管理模式的针对性和有效性，与此同时，笔者也发现，当前合并型一体化管理的结构和教师们对今后一体化管理的期待之间还存在差距。从图5-1中可以看出，合并型一体化管理基本结构七个维度的均值排序依次是：文化一体化(4.20)、教师一体化(3.90)、行政管理一体化和教学一体化(均为3.88)、德育一体化(3.83)、教研培训一体化(3.72)、课程一体化(3.61)。而从表5-4可以看出，教师们对于今后合并型一体化管理最需要加强的排在前三位的工作内容依次是教学一体化(1.96)、教研培训一体化(1.88)和课程一体化(1.40)。从教师们的期待来看，教学、教研培训、课程正是学校发展的核心专业内容，而这些内容在当前合并型一体化管理结构中还没有占据首要位置，甚至是排在了末位。究其原因，部分校长谈到，两校在多方面存在的差异阻碍了这些核心内容的一体化，教师问卷的数据也同样呈现了这样的现象，如影响一体化管理成效的相关因素中，排在首位的是两校间学生学业水平的差异(3.25)。尽管如此，核心专业内容的一体化管理是不容忽视的，这直接关系到输入学校的内涵发展和教育教学质量提升，也是一体化管理共同优质目标最终实现的保障。因此，合并型一体化管理如何在现有基础上进一步深化教学、教研培训和课程一体化管理是输入学校面临的新任务。

表5-4　合并型一体化管理学校教师认为今后还需要加强的工作内容

工作内容	A. 教学一体化	B. 德育一体化	C. 教研培训一体化	D. 课程一体化	E. 教师一体化	F. 行政管理一体化	G. 文化一体化
均值	1.96	1.12	1.88	1.40	0.93	0.54	0.89

(五)相关案例

W校原为一所农村地区学校，于1995年被区教委划归输出学校管理，由于多方面原因，一体化管理进程滞缓。直至2013年，W校正式参与北京市城乡学校一体化建设工程项目，被合并成为输出学校的一部分，并更名为输出学校北校区，两校一体化管理才开始进入实质性的一体化阶段。W校不再是实体单位，其校长为校区执行校长，输出学校集团为实体单位，集团校长为W校法人代表。由此，W校在教育行政管理归属上对口输出学校集团，再由输出学校集团直接对口教委。输出学校集团现为一校五址，为推进一体化管理，主要采取了以下措施：第一，统一学校文化体系。集团校在办学过程中统一践行输出学校的核心办学理念，在W校的校园里，随处可见旗帜、展板、雕塑等各种形式的学校文化宣传载体，全体师生随时随地都能看到输出学校的校训、校徽、教育特色、教育愿景、办学目标、育人目标等。第二，建立“七大中心自转与公转相结合”的管理体系。“七大中心”包括学校发展中心、教学指导中心、学生成长中心、行政协调中心、信息技术中心、食品安全中心、后勤服务中心。七个中心的负责人为副校级干部，负责统筹规划、组织、领导、评价整个集团各个领域的工作，为各校区提出相关要求和标准，提供相关支持和服务；W校及其他各校区则只需在七个中心的要求与支持下，组织开展本校区的相关教育教学工作，这种集团统筹模式切实保障了W校与输出学校的一体化。第三，建立校委会和行政会相结合的议事制。校委会主要研讨集团的重要决策和日常综合性事务，W校的全体领导班子成员都要到输出学校参与会议。行政会主要研讨集团某领域的专题工作，W校只需派相应领域管理工作的干部去参与会议。两类会议各自隔周一次，交替进行。这种方式既兼顾了一体化管理中的宏观与微观事务，也加强了会务的针对性，降低了人力成本和时间成本，提高了一体化管理的效率。第四，建立了条块纵横交错的教学教研体系。W校与输出学校跨越校区统一编班，建立了大年级组，同时跨越校区打通学科教研，建立大教研组，大年级组和大教研组纵横交错，相互支撑，有效保障学校核心业务的一体化。第五，深度系统配置办学资源。输出学校打通两校的人力资源、技术资源、信息资源和物质资源，统一教师编制、任用和考评，统一开展教研培训活动，建立统一的课程体系框架，统筹两校的场地、设施设备与办学经费，W校除自主支配按学生数配给的生均事业经费外，其他所有支出经费由输出学校集团统筹管理。通过2—3年的努力，W校由原来的普通农村学校成了所在地区知名的学校，本地京籍学生入学率显著提高，社会声誉度和社区对学校的满意度都得到了很大的提升。

二、统合型

“统合”意为“统一，联合”，最早见于柳宗元的“统合儒释，宣涤疑滞”，其将“统合”解释为“以儒学为主，融合吸收佛教思想”。也有学者将其解释为相容(compatibility)、互补(complementarity)、调和(reconcilability)①。可见“统合”一词实际上可解释为“统一下的相互融合与调和”。由此，统合型一体

① 盛庆琜：《统合效用主义统合什么？如何统合？》，《哲学分析》，2015年第6期，第108—117页。

化管理主要指输入学校接受不在同一行政区的输出学校的统一管理，充分借助输出学校的优质教育资源，在学校文化、教育教学、课程建设、组织管理等方面与输出学校逐步融合，不断提升自身办学水平，最终实现城乡学校共同发展的一种组织发展模式。在学校管理体制方面，输入学校是独立的法人单位，且和输出学校为同一个法人代表(校长)，输入学校的执行校长不具有法人代表权，但一定程度上拥有输入学校办学的自主权，包括学校办学过程中的人、财、物及业务管理等相关权力，并且这种自主权随输入学校的发展逐年扩大。在学校办学资源方面，输入学校在发展初期会得到输出学校大量的师资、教育教学、课程、管理等方面的资源支持，通过本土化的借鉴与运用，输入学校自身资源体系不断优化，逐步内生出本校的优质教育资源，随着输入学校教学质量的提升，输入学校与输出学校在某些教育资源上形成了融合和互补。在学校办学制度方面，输入学校根据学校实际办学情况，保留原有的合理的管理方式，同时借鉴输出学校优秀的办学理念和管理制度，有效兼顾了学校办学制度的继承发扬与借鉴创新。这种制度体系既体现了统合管理下的一体化特征，也适应了输入学校自身的特色化发展。由此可见，统合型一体化管理的目的并不是要将输入学校的发展完全捆绑于或依附于输出学校，而是充分地给予输入学校发展自主权，并借助一体化过程中理念的融合、资源的支持和制度的优化，不断激发输入学校自身的内驱动力和生成性资源，促进输入学校从助推性发展走向自主性发展。

(一)一体化结构

统合型一体化管理模式呈现出整体稳步均衡推进的一体化管理的基本结构。

调研结果(见图 5-2)显示，统合型一体化管理模式中七个方面的均值都相对较高(均值范围是 1—5)，从高到低依次是：文化一体化(3.67)，行政一体化(3.40)、教学一体化(3.27)、课程一体化(3.17)、德育一体化(3.14)、教研培训一体化(3.08)、教师一体化(2.71)。同时，各维度均值相对均衡，有六个方面的一体化均值在 3—4 之间，仅有教师一体化均值在 3 以下。其中，文化一体化、行政一体化和教学一体化位居前三。从文化一体化维度(见表 5-5)看，统合型一体化管理学校在学校行为规范，校训、校徽、校服等方面统一度较高。

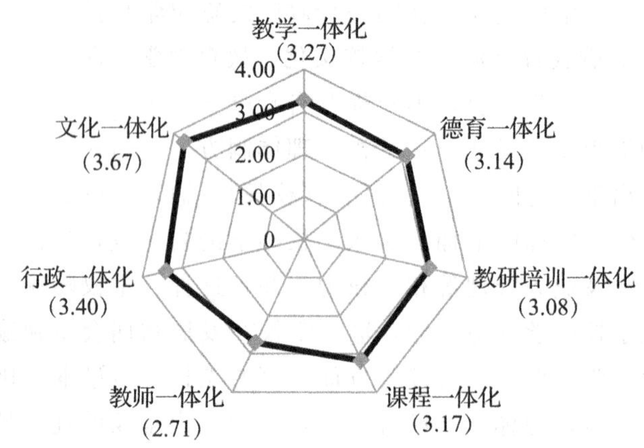

图 5-2　统合型一体化管理模式的基本结构

表 5-5　统合型一体化管理模式的文化一体化维度各指标均值

文化一体化维度指标	均值
两校统一了学校的行为规范(如学生的日常行为要求、教师的教育教学行为要求等)	3.89
两校统一了校训	3.84
两校统一了校徽、校服	3.77
两校统一了学校的管理方式(如教学管理、德育管理、学生管理、班级管理等)	3.66
两校统一了学校的建筑风格(如建筑墙的颜色、建筑内部的装饰、校园环境的设置等)	3.20

(二)制度构建

在统合型一体化管理模式中，两校处在不同的行政区，但由于两校基于一个法人的管理，学校之间在制度构建上表现出较高的紧密性。主要体现在以下几个方面：

第一，行政一体化建设处于重要地位。在一体化管理的七个维度中，行政一体化排在第二位。从行政一体化维度的二级指标均值(见表 5-6)看，排在前三位的依次是输入学校借鉴输出学校的各种管理制度(3.69)、设置了相似的管理部门(3.64)、定期共同召开行政会并对两校重要事务进行共同决策(3.52)。

表 5-6 统合型一体化管理模式的行政管理一体化维度各指标均值

行政管理一体化维度指标	均值
本校借鉴输出学校的各种管理制度，自主制定本校的各项管理制度	3.69
两校设置了相似的管理部门，以便统一行动	3.64
两校定期共同召开行政会并对两校重要事务进行共同决策	3.52
输出学校委派干部或教师到本校担任管理人员	3.47
本校管理人员到输出学校观摩学习管理经验	3.37
本校直接复制输出学校的各种管理制度	3.09
本校管理人员到输出学校挂职学习管理经验	3.05

第二，输出学校管理人员到输入学校任职推进行政管理一体化。输出学校一般会将本校的校级干部派到输入学校担任执行校长，或者聘请输出学校退休的校级干部到输入学校担任办学顾问，通过发挥委派人员的桥梁作用，一方面在组织形式上加强了输入学校与输出学校的一体化关系，另一方面也将输出学校的管理理念、方式、制度等自然引入输入学校，促进了输入学校在组织结构和制度层面与输出学校一体化发展的进程。

第三，输入学校基于行政管理一体化的高度自主决策。由于输入学校与输出学校处在不同的行政区，区域的地理位置、教育管理制度、教师配置及学生综合特征等多方面的差异，要求输入学校在与输出学校实施行政管理一体化基础上，充分考虑学校实际情况和发展需要，进行自主决策。调研中也发现，输入学校执行校长在日常教育教学工作中具有很大的自主权，除少数重大事项需在两校共同参与的校务会上进行集中研讨决策外，其他多数工作都是由执行校长及输入学校领导班子成员自主决策，仅向输出学校报备即可。

(三)资源配置

在统合型一体化管理模式中，资源配置表现出两方面的典型特征。

第一，以教育教学为核心的资源配置内容。调研发现，学校的核心业务资源高度共享，主要体现在教学一体化、德育一体化、教研培训一体化、课程一体化四个维度。其中，这四个维度下的二级指标最高均值都是关于相关资源的共享(见表 5-7)。

表 5-7 统合型一体化管理模式四个维度的最高均值指标

维度	最高均值指标	均值
教学一体化	本校教师到输出学校观摩学习	3.65
德育一体化	本校借鉴输出学校经验，自主开展德育实践活动	3.45
教研培训一体化	本校教师可以参加输出学校所在区的教研活动	3.61
课程一体化	本校借鉴输出学校课程，自主设置本校课程和教材	3.41

这在一体化管理成效中也体现得很明显，如在学生发展的成效方面，“学生学习课程丰富”排在首位；在教师发展的成效方面，“教师外出培训机会增加”排在首位。

第二，建立多种方式的输出学校优质教师资源辐射机制。统合型一体化管理中，输入学校与输出学校跨区且地理距离远，对教师资源统筹配置带来了很多影响，借助一个法人管理的体制优势，统合型一体化管理充分运用多种方式推进优质教师资源的共享辐射。一是导师制，输出学校安排本校退休名师或隶属高校的教师等专家团队对输入学校教师进行定期指导，每月 2—3 次，形式包括示范课、听评课和公开课指导等。二是师父制，输出学校安排本部教师对输入学校教师以“师带徒”形式进行随时指导，输入学校教师去输出学校听课，或输出学校教师到输入学校指导，或在日常工作中随时网络联系和指导；同时还有输入学校借助输出学校平台资源聘请北京市特级教师、市级学科带头人与本校骨干教师结成师徒，进行一对一指导。三是视导制。输出学校定期派出骨干教师到输入学校进行课堂教学视导、听评课，部分学校做到了学科和任课教师听评课全覆盖。同时，输出学校教师开放自己的课堂，输入学校教师随时到输出学校听课，也可到输出学校脱产培训并和输出学校的老师们一起说课、备课，参加教研活动。

(四)面临的挑战

1. 跨区的管理体制障碍影响办学资源的统筹配置

一个法人的管理体制为输入学校与输出学校的办学资源统筹配置创造了有利条件，理论上来说，这能从两校共同协同发展的高度进行资源配置的顶层设计，发挥一体化管理学校资源的规模效应和互补效应，有效实现优质资源向输入学校的流动与辐射。但在实践中，跨区的管理体制差异却成为一体化管理学校统筹配置资源的重要障碍，使得一个法人管理的体制优势很难发挥出来。重点表现在以下几个方面：一是区域人事管理的差异影响了一体化管理学校人力资源的统筹配置。教师隶属不同的区，人事归属、工资待遇、教研学习、考核评价、职称评定等均由学校所在区统一管理，各区在这些教师管理制度和方式上均存在差异，直接影响了教师在输入学校和输出学校间的统筹配置和流动。二是区域教学教研管理的差异影响了一体化管理学校技术资源的统筹配置。技术资源在学校发展中发挥着重要作用，它主要涉及课程资源、教材资源、教研资源等，由于各区在教学、课程、教研等方面有各自的统一安排与规定，输入学校必须立足本区的要求与规定开展教育教学工作，导致输入学校只能在有限的范围内引入输出学校的相关教育教学技术资源，且很难形成技术资源上的互融互通。三是不同区域的师生差异也在一定程度上影响了一体化管理学校课程和评价资源的统筹配置。输入学校多为农村学校，师资力量相对不足，面对输出学校多样化的课程内容和新的教学方式，输入学校教师要承担或自主开设这些课程还存在很大挑战；同时，输入学校学生的生活体验和学习经历相对输出学校的学生也没有那么丰富，面对输出学校的学生评价方式和评价要求，输入学校学生也很难达到同样的标准水平。一体化管理成效影响因素调研结果(见表 5-8)也显示，在六个影响维度中，统合型一体化管理成效影响比较大的三个维度依次是相关利益方的支持和投入(3.40)、师生差异(3.39)和地理距离(3.35)。其中，师生差异的影响重点表现为两校间学生学业水平的差异(3.62)和两校间教师教育理念的差异(3.15)。

表 5-8　统合型一体化管理成效的主要影响维度

一体化管理成效的影响维度	均值
相关利益方的支持和投入	3.40
师生差异	3.39
地理距离	3.35
办学条件和外部环境差异	3.31
学校管理差异	3.15
课程与教学教研差异	3.11

2. 教师在一体化管理中的系统参与度不足

统合型一体化管理模式结构图(见图5-1)显示，排在前三位的依次是文化一体化、行政一体化、教学一体化，教师一体化排在最后一位。但根据老师们回答问卷题目“您认为学校一体化管理最重视的工作内容”的统计结果(见表5-9)看，排在前三位的依次是教学一体化、德育一体化、教研培训一体化，同时根据老师们回答问卷题目“您认为今后一体化需要加强的工作内容”的统计结果(见表5-10)看，排在前三位的依次是教学一体化、教研培训一体化、教师一体化。从以上三个结果来看，统合型一体化管理的现实表现、教师感觉认知及教师期待三者之间存在一定差异，且现实表现和教师感觉认知之间的差异相对更大。究其原因，主要源于两个方面：第一，输入学校教师只在一定范围内参与一体化管理。一体化管理涉及教学、德育、教研培训、行政管理、文化等七个维度，学校进行顶层设计和系统推进，学校中不同的群体根据其所在岗位和职责参与相应的一体化管理内容。作为学校教育教学主体的教师，他们参与最多、体会最深的便是和教育教学相关的一体化内容，而对于学校层面推进的文化一体化、行政一体化参与和了解较少，由此导致教师们在回答问卷题目“您认为学校一体化管理最重视的工作内容”时，会潜意识地将教学一体化、德育一体化、教研一体化等排在前面。但事实上，实施统合型一体化管理的学校首要的是推进文化一体化和行政管理一体化，在此基础上推进教学、德育、教研培训等一体化。这从侧面也反映出，学校在推进一体化管理过程中，没有将本校一体化管理的理念和行动路径向老师们进行系统宣讲或与老师们一起深度研讨，让老师们深入了解一体化管理的全貌，而只是将教师作为推进一体化管理的局部参与者。第二，输入学校教师没有得到完全平等的身份认同。从教师对一体化管理的期待来看，除教学、教研培训外，教师们还希望实现教师一体化管理。因为输入学校在校名、校长法人、文化标识等方面都与输出学校统一，但输入学校教师在聘任、考评、待遇、流动、专业发展机会等各方面并没有实现和输出学校的一体化，一个校长法人也无法破除两所学校的区域体制性壁垒，这让输入学校教师无法真正感受到一体化管理给自己带来的身份上的变化，而这种身份变化对于输入学校教师而言意义重大：一是能提升教师的组织荣誉感，潜在地激发教师的专业发展动力，二是促进教师在两校间相对自由地流动，增加学习机会和扩大发展空间，三是能消除两校间教师身份的差异，让输入学校教师和输出学校教师在体制上融为一个整体，形成平等的专业对话和身份认同。

表 5-9　统合型一体化管理学校教师认为学校最重视的工作内容

工作内容	A. 教学一体化	B. 德育一体化	C. 教研培训一体化	D. 课程一体化	E. 教师一体化	F. 行政一体化	G. 文化一体化
均值	2.50	1.97	1.19	1.09	0.56	0.68	0.91

表 5-10　统合型一体化管理学校教师认为今后还需要加强的工作内容

工作内容	A. 教学一体化	B. 德育一体化	C. 教研培训一体化	D. 课程一体化	E. 教师一体化	F. 行政一体化	G. 文化一体化
均值	2.30	1.09	1.43	0.99	1.30	0.79	1.05

(五)相关案例

Y 校成立于 1997 年，是 S 大学的附属学校，该校位于北京市 H 区，性质为一贯制公办学校，因其优质教育质量而得到家长及社会的广泛好评。2012 年 9 月，为进一步发挥 H 区优质教育资源的影响力和辐射作用，落实北京市城乡学校一体化建设精神，H 区和 C 区教委正式签订协议，由 Y 校在 C 区承办 CY 校，并实施“一个法人一体化管理”的管理体制。自 CY 校成立以来，两校资源融通，相互促进，在行政管理、文化建设、教师管理、课程建设等方面取得了突出成效。CY 校一体化管理的主要做法表现为：首先，采取独立的组织形式。Y 校和 CY 校分属两个行政区，在一体化管理之初便以两所独立学校的形式存在，保持各自组织的独立性，提出了“一个法人，两个特色学校”的一体化理念，尽管是一个法人，CY 校并不是 Y 校的分校区，而是被统筹和被帮扶的对象，当 CY 校办学品质发展到一定阶段，Y 校便会在协议结束期完全撤出。其次，聚焦合作目标，即如何借助 Y 校的相关资源和平台快速发展，在达到稳定发展后再寻求符合 CY 校特色的自主发展。CY 校与 Y 校在文化建设、行政管理和课程建设方面保持较高一致性。两校基本统一了学校的行为规范、校训、管理方式，Y 校委派干部到 CY 校任管理人员，委派教师到 CY 校任教、带队伍，CY 校与 Y 校还采取了一致的课程设置，选用了同样的教材，并统一推进教学进度。同时，Y 校的法人校长带领一批中层干部和教师进驻 CY 校参加学校前期建设及招生工作，使得 CY 校在首次招生时就呈现出供不应求的良好局面，为学校持续发展奠定了良好的基础。最后，自主分配合作要素，CY 校在一体化管理初期，由 Y 校掌握着资源分配主导权，随着 CY 校的逐步发展，CY 校的自主权逐步加强：在管理方面，CY 校执行校长的校区管理权增加；在教师方面，除教师交流轮岗外，CY校开始教师的自主招聘、配置、任用和评价；在课程方面，逐步改用本区教材，在借鉴Y校课程体系的基础上自主开发一系列校本课程；在德育方面，也多表现为借鉴Y校的经验自主开展德育实践活动；在教研培训方面，CY校也开始关注本校教师自主开展教研培训活动，基于校区实际情况满足教师个性化的发展需求。以上一体化管理举措为CY校搭建了高起点发展平台，使它继承了Y校一套成熟的办学体系，实现了自身的跨越式发展，在短短几年内，迅速发展成C区的知名学校。

三、共生型

“共生”一词源于希腊语，1879年德国真菌学家德贝里(Anton de Bary)提出“共生”概念，并将其定义为“不同种属生活在一起所呈现出的植物间竞相生长及生物间相互依存的现象”。之后，共生的概念及思想从生物学拓展到各个学科领域。阿玛迪吉安(Ahmadijian)等提出，共生包括三个要素，即共生单元、共生关系及共生环境。其中，共生关系从行为方式来看，存在寄生关系、偏利共生关系和互惠互利共生关系；从组织程度来看，存在点共生、间歇共生、连续共生和一体化共生等。① 共生型一体化管理是指同一区域内的输入学校和输出学校作为两个独立但彼此依赖的共生单元，通过互惠互利共生关系和一体化共生关系实现共同发展的方式。在学校管理体制方面，输入学校和输出学校位于同一行政区域，隶属相同的教育行政部门管理，但输入学校保持自身的组织独立性，有本校的独立法人和办学自主权，输出学校不干预输入学校决策，只在输入学校提出相关需求的情况下给予指导和建议；在学校办学资源方面，两校在基础设施设备、教育教学、教研培训、教师队伍、后勤管理等方面深度共享资源，同时基于两校间不同学段衔接办学，促进人才贯通培养的办学资源整合效益的发挥；在学校办学制度方面，输入学校和输出学校保持各自独立的管理制度体系，输入学校一方面借鉴、参考输出学校的管理制度建设，构建相似的学校管理结构，另一方面也接受从输出学校委派的校级管理人员参与本校管理，不断优化自身管理体系。

---

① 周运才：《基于共生理论的城乡基础教育统筹发展研究》，硕士学位论文，湖南师范大学，2009年。

(一)一体化结构

共生型一体化管理呈现出教学和德育为首、行政管理和教研培训并行的一体化管理结构。

调研结果(见图 5-3)显示，共生型一体化管理模式七个方面维度的均值都相对较高，基本都在 3 以上(均值范围是 1—5)，从高到低依次是：教学一体化(3.63)、德育一体化(3.59)、行政一体化(3.35)、教研培训一体化(3.34)、教师一体化(3.24)、课程一体化(3.06)、文化一体化(2.96)。与此同时，教师问卷中“您认为学校一体化管理最重视的工作内容”的统计数据显示，学校对教学、德育、教研培训一体化的重视程度排在前三位，其均值分别为 3.04、2.38 和 1.06。

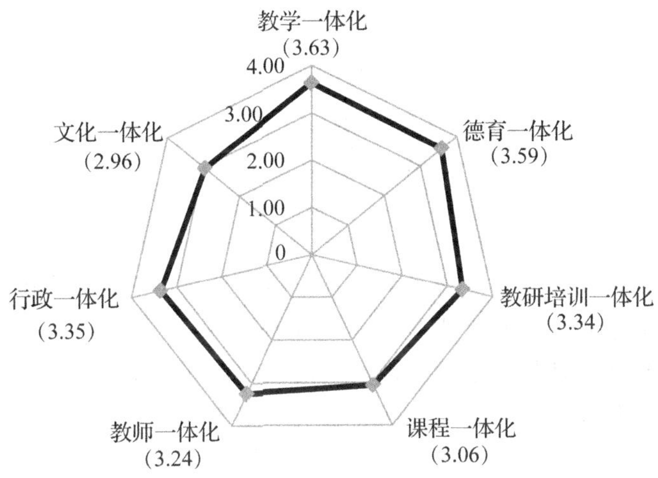

图 5-3 共生型一体化管理模式的基本结构

(二)制度构建

共生型一体化管理基于同区域地缘优势和学段承接关系形成了深度的一体化管理。具体表现如下：

第一，独立决策下的行政一体化。共生型一体化管理中，输入学校相对于输出学校是独立法人，能自主决策，呈现出一体化管理过程中的自主办学。但是，这并没有影响输入学校与输出学校之间加强行政一体化。从问卷调研数据中可以看到，共生型一体化管理中，行政一体化的均值排在教学、德育一体化之后，位列第三位(见图 5-3)，体现了对行政一体化的重视程度。从行政一体化维度各指标均值(见表 5-11)来看，表现比较突出的是输出学校委派干部或教师到输入学校担任管理人员、两校设置相似的管理部门。这一点在访谈中同样得到了印证，一所输入学校的校长谈到，由于其校和输出学校之间的历史渊源关系，其校这些年连续四任校长均来自对应的输出学校校级干部，这天然地促进了两所学校在管理理念、管理方式和相关管理工作上的一体化。

表 5-11　共生型一体化管理模式的行政管理一体化维度各指标均值

行政管理一体化维度指标	均值
输出学校委派干部或教师到本校担任管理人员	4.16
两校设置了相似的管理部门，以便统一行动	3.76
本校借鉴输出学校的各种管理制度，自主制定本校的各项管理制度	3.40
两校定期共同召开行政会，对两校重要事务进行共同决策	3.12
本校管理人员到输出学校观摩学习管理经验	3.10
本校管理人员到输出学校挂职学习管理经验	3.00
本校直接复制输出学校的各种管理制度	2.94

第二，党委发挥重大事项决策监督作用。当前，学校越来越重视党组织在办学中的政治核心作用，学校开始逐步探索党组织领导下的校长负责制，这为学校一体化管理提供了一种新的制度模式。共生型一体化管理中，输入学校与输出学校除在行政管理方面建立了一定联系，在党组织领导方面也形成了一体化关系，调研中发现，有输入学校作为支部接受输出学校党委的领导，输入学校校长定期参加党委会，对学校办学中的重大事项进行共同审议决策，这在一定程度上保障了输入学校重大决策的方向性、科学性和有效性。

(三)资源配置

共生型一体化管理中的输入学校和输出学校由于地处同一地区，是地区教育生态中的共同组成部分，且它们之间存在着较强的生存依赖关系，因此，输入学校在自主配置本校办学资源的基础上，着重与输出学校在人力资源、教育教学设施资源、学生资源等方面进行深度共享与整合。

第一，各类人力资源充分共享。学校的人力资源主要包括管理者资源、教师资源和后勤人员资源，共生型一体化管理中，这些人力资源的共享得到了充分体现。在一体化管理的七个维度中，有三个维度涉及人力资源指标，而这几项指标的均值都在各自维度的多项指标中排在首位（见表 5-12）。同时，调研中也充分感受到学校间的人力资源共享，如输出学校向输入学校派出优秀教师任教，帮助提升输入学校教学质量，输入学校则向输出学校派出后勤工作人员，缓解输出学校的后勤工作压力。

表 5-12　共生型一体化管理模式三个维度的最高均值指标

维度	最高均值指标	均值
教学一体化	输出学校教师到输入学校挂职指导	4.00
教师一体化	两校建立教师交流轮岗制度	3.84
行政一体化	输出学校委派干部或教师到输入学校担任管理人员	4.16

第二，教育教学设施打通使用。共生型一体化管理中的输入学校和输出学校在地理位置上相对很近或紧邻，这为整合使用两校教育教学设施创造了有利条件。学校的各类场馆设施得到了充分共享，极大拓展了输入学校的办学空间，同时也增加了两校师生间的交流互动，增进了彼此之间的情感沟通。

第三，区域学生共同培养。学生对于学校而言既是学校教育教学的重要产出，也是学校发展过程中的宝贵资源。共生型一体化管理中的输入学校和输出学校是同一区域教育发展的共同体，二者荣辱与共。从样本校调研情况来看，输入学校一般为初中校，输出学校为示范高中校，如何帮助输入学校培养出优秀的学生，同时又能吸引这些优秀学生升入输出学校，提升本地区的教育影响力，从而促进本地区教育生态发展的良性循环，这是输入学校和输出学校在一体化管理过程中共同努力的方向。因此，输入学校和输出学校在学生共同培养方面进行了很多探索，如高中教师下沉到初中进行学科教学，建立对口年级指导交流机制，对初中教师进行定期指导和不定期咨询服务，初中教师定期到高中听课，以此促进初高中教学衔接和学生的贯通培养。实践证明，这种做法取得了很好的效果，促进了输入学校和输出学校的互惠互利和一体化发展。正如访谈中其输入学校的校长所说，“两个好都好，两个不好都不好，两所学校是一体化利益的关系”。

（四）面临的挑战

1. 经费和人事统筹权力不足影响一体化教育教学活动的开展

在一体化管理中，经费和人事的统筹发挥着关键作用。一般情况下，跨区域的管理体制障碍对经费和人事的统筹产生的影响会更大，但是，在共生型一体化管理中，尽管输入学校和输出学校同属一个行政区，其两个法人的学校关系依然在这两方面给一体化管理带来了很大的影响。主要表现为：第一，在经费统筹方面，输入学校和输出学校分属两个独立实体，有各自的财务管理体系，一体化管理过程中许多活动是整合在一起实施的，两校学校人员也是共同参与的，很难准确划分哪个学校在活动中花费了多少经费，而与之相对应的经费支出却因相关财务管理规定(比如必须清晰地进行财务支出分割)不能完全打通，这在很大程度上阻碍了许多教育教学联合活动的开展。第二，在人事统筹方面，输入学校和输出学校有各自的编制数量和编制结构要求，学校也没有人事自主权，很难根据一体化教育教学活动需要自主统筹、配置学校人力资源，只能在很小比例范围内尝试进行两校间的教师资源一体化配置，同时，这个过程中还要考虑相关的工资、考核、职称晋升等一系列问题，这些都造成了输入学校和输出学校全面开展一体化管理的障碍。

2. 共生型一体化管理现状的重点维度与教师的期待之间存在差异

通过图 5-3 可以看到，在共生型一体化管理的七个维度中，排在首位的是教学一体化，教师问卷中“您认为学校一体化管理最重视的工作内容”的统计数据也显示教学一体化的重视程度排在首位，这充分说明了教学在共生型一体化管理中的核心地位。然而，教师问卷中“您认为今后学校一体化需要加强的工作内容”的统计数据(见表 5-13)显示，教研培训一体化(2.82)排在首位，教学一体化(1.56)则排在第二位，且统计数据明显低于教研培训一体化。与此同时，课程一体化(1.52)排在第三位，而一体化管理结构数据中，课程建设一体化却排在倒数第二位。这些数据反映出教师们在参与一体化管理过程中，对进一步加强教研培训一体化和课程一体化建设的强烈期望。从一定意义上来看，这种期望为共生型一体化管理提出了新的共生点要求。

表 5-13 共生型一体化管理学校教师认为今后还需要加强的工作内容

工作内容	A. 教学一体化	B. 德育一体化	C. 教研培训一体化	D. 课程一体化	E. 教师一体化	F. 行政一体化	G. 文化一体化
均值	1.56	1.02	2.82	1.52	0.76	0.50	0.52

(五)相关案例

输入学校 Y2 校是郊区一所农村学校，目前学生规模为 1600 多人。它和输出学校Y1校有历史和地理上的天然联系。从学校发展历史来看，1987年之前，他们同属一所完中学校。之后，分为Y2校和Y1校，其中，Y1校以高中为主，保留少部分初中，Y2校则为纯初中校，两校间再没有什么合作，Y2校的教学质量也开始不断下滑。直到2002年，为建设示范高中，Y1校变为纯高中校，并成立Y1校教育集团，Y2校作为教育集团成员校重新开始了与Y1校的紧密关系。从学校地理位置来看，Y2校和Y1校的校园紧邻，虽有各自的主体办学区域，但之间没有围墙隔断，形成了一个浑然一体的大校园。2013年，区教委将两校纳入一体化学校建设项目，进一步推进了两所学校的一体化关系。

Y2校和Y1校两所学校是相对独立的法人单位，有各自法人，Y2校的行政决策独立、财务独立、人事独立、教育教学独立，Y1校不予干涉。为促进两校一体化建设，区教委及学校重点采取了以下措施：第一，通过委派校长和发挥党组织的作用促进两校一体化管理。Y2校与Y1校在组织属性上相对独立，但自2002年至今，Y2校连续四任校长都曾在Y1校任过副校长，熟悉Y1校的教育教学和管理，潜在地促进了Y1校先进管理理念向Y2校的辐射，也建立了Y2校与Y1校天然的情感纽带，为两校教育教学资源共享创造了条件。与此同时，Y2校作为Y1校教育集团党委下的一个支部，定期参与集团党委会并汇报学校重点工作，党委会审议指导学校重大事项，这进一步加强了学校决策管理的一体化。第二，借助地理优势实现办学资源共享和彼此情感认同。Y2校与Y1校在一个大校园里，Y2校可以充分共享Y1校的操场、游泳馆、功能教室等，将师生们在原一个校园的活动空间拓展到了两个校园。与此同时，校园的打通也促进了两校间师生们的情感沟通与相互认同。这些年，Y2校许多优秀的毕业生正是基于这种对同一校园文化的情感认同，放弃了同区其他示范高中而主动选择了报考Y1校。现在Y1校每年的新生一大半都来自Y2校。第三，促进教职工的轮岗和交流。两校教师一体化主要采取了两种方式。一种是通过轮岗方式，Y1校的部分教师到Y2校任教，充实Y2校教学力量。另一种是年级对口指导方式，Y1校高一教师对Y2校初一教师，高二教师对初二教师，高三教师对初三教师，以年级对接方式指导和交流。这种指导有学期初和学期末的定期指导，也有根据Y2校需求随时提供的不定期指导，有力促进了Y2校教师教育教学水平的提升，同时也有效促进了两所学校的学段衔接教研与教学，让Y2校教师深入了解学生进入高中的学习需求，从而改进初中阶段的教学工作。第四，校长的自我定位有效深化了两校的一体化建设。Y2校校长秉持着低姿态、顾大局的一体化思路，在有完全独立决策权的同时，坚持主动与Y1校定期汇报、商量、交流学校各项发展工作，在服从Y1校统筹安排的基础上考虑Y2校的工作安排，为Y2校赢得了指导与支持，让两校越走越近，互助互促，真正形成了两校一体化利益关系。

通过这几年一体化管理的努力，Y2校发展取得了显著成效。在学生方面，中考成绩突出，如2015年和2019年均有本区中考状元，2019年有1/4的学生中考成绩在500分以上，且每年都有两个学生中考成绩排名全区前10名。在教师方面，教育教学水平提升快，如新教师3年成长为备课组长，每学期全区研修会学校教师展示10多节课。在学校方面，社会声誉度不断攀升，是地区老百姓心中的好初中，在本区初中校中排第3位。这几年，该区城区每年有约60名学生主动选择到Y2校上学。现在，Y2校成为地区优质教育基地，成为农村地区教育新的辐射源。

四、合作型

"合作"是指人际为达到共同目标，相互配合、协作的联合行动，可使双方获得有利的结果。[①] 其关键要素是共同目标、联合行动和双方获利。城乡学校一体化管理最初的设计是将城市优质资源辐射到农村学校，提升农村教育质量，主要体现的是单向的帮扶关系，没有特别强调双方获利。但在一体化管理实际推进过程中，跨区且两个法人的一体化管理学校在原有单向帮扶关系上，逐步建立起双向互动、双方获利的合作关系，形成了独特的合作型一体化管理。合作型一体化管理是指输入学校在组织发展上与输出学校形成制度性的结合，开展教育教学、学校管理、资源利用等方面的合作，共享输出学校的优质教育资源和输入学校的特色资源，在重点提升自身教育质量的同时，实现双方互助互利、共同发展。在学校管理体制方面，输入学校和输出学校位于不同的行政区，隶属各自教育行政部门管理，输入学校保持自身的组织独立性，有本校的独立法人和办学自主权，学校各项工作自行决策，输出学校不干预，只给予相应指导和建议；在学校办学资源方面，输入学校自行配置本校教育教学、教师和经费等各项资源，借鉴和共享输出学校优质教育教学资源，同时输出学校共享输入学校的特色资源，双方互补互利；在学校办学制度方面，输入学校和输出学校保持各自独立的管理制度体系，在继

① 袁世全主编：《中国百科大辞典》，北京：华夏出版社，1990年，第272页。

续运行学校原有制度的基础上，输入学校学习借鉴输出学校管理制度和经验，不断优化本校管理制度体系。

(一)一体化结构

合作型一体化管理呈现出以德育、教学和教研培训三者统领的一体化管理结构。

调研结果(见图 5-4)显示，合作型一体化管理模式七个方面的均值都相对较低(均值范围是 1—5)，从高到低依次是：德育一体化(2.75)、教学一体化(2.72)、教研培训一体化(2.68)、课程一体化(2.46)、行政一体化(2.45)、文化一体化(2.08)、教师一体化(1.95)。其中，只有德育、教学、教研培训三方面的均值在 2.5 以上。与此同时，问卷中“您认为学校一体化管理最重视的工作内容”的统计数据也显示，学校对教学、教研培训、德育的重视程度排在前三位(见表 5-14)，其均值分别是 2.19、1.76、1.29。

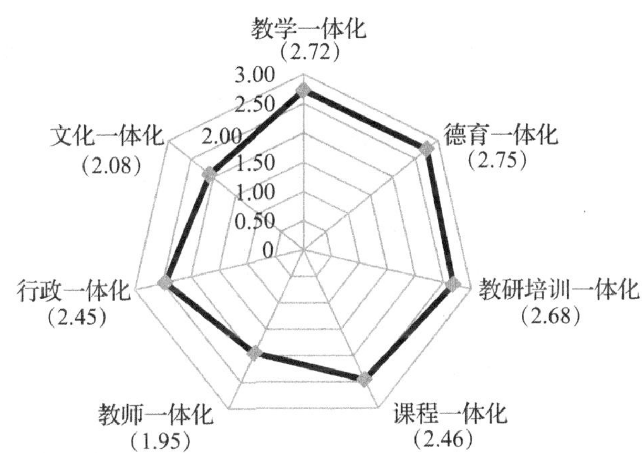

图 5-4　合作型一体化管理模式的基本结构

表 5-14　“您认为学校一体化管理最重视的工作内容”题目选项及统计数据的均值

一体化管理维度	均值
A. 教学一体化	2.19
B. 德育一体化	1.29
C. 教研培训一体化	1.76
D. 课程一体化	0.91
E. 教师一体化	0.29

续表

一体化管理维度	均值
F. 行政一体化	1.12
G. 文化一体化	0.96

访谈的结果也同样体现了合作型一体化管理重视教学、德育、教研培训的情况。在对各输入学校校长的访谈记录中，关于教学、德育和教研培训相关内容的文本篇幅是最多的，而课程、教师、行政、文化方面内容则占比较少，其中行政一体化举措普遍限于每月或每学期开展一次工作交流会，教师、课程、文化一体化则受区域教育政策和学校原有历史的影响，难以深入推进。

由此可以看出，教学、德育、教研培训是引领合作型一体化管理模式的“三驾马车”。

(二)制度构建

合作型一体化管理是输入学校在借鉴创新的基础上努力追求自主发展的合作运行机制。调研结果显示，在七个维度下，各自二级指标中均值最大的指标大多都与输入学校的自主发展紧密相关(见表5-15)，如输入学校在德育一体化和课程一体化方面表现为借鉴输出学校经验和课程，在教学一体化、教研培训一体化和行政一体化方面表现为输入学校到输出学校观摩学习相关经验。由此可以看出，输入学校在与输出学校一体化管理过程中，一方面没有受体制上的约束要求，不必与输出学校保持一致，同时也没有随意寻求捷径，盲目地去追求与输出学校的统一发展，而是重在有针对性地学习、借鉴输出学校的经验和有效做法，结合本校实际情况进行校本化改造和创新，形成适合本校发展的特色方法，从本质上体现了输入学校在一体化管理过程中的自主发展路径。

表5-15　一体化管理七个维度下各自均值最高的二级指标

一体化管理维度	该维度中最高均值的二级指标	均值
教学一体化	本校教师到输出学校观摩学习	3.29
德育一体化	本校借鉴输出学校经验，自主开展德育实践活动	3.00
教研培训一体化	本校教师可以参加输出学校所在区的教研活动	3.08
课程一体化	本校借鉴输出学校课程，自主设置本校课程和教材	2.74

续表

一体化管理维度	该维度中最高均值的二级指标	均值
教师一体化	两校建立教师交流轮岗制度	2.20
行政一体化	本校管理人员到输出学校观摩学习管理经验	2.76
文化一体化	两校统一了学校的行为规范(如学生的日常行为要求、教师的教育教学行为要求等)	2.53

访谈结果也显示，在合作型一体化管理中，输入学校更多地表现出发展的独立性和自主性，具体体现为：

第一，建立协议关系。合作型一体化管理两校间一般都签订了一体化协议，明确了双方的责任和义务，说明了在学校发展、教师发展和学生成长等方面提供支持的内容。两校在协议框架内开展一体化活动。输入学校在行政上保持相对的独立性，自主决策学校事务，同时在教育教学和管理上争取输出学校的援助和指导。作为受援方，输入学校在一体化协议实施过程中表现出了充分的积极性和主动性，努力谋求学校发展。正如一位校长讲道："我们一直都在讲，你既然跟人家合作，你就得先把自己做强起来，别让人家老拉着你，拉也拉不动，拽也拽不动，那以后人家就不想拽你了。"

第二，强调理念影响。输入学校和输出学校分别有各自的办学理念、文化标识和管理方式，合作型一体化管理很难实现两校文化一体化，但输出学校对输入学校隐形的文化影响却发挥着重要作用。输入学校校长们提到，"用生命影响生命""和谐教育""延安红色精神"等输出学校的理念、精神和人文情怀都值得学习，也得到了本校师生的认可，并深刻影响着学校的教育教学和管理行为。有的输入学校在其输出学校的办学理念影响下，也开始建立了自己的"教师发展支持系统"和"学生成长服务系统"。正如一位输入学校校长所言："和输出学校交流更多的是为了获得一种精神层面的引领。"

第三，积极借鉴和创新。输入学校在教育教学和管理各方面努力学习输出学校的先进理念和有效做法，积极引入输出学校的教学模式、校本课程、师生发展支持系统、管理制度等。需要说明的是，输入学校并不是直接复制或移植这些做法，而是根据学校自身实际情况进行校本化借鉴，并在此基础上进行创新。如一所输入学校在借鉴输出学校校本课程时采用了"3 个 1/3"的做法，即 1/3 是直接使用，1/3 是间接改造，1/3 是特色创新。值得一提的是，他们的间接改造和特色创新课程充分利用了区域特点和乡土资源，形成了独具农村学校特色的校本课程。又如另一所输入学校借鉴输出学校的管理经验和制度，制定了符合本校特点的考核制度、聘任制、工资奖励机制等，在此基础上创新结构工资改革，引导学校逐渐步入了良性发展的轨道，使得学校管理和教师精神状态都发生了根本性的变化。

(三)资源配置

合作型一体化管理基于各自优势资源开展互助互补的资源整合方式。从调研中发现，在合作型一体化管理中，输入学校和输出学校之间从最初的单向资源输入逐步发展成为双向的资源互动，双方基于各自的优势资源，相互支持与合作，在一体化管理的资源配置方面形成了互助互补的资源整合方式。

输入学校从输出学校获得的资源支持重点体现在人力资源和技术资源两方面。其中，关于人力资源支持，主要是输入学校教师在教学上得到输出学校教师的指导和帮助，其形式包括师徒结对、备课指导、同课异构、送课下乡、名师工作室等。关于技术资源支持，主要是输入学校通过输出学校在教师教研培训和学生学习发展上获得更多机会和平台，输入学校教师可以参加输出学校的校本教研，输出学校集团的教研、输出学校所在区的区级教研及输出学校组织开展的各类专家培训讲座、专题论坛、外出观摩等。输入学校的部分学生可以到输出学校“留学”、联合培养、接受学科短期辅导、参加游学活动、参与专题学习和展演活动、直升输出学校高中等。

输入学校对输出学校的资源支持主要体现在地理物质资源和特色教育资源两方面。其中，关于地理物质资源，主要表现在输入学校大多地处郊区或农村，具有较大的办学空间和活动场地，具有先天的自然资源地缘优势，可以为输出学校的综合实践教育活动、学农活动、科学探索活动等提供实践基地，解决输出学校在活动空间和自然资源等方面的条件限制问题。关于特色教育资源，主要表现在输入学校自身通过长期探索积累形成的具有突出成效的个别特色教育资源，这也成为输出学校学习和借鉴的内容。如调研中的一所输入学校建立了互助融入式工作室，即输入学校和输出学校的骨干教师分别成立工作室，两校教师互为工作室负责人和成员。其中，比较典型的是输入学校的一位科学老师开设的机器人创客工作室，他带领学校学生荣获十多项国内和国际比赛大奖，输出学校的相关学科老师也到该工作室学习和参与活动。

(四)面临的挑战

1. 持续推进一体化管理的动力机制不足

从调研结果来看，合作型一体化管理学校都积极参与和投入一体化管理中，各校分别结合各自情况确定相关内容和推进方式，取得了不同程度的效果。然而，在实施一体化管理的过程中，这些学校也都面临着同样的问题，即一体化管理的动力问题，它影响着一体化管理的深度和效果，也决定着一体化管理是否能持续推进。调研发现，造成动力问题的原因主要是相关机制还不完善，具体表现在投入、激励、评价三个方面。

关于投入机制。一体化管理项目经费投入分两条路径，一条路径是专项投入到输入学校，主要进行基础设施改造和文化环境建设，提升输入学校的办学条件；另一条路径是专项投入到输出学校，主要用于输出学校在一体化过程中指导、帮扶输入学校教育教学和管理的各项支出，提高输入学校的办学质量。然而在一体化管理实施过程中，存在以下问题：一是一体化经费结构中促进教师专业发展的相关人员经费比例较低，硬件支出的经费比例较高，与一体化管理实际支出需求不太相符。如合作型一体化管理重点在德育、教学、教研培训三个方面，输出学校的教师在教育教学与教研方面给输入学校开展大量的指导、讲座和培训，原一体化经费预算中没有对这些教师提供应有的补偿经费。二是原一体化经费预算涉及内容不全面，不能充分满足一体化推进过程中各方面的经费需要。如输入学校在接受输出学校教育教学和管理帮扶时，也产生了相应的研发费、交通费、资料费、会议费等支出，一体化经费没有对输入学校提供相关预算支持；又如一体化管理过程中开展的一些重点帮扶或合作项目，需要专项经费，原一体化经费中也没有相关的专项预算计划。

关于激励机制。一体化管理是教育行政部门主导的项目，旨在推进区域义务教育均衡发展。跨区的输入学校与输出学校在项目框架下建立了协议关系，开展合作型一体化管理，输入学校与输出学校在这个过程中都能有所收获，但同时学校也要付出一系列成本，如经费、人力、物力及对已有教育教学秩序的影响等。对于输出学校而言，其需要在保证本校正常教育教学秩序和教育质量的情况下，额外付出人力、物力帮助提升输入学校的教育教学质量，面临着优质教育资源被稀释的压力。而对于输入学校而言，其也需要打破原有的学校教育教学文化生态，调整原有的教育教学秩序和标准，提供经费和各种条件保障，支持教师们参与更多一体化的学习培训和教研活动，加快教师们专业发展的步伐。从调研的情况来看，面对这些困难和挑战，输入学校和输出学校都在尽力而为。如果没有相关持续的政策支持和制度保障激励输入学校和输出学校继续坚持下去，这种一体化的局面将很难持久。正如一位校长所言，一体化管理协议已经到期，我们之所以还在继续，是因为校长间的感情和教育情怀。这种一体化呈现出的是一种非制度化的情感关系状态。

关于评价机制。一体化管理接受教育行政部门的督导评估，评估内容侧重一体化运行的过程和实际开展的工作。但对于一体化运行的效果，缺乏相应的评估引导，主要表现在：一方面，效果评估没有明确、具体的要求，即一体化管理到底要实现哪些目标、达到什么水平，没有相关的标准；另一方面，效果评估没有明确相关责任主体，输入学校和输出学校双方共同参与、共同承担，但各自要在哪些方面投入、在多大程度上投入，并没有相关的说明。从调研结果来看，目前一体化管理学校普遍是在“建设优质中小学”的总体要求下，按照各自对政策的理解和各自的办学现状推进一体化管理，因此也出现了一体化效果不平衡的情况。

2. 教师交流和学生交流存在较大困难

调研中发现，输入学校和输出学校在合作型一体化管理过程中，存在着多方面的交流，取得了显著成效，如教育教学、文化理念、管理制度、教研培训、课程设置等。但同时，“人”的交流在一体化中仍是一个难题，其中，教师交流和学生交流还是受到相关条件的限制，其资源很难实现充分共享。主要表现在：

第一，输出学校教师和输入学校教师相互挂职交流十分困难。输出学校的教师很难到输入学校挂职交流，也不能完全保证定期到输入学校开展实地教研指导，输出学校的外教资源更是难以共享到输入学校；与此同时，输入学校的教师也很难到输出学校交流并长时间系统地跟着输出学校教师学习执教。究其原因，主要涉及以下几个方面：一是政策方面，各区的教育管理体制存在差异，输入学校和输出学校教师在工资待遇上不同，交流会在一定程度上影响教师的收入；二是学校人员配备方面，许多学校人事编制不是很充裕，教师交流会造成教学人手紧张，影响学校正常的教育教学秩序；三是教师发展方面，由于交流要到外区外校，教师在本校的教研培训与绩效考核、在本区的教研学习与评比展示等都会受到一定程度的影响；四是地理距离方面，输入学校与输出学校分处郊区和城区，较远的距离给教师个人的家庭生活也带来了不便。

第二，输入学校与输出学校的学生活动交流不多，输入学校不能完全共享输出学校学生的学习和活动资源。一体化管理过程中，输入学校普遍借助一体化项目，让本校学生到输出学校长期“留学”或短期“游学”、参与输出学校组织的外省游学活动和各类主题特色实践活动、享受考试直升输出学校高中待遇等，力争让学生们也流动起来，充分共享输出学校的优质资源，拓展视野，提升综合素质。然而，这些交流仅仅局限在输入学校极少数学生中，如有的输入学校是每年选派拔尖的2—3名学生到输出学校“留学”，有的输入学校将参与输出学校组织的游学活动作为少数优秀学生的奖励，等等。绝大多学生很难有机会从亲身的参与和体验中感受到这种一体化，以及这种一体化给自己带来的获得感。分析其原因有多个方面，如学生交流过程中的安全、郊区到城区的交通距离、学校间不同的教学进度和时间协调、学生交流活动经费不足、输出学校学位资源的限制等。同时，不同类型的交流活动，其实施困难的原因也是各有侧重，如外省游学活动的关键影响因素是输入学校缺乏相应经费支持，“留学”活动的关键影响因素是输出学校的学位资源限制。

(五)相关案例

E校是北京市一所远郊区学校，作为新建小区配套学校，建立于1988年，当时学校起点较高，迅速成为区域教育的标志。经过近30年的不断发展创新，学校逐步进入了一个特色办学、品牌办学、内涵发展的时期。由于学校地处远郊，发展资源相对有限，学生视野相对较窄。

2007年，在市级政策支持下，E校开始与城区名校S校建立“手拉手”关系，建立初步的合作关系。2009年之后，两校的合作关系不断深入，重点体现在教学教研和干部教师培养方面，主要包括：每周有两名以上教育教学干部和骨干教师到S校脱产挂职培训，进入课堂学习，深入教研活动，同时S校主要学科的教研组长每学期两次走进E校进行深度指导。两校成为深度联盟校。2014年，落实区域教育优质均衡发展要求，E校和S校申请并正式成为城乡一体化学校。两校保持各自的实体地位和独立法人，通过签署一体化协议，两校明确一体化管理关系和职责。为推进一体化管理，两校主要采取了以下措施：一是加强队伍培养，提升干部和教师的教学领导力与课程实施力。为此，成立了互助融入式的工作室，即E校市级以上骨干教师和S校特级教师分别成立工作室，一部分高级教师成立工作坊，分成两级研修学习平台，两校相关教师互为这些工作室和工作坊的成员，形成互动交流的局面，促进双方学校的教学管理人员和骨干教师充分发挥作用。在这个过程中，大家平等地交流、学习及提升，派出去学习的E校干部和教师回到学校都发挥了“种子”力量，而在本校建立工作室的E校教师也提升了学术自信、专业自信和发展自信。二是发展特色课程。E校积极学习借鉴S校课程体系，引入相关特色课程资源，努力打造本校特色课程品牌，表现尤为突出的是科技类课程，如开展机器人创客、3D打印等，成为CCTV创客基地学校，荣获多项国内外大奖。又如和S校的天文社团开展合作，在E校所在区常年坚持观测，为学生参与天文学习搭建平台。此外还包括风筝、航模等各类科技项目，这些都促进E校的科技教育走在了市级前列。三是强化“学生中心”理念，共享优质资源，拓展学生发展平台。E校借鉴S校的学生发展理念，将学生放在中心地位，努力为本校学生提供不同的机会、平台和条件，积极参与到S校组织的丰富多样的、高品质的学生实践活动中，如到火箭发射演播室现场与宇航员对话、到山区友好校和境外友好校进行交流、为学生举办各类专场展示等。

通过这几年的一体化努力，E校在不断践行“要办成一所本区知名、全国一流，具有国际视野的、充满活力的和创新精神的现代学校”办学目标，在促进城乡义务教育优质均衡发展道路上迈出了一大步，成为区域新的优质资源辐射基地。

综上所述，城乡学校一体化管理微观运行结构中的四种模式基于不同的法人及区域关系，在一体化结构、制度构建和资源配置等方面表现出了不同的特征(见表5-16)。其中，制度构建体现了城乡学校一体化管理推进的运行方式，影响着不同模式的一体化结构和资源配置；一体化结构呈现了不同模式城乡学校一体化管理推进的切入点和核心领域；资源配置则呈现了不同模式城乡学校一体化管理关注的重点资源及配置方式。

表5-16　城乡学校一体化管理微观运行结构中的四种模式比较

表现维度	模式			
	合并型	统合型	共生型	合作型
法人/区域关系	一个法人同区	一个法人跨区	两个法人同区	两个法人跨区

续表

表现维度	模式			
	合并型	统合型	共生型	合作型
一体化结构	以文化一体化为核心引领整体一体化	以文化、行政管理和教学等一体化为重点，带动整体一体化	以教学、德育一体化为首，行政管理、教研培训一体化并行，促进整体一体化	以德育、教学和教研培训等一体化为重点，带动整体一体化
制度构建	以教育集团为统一管理平台	重大事项联合决策和日常工作自主决策相结合	同一党委领导下的学校自主决策	在借鉴创新及合作基础上的学校自主发展
资源配置	各类办学资源的全面深度统筹	以教育教学资源和教师资源为核心的资源统筹	以物质资源、教师资源、学生资源为重点的资源统筹	从单向资源输入逐步发展成双向资源共享互动

第六章　推进城乡学校一体化管理的路径与策略

从“十五”时期开始，北京市城乡学校一体化发展已经历近20年的探索，城乡学校一体化发展的成效是显著的，许多经验成果被固化并得到推广。接下来该如何进一步推进城乡学校一体化管理？这是教育管理实践者和研究者需要共同思考的问题。鉴于前面研究结果中呈现出的城乡学校一体化管理宏观运行结构与微观运行结构，推进城乡学校一体化管理的路径与策略也需要进行相应的分述，以此能关照到城乡学校一体化管理宏观层面的普遍性与微观层面的多样性，也为参与城乡学校一体化管理的不同群体提供不同维度的参考和启示。

一、统筹推进城乡学校一体化管理的宏观运行

（一）从单一制度主导走向多元制度协同

制度影响着资源的配置方式和配置效益，制度也决定着权力的结构和运行方式。制度在不同的发展情境中表现为不同的类型、层次、运行方式及作用职能。在任务相对单一或情境相对简单的情形下，对制度建设的要求也相对较低，加强某一类制度的建设可能就能解决存在的问题。然而，当同时应对多重任务或涉及多层关系的复杂环境时，单一的制度往往难以独立应对，而需要基于问题情境构建多层次、多类型的制度体系，从而确保能系统地解决问题。在城乡学校一体化管理中，不同的组织层级、组织类型、组织地域要求城乡学校一体化管理的制度建设不能只关注某一类制度的建设，而要加强相关制度体系建设，发挥多元制度的协同整合效应，从而全面推进城乡学校一体化管理。从当前城乡学校一体化管理的制度现状来看，教育行政部门的强制性制度为一体化管理提出总体要求，但在相关环节上缺乏制度保障；输出学校的规范性制度为一体化管理提供专业合作框架，但在具体内容上缺乏行动规范；输入学校的内生性制度为一体化管理提供长效机制，但在学校

发展中又缺乏相应的制度建设。与此同时，在城乡学校一体化管理实践中，三个方面的制度职能区分不清楚，制度结构不明晰，更没有体现制度间的协同效应。实践表明，这些制度建设问题深刻影响着城乡学校一体化管理的实践推进和目标实现。城乡学校一体化管理过程是城乡学校制度性“同形”的过程，“同形”的结果取决于制度化的程度，即制度体系在一体化管理过程中功能的充分发挥和积极效应的充分体现。由此，城乡学校一体化管理制度体系建设需要加强以下三个方面的工作。

1. 完善教育行政统筹制度，发挥基础保障功能

教育行政部门在城乡学校一体化管理中要健全统筹有力、权责明确的管理制度。市级教育行政部门统筹城乡学校一体化的宏观层面，制定规划、政策和标准，优化一体化管理的城乡学校类型、结构和布局，在跨区域的关键环节上提供重点支持，为区县间优质教育资源的自由流动创造条件。区县教育行政部门落实市级城乡学校一体化管理政策，协调输出学校与输入学校的一体化管理，在负责区域内提供相应的政策和财政支持。同时，教育行政部门在城乡学校一体化管理中要转变政府职能，扩大学校办学自主权，减少对一体化管理不必要的行政干预。结合城乡学校一体化管理中的具体问题，城乡学校一体化统筹管理制度还需要从以下几个方面予以完善：

第一，完善保障机制，破解跨区管理障碍。“以县为主”的教育管理体制造成了区县间教育管理制度的差异，影响了城乡学校一体化管理的深入推进，市级教育行政部门需要发挥统筹作用，重点从投入、人事、教研三个方面着手，打破城乡学校一体化管理过程中区县间的制度壁垒。在教育投入方面，继续增加一体化管理财政投入，教育行政部门需要将城乡学校一体化管理纳入义务教育和城乡一体化建设经费保障之中，建立以市级投入为主导，市级、区县教育行政部门按比例分类、分层共同分担一体化管理投入的机制，扩大城乡学校一体化管理的财政投入来源，逐步缩小城乡学校财政投入差距。调整一体化管理经费投入结构，引导一体化管理从规模发展转向内涵发展，加大学校教师培训、教学教研、课程改革、文化建设等方面在经费投入中的比例。完善经费管理机制，扩大学校对一体化管理经费的自主权，严格经费预算制度，减少经费使用过程中不必要的行政审批环节，提高经费使用效率。在教育人事方面，增加一体化管理学校教师编制，根据一体化管理学校的发展需求，提供相对弹性的编制，为城乡学校间教师交流学习提供条件。扩大一体化管理学校的人事自主权，学校可以根据发展需求自行招聘、引进教师，

可以根据教育教学需求和教师能力特点自行调整教师岗位，优化教师队伍结构。完善一体化管理学校教师交流机制，通过一体化管理中教师交流的专项补助以及学校间教师培训、教学教研的相关投入，弥补学校间教师工资水平的差异，缩小学校间教师待遇的差距，为学校间教师轮岗或交流创造条件。在教研培训方面，教育行政部门协调统筹区县间的教研资源，建立区县教研资源共享服务平台，充分整合区县优质教研资源，为输入学校跨区共享教研资源创造条件。改革教研评价制度，在以属地教研部门进行教师教研评价为主的方式下，进一步扩大学校对教师教研评价的自主权，逐步探索区县间教研培训学分互认机制、城乡学校间教研培训互认机制，减轻输入学校教师的教研评价和专业发展压力，促进城乡学校教研一体化管理。

第二，加强激励机制，提升一体化管理活力。动力问题是城乡学校一体化管理中的一个重要问题。如果输出学校一体化管理的动力不足，优质教育资源就不能有效地向输入学校辐射；如果输入学校一体化管理的动力不足，教育资源也不能得到有效的转化。调研过程中发现这两种动力不足现象均存在，前者的原因在于输出学校对自身组织发展成本的考虑，后者的原因则在于输入学校对自主权的担忧。教育行政部门在一体化管理推进过程中采取了一定的激励措施，例如为输出学校提供适当的经费支持，为输入学校提供适当的人事政策倾斜等，但是这些措施由于缺乏必要的制度设计或保障，还不足以对城乡学校一体化管理产生足够的激励，以充分发挥出资源的活力。为此，激励机制的建设在内容和方式上还需要在以下几个方面进一步完善。一是采用政府购买服务的方式，转变输出学校成本补偿方式。教育行政部门在城乡学校一体化管理中需要逐步转变与输出学校的关系，在观念上摒弃传统的行政隶属关系，形成新型的基本公共教育服务均等化的合作关系，即输出学校作为合作伙伴参与到政府的公共教育均等化服务中来。输出学校也不再将一体化管理作为优质教育资源向农村辐射的“反哺”行为，而是一种借助自身专业发展优势提供专业服务的行为，这种专业服务是有偿的，由政府购买；这种专业服务也是自愿的，源于输出学校对提升学校社会地位、拓展学校发展空间的组织发展需求，同时也能充分考虑输出学校自身的输出现状和输出能力。在这种政府购买服务的方式下，教育行政部门可以根据输入学校发展的基础现状、资源需求、一体化管理重点内容等，对输出学校的类型、职责任务、成效标准进行详细的分级、分类要求，提供与之匹配的经费投入、优惠政策以及服务所得资源的自主支配权。二是扩大学校办学自主权，强化输入学校的自主发展。教育行政部门在购买输出学校服务时，要保证输入学校原有的办学自主权，同时借助一体化管理的政策倾斜，在经费、人事、教学、教研等方面扩大输入学校的办学自主权，为输入学校广泛吸收资源、积极转化资源创造有利条件。同时，教育行政部门要加强对输入学校自主发展责任的要求，建立相应的督导制度，监督、指导其履行与其权力相对应的学校发展职责。

第三，优化评价机制，提升一体化管理绩效。城乡学校一体化管理评价是对一体化管理结果的质量考查，也是对一体化管理过程的行动指导。教育行政部门应对学校一体化管理工作进行全面督导和质量评估。制定城乡学校一体化管理评价标准，对学校间一体化管理过程及一体化管理结果进行全面评价，其中，一体化管理过程涉及教师一体化管理、教学一体化管理、教研培训一体化管理、课程一体化管理、行政一体化管理、文化一体化管理等，一体化管理结果涉及输入学校的学校发展、教师发展、学生发展等。引入专业评价组织，“管办评”分离。在教育行政部门的标准要求下，大力吸收高等院校、科研院所和专业学会共同参与到基础教育公共服务中来，充分整合专业组织的智力资源，发挥专业组织的评价和指导功能，共同提升城乡学校一体化管理的成效。建立多元的评价主体，采取自评和他评相结合的方式，将城乡学校一体化管理的相关利益者纳入评价主体中，尤其是能充分感受和体会到一体化管理结果的群体，包括相关的教师、学生、家长、社区等。采用增值的评价办法，重点突出一体化管理为输入学校和所在区县教育带来的进步和质量上的提升程度，科学地反映出一体化管理的成效。建立奖励机制，对取得较大进步的输入学校和相应输出学校、输入区县、输出区县给予奖励，进一步激发学校和区县开展城乡学校一体化管理的积极性和主动性。建立一体化管理成果共享机制，搭建城乡学校一体化管理成果共享平台，促进一体化管理学校间的问题交流和成果经验分享，拓展一体化管理学校资源的整合空间，促进城乡学校一体化管理的理论研究与实践推进的互动融合。

2. 完善学校间一体化管理制度，发挥专业支持功能

输出学校和输入学校是城乡学校一体化管理的核心主体，城乡学校间的有效合作是实现一体化管理目标的重要环节。教育行政部门的统筹管理制度是对城乡学校间合作的指导要求，更是对城乡学校间合作的制度支持与保障。当前，教育行政部门统筹制度的不完善是影响一体化管理推进的因素之一，同时，输出学校与输入学校间合作制度的不完善也是影响一体化管理效果的

另一个重要因素。城乡学校一体化管理的发展历程也表明了这一点，如果输出学校与输入学校之间没有建立完善的合作制度并予以有效的执行，输出学校的优质教育资源不能实现对输入学校的有效辐射，一体化管理容易停留于表面形式的组织间联系，很难真正实现深层次的一体化发展。从本质上来看，城乡学校一体化管理发展历程也正是在组织发展制度层面不断探索、完善、创新的过程。结合当前一体化管理合作制度建设存在的问题及未来的发展要求，输出学校和输入学校一体化管理合作制度还需要从以下三个方面进一步完善。

第一，优化一体化组织结构，完善一体化组织领导机制。组织结构建设对实现有效一体化管理具有重要意义，它决定了一体化管理中的权力分配、决策方式、职责分工，影响着一体化管理的实施成效。城乡学校一体化管理要转向以资源转化为主的自主式发展，需要进一步完善输出学校与输入学校一体化管理组织结构，探索建立输入学校一体化管理委员会。一体化管理委员会是输入学校管理和发展的统筹决策机构，主要审议、指挥学校重大事项，督导学校主要业务工作，为城乡学校一体化管理提供保障。一体化管理委员会由输出学校校长及相关管理人员、输入区县教委相关人员、输入学校校长及副校长共同构成。一体化管理委员会的职能主要包括：制定输出学校和输入学校一体化管理的合作协议；制定输出学校和输入学校关于经费、人事、教育教学、课程等一体化管理制度；组织、协调一体化管理合作协议和管理制度的落实，提供相应的专业和政策支持；审议输入学校校长资格和任命；审议输入学校在学校管理和教育教学中的重大事项；督导评估一体化管理的成效。输入学校的校长在一体化管理过程中全面负责输入学校的管理工作，其对学校发展拥有相当大的自主权：一方面，输入学校校长作为一体化管理委员会成员，参与学校重大事项的审议与决策；另一方面，他又是一体化管理中输入学校的直接领导者，全面负责输入学校日常的各项管理工作。在一体化管理委员会组织框架下，输入学校在一体化管理协议和制度的规范要求下自主办学，能自行制定与决策学校发展规划、管理制度、队伍建设、教育教学、教研培训、课程设置、文化建设等。对于需要报请一体化管理委员会审议的学校内部重大事项，委员会也是基于专业发展的要求和政策支持的可行性，重点在于促进输入学校的发展，保障学校决策的科学性和合理性。

第二，加强人力资源建设，创新干部教师交流机制。从现有输出学校和输入学校一体化管理的合作协议与实践可以看出，城乡学校一体化管理将人力资源建设作为提升输入学校管理水平和教育教学质量、实现一体化管理目标的核心内容，并将其摆在了一体化管理的首要位置。为此，结合当前人力资源建设现状及发展要求，一体化管理中还需不断完善干部教师培养机制。首先，健全干部教师一体化培养制度。人力资源建设是一个长期积累的过程，需要进行系统、规范、稳定、持续的学习培训。通过加强一体化培养制度建设，明晰城乡学校在一体化培养中的责任和义务，明确干部和教师培养的目标、内容、方式、范围，保障一体化培养的系统性和稳定性。其次，创新干部教师培养方式。完善城乡学校干部教师交流、师徒结对、观摩指导等形式，建立以输入学校为本的多样化的干部教师培养模式。加大“引进来”的力度，提升输出学校干部教师到输入学校交流指导的力度，开展基于输入学校办学现场的学校管理和教育、教学、教研指导，满足输入学校干部教师的培养需求，提升输入学校干部教师培养的针对性。注重“走出去”的实效，完善输入学校干部教师到输出学校交流、研修的机制，提高输入学校干部教师在输出学校管理和教学教研中的参与度，促进输入学校干部教师的“做中学”，并督促输入学校干部教师在学习过程中针对输入学校的情况借鉴、反思与创新。加强信息技术的应用，充分发挥信息技术对干部教师培养的支持作用，借助远程互动交流信息技术促进城乡学校干部教师交流、研讨常态化，借助网络信息技术建设城乡学校发展专业资源库，探索线上、线下相结合的混合式专业资源辐射模式，促进学校管理和教育教学优质资源共享。

第三，开展同步教育教学，统一学生评价机制。教育教学是学校工作的核心，一体化管理中组织结构与人力资源的建设都是为教育教学服务的，一体化管理的最终目标也是提升输入学校教育质量，在质量上实现与输出学校的“同形”。为此，一体化管理需要进一步完善教育教学一体化，对一体化学校提出同等的教育质量要求，协调城乡学校教育教学的同步推进，逐步建立统一的教育教学评价机制，从而实现均衡的教育成果。首先，制定统一的学校教育发展目标。在输出学校的引领下，输入学校建立与之相协调的教育目标，用高标准、高要求促进输入学校的高位发展。其次，同步开展教育教学。制定城乡学校统一的教育教学目标、内容、计划，同步教育教学进度，统一城乡学校的基础课程设置和相关教材。同时，开展学科同步教研，确定统一的研修计划和研修内容。最后，建立统一的教育评价机制。教育评价以学生发展为核心，制定统一的城乡一体化管理学校学生发展评价标准，全面关注学生的学业成就、情感认知、身心健康、个性发展等各方面。城乡学校统一开展学生学业和综合素质测评，教师共同开展测评分析、制定改进策略。

3. 完善输入学校内部管理制度，发挥持续发展功能

完善输入学校内部管理，提升输入学校办学水平，这是城乡学校一体化管理的重要目标，也是促进优质教育资源有效转化、实现输入学校自主发展的重要条件。完善的学校内部管理制度有利于创设稳定的、有活力的教育教学环境，保障学校教育教学和教研等活动有序、有效开展，激发学校组织和成员的潜能，促进学校组织和成员对外来资源的有效吸收和转化，不断提升组织自主发展能力和教师专业发展水平。在一体化管理中，完善输入学校内部管理制度旨在发挥两个方面的功能，一是为输入学校实现外部资源与组织发展的整合、转化提供内部制度环境支持，二是致力于输入学校今后的长远发展，为输入学校实现自主可持续发展奠定基础。为此，输入学校内部管理制度建设需要加强以下几个方面的工作。

第一，组织管理结构。输入学校在一体化管理委员会领导下建立校本管理机制，自主管理，提高学校决策效力，激发学校成员参与学校建设与发展的积极性，增加学校资源的集聚与整合。首先，加强学校民主管理，在学校内部进行科学、合理的分权、授权，建立校委会、党组织、教研组、教代会、家委会等共同参与学校决策与管理的学校管理结构，明确各机构职责和分工，完善学校的决策、执行和监督体系建设，形成相互补充协调的学校管理系统。其次，改变传统的科层组织模式，完善多元主体共同参与决策与管理的学校治理模式，建立扁平的组织结构，促进学校内部各类信息和资源的迅速流动与共享，突出以专业发展为主导、以行政管理为支持，提升专业组织的管理地位，加强校长对学校教育教学和教研的领导。最后，加强分布式领导建设。学校的领导角色不再局限于校长或管理人员个体，而是分布于学校所有成员中，校长成为“领导者的领导者”。[①] 权力结构决定着资源配置，学校从集权到分权也意味着资源配置从校长转向了集体，每个学校成员都成为相应资源的配置者，能够结合工作需要自主地、有针对性地整合、转化相关资源，提升学校资源转化的深度、广度和效度。

第二，人力资源管理制度。人力资源是学校发展中最为重要的资源，这不仅在于其本身的价值能够通过学习得到不断的增长，还在于人力资源深刻影响着组织中其他资源的利用，是组织各类资源有效转化甚至增值的重要中介。输入学校加强人力资源管理制度建设具有重要意义。结合一体化管理现

① 冯大鸣：《美、英、澳教育管理前沿图景》，北京：教育科学出版社，2004 年，第 76 页。

状和发展需要，输入学校人力资源管理需要重点关注四个方面。一是人力资源规划与聘任。人力资源规划是输入学校人力资源建设的首要工作，输入学校需要结合发展现状，对其未来所需人才的数量与质量进行科学预测，同时借助一体化管理平台，与输出学校联合进行人力资源规划，整合城乡学校人力资源，拓展输入学校人员招募渠道，为构建合理、高效的学校人力资源结构创造条件。在人员任用方面，输入学校要完善教师聘任管理制度，适当引入竞争机制，建立学校岗位流动机制，逐步实行择优录用、双向选择，同时要创新多样化的教师聘任方式，同一体化管理学校及相关单位尝试采取互聘、兼聘、返聘等多种形式，扩大输入学校教师聘任来源，促进城乡学校教师资源共享。二是人力资源培训与开发。培训可以帮助学校教师更新知识，开阔视野，提升专业能力。培训也让教师在相互交流中形成共同的组织愿景和价值观。输入学校在同输出学校实行一体化管理的过程中，要充分借助输出学校的优质资源，加强教师校本培训建设，深入分析学校教师的培训需求，根据培训阶段或培训类型制定明确的培训目标，结合学校教育教学特点有针对性地设计、组织培训，并对培训结果进行评价改进，逐步将学校培训系统化、制度化。三是人力资源评价与激励。学校开展人力资源评价旨在对教师工作及行为进行规范，以维护学校的教学秩序和教育质量，同时也旨在发挥评价的激励作用，提高教师工作的积极性和主动性，调动教师的工作热情。学校要改变以考试成绩或升学率为主的教师评价标准，综合考虑教师的专业理念与师德、专业知识、专业能力，设计相对全面、系统的教师评价体系，并根据不同的工作性质和内容，对教师进行分类、分级评价，保障不同学科、不同岗位教师评价的公平性。学校要根据教师的能力特点和个人需求，帮助其设计职业发展生涯规划，为其提供多元的职业发展空间和专业成长平台，促进每位教师潜能的释放。

第三，校本教研管理制度。英国课程专家斯坦豪斯(Stenhouse)提出的“教师成为研究者”和“研究作为教学的基础”理念推动了行动研究在教育教学实践中的广泛传播。作为行动研究的一种本土化模式，校本教研得到教育领域的普遍认可。我国新课程改革明确倡导学校应建立以校为本的教学研究制度，校本教研成为促进教师专业化发展的重要方式。输入学校在一体化管理过程中，可以借助输出学校优质的教研资源，加强自身校本教研制度建设。首先，健全学校教研组织机构。完善现有的以学科和年级分类的教研组管理，突出教研组对学科教学的服务功能，关注各自学科教学的实践问题研究，并同本学科教学计划执行紧密联系。尝试建立学校教育科学研究室(教科室)，发挥教科室对学校教研工作的规划、组织、指导和评价职能，同时负责对学校管理和教育教学中的重点性、综合性实践问题开展行动研究，为学校的教育教学和管理工作提供决策依据。① 其次，建立校本教研支持和激励机制。输入学校要鼓励教师“在教学中研究，在研究中教学”，建立研究课题申报制度，为教师开展校本教研提供经费支持。借助输出学校优秀教师指导、聘请校外专家顾问、发挥校内团队互助等多种形式为教师开展校本教研提供专业的帮助与支持，对教研组或教师个人的各类教研成果给予相应的肯定和奖励。

综上所述，城乡学校一体化管理的制度建设不是某一层级或某一类型的制度建设，而是相关层级和类型的制度体系建设，从教育行政部门的统筹管理制度、输出学校与输入学校的一体化管理制度到输入学校的内部管理制度，这些制度相互补充、相互支持，共同为推进城乡学校一体化管理构建了一个制度协同保障体系(如图 6-1)。其中，教育行政部门宏观统筹城乡学校一体化管理，重点加强保障、激励和评价机制建设，为一体化管理提供动力和保障；输出学校从中观层面推进与输入学校的一体化管理，重点加强一体化领导机制、干部教师交流机制和学生发展评价机制建设，有效实现优质资源的辐射和共享，提升一体化管理的合作效能；输入学校则从自身发展微观层面加强学校组织管理结构、人力资源管理制度和校本教研管理制度建设，巩固一体化管理成果，促进输入学校自主持续发展，实现一体化管理的终极目标。

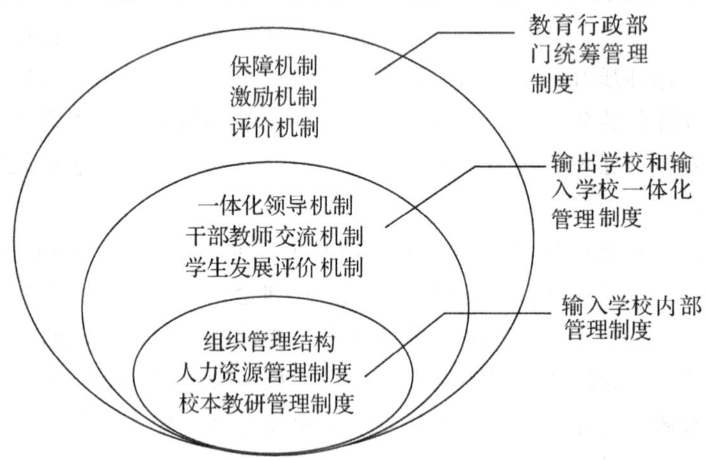

图 6-1 城乡学校一体化管理多元制度体系结构图

① 萧宗六：《学校管理学(第四版)》，北京：人民教育出版社，2008 年，第 406 页。

(二)从加强资源供给走向加强资源转化

1. 树立资源转化理念

组织需要从外部不断获取资源，满足自身生存和发展的需求。无论是资源依赖理论，还是资源基础理论，都将资源作为组织发展、形成能力和获取持续竞争优势的重要因素，组织间在对资源的相互竞争中也逐渐形成相互依赖的网络关系。由于义务教育的公共性属性，义务教育阶段学校间在基本资源上的竞争表现得不是特别明显，因为政府为其提供了发展所需的基本资源，学校的主要任务则是如何利用好这些资源为学生的教育教学服务，即实现资源的转化。当然，这并不代表资源供给不重要，而是说明在组织获得了一定资源供给的基础上，应该将注意力从获取资源转向整合、利用资源。对于城乡学校一体化管理，从加强资源供给转向加强资源转化是转变资源观的一种内在要求，也是资源配置推进到一定阶段的必然选择。

首先，资源是有限的。资源往往是在不同的领域、不同的层级、不同的组织间进行分配，对于单个领域或组织而言，能够分配到的资源总是有限的。组织不可能总是能从外部随时获取到发展所需的所有资源，同时，组织获取到的资源在数量和质量上也不一定总能与组织的需求相匹配。众所周知，外延式的教育发展强调单纯通过增加教育要素的数量来推动教育事业的发展，这种方式需要大量的教育投资，一般在教育发展特殊时期采用，这种方式在短期内可能产生明显效应，但是不具备持久力，其根本原因在于忽略了资源的有限性，一味强化了资源供给的重要性，弱化了基于内涵发展的资源转化，这导致一旦资源供给减少或者切断，组织发展也将随之减缓或停滞，甚至使组织生存受到威胁。

其次，资源转化决定组织产出。组织在发展的过程中，努力获取资源的意识通常表现得十分强烈，这种意识存在一种前提假设，即只要组织拥有资源，就能获得应有的绩效或发展。事实上，我们经常可以看到这样一种现象，即拥有同样数量或质量资源的组织仍然呈现出不同的发展效能。这种现象在一定程度上可以说明，资源对于组织发展是必要条件，但不是充分条件。资源与组织的关系可以理解为一个“输入—转化—产出”的过程，组织发展首先需要输入资源，然后对资源进行转化，最后形成组织的产出，包括各类产品或服务。从这个过程来看，资源输入是组织发展的基础，资源转化则是组织发展的核心环节，没有资源的转化，将无法形成组织的产出，同时，没有有效的资源转化，组织产出的数量和质量也会受到很大影响。在城乡学校一体化管理中，对输入学校输入各种优质教育资源，如果输入学校不能将这些资源很好地进行校本转化，无法在教育教学和学生培养效果上有所体现，那么再多再好的资源供给也是无效的。

再次，资源转化相比资源供给的现实需求更迫切。在经历了“中小学办学条件标准化”“小学规范化工程”“初中建设工程”“校安工程”“义务教育均衡发展”等学校改革之后，北京市城乡义务教育资源配置在教育投入、办学条件、师资队伍等方面的差距在逐步缩小，当前教育均衡的发展目标已经从基本均衡转向优质均衡。这意味着城乡义务教育均衡发展将更加关注学校内涵发展，突出学校教育质量提升。政府履行着资源供给的服务职能，学校则正面临着如何有效整合、利用和转化这些资源的现实挑战，学校能否应对这个考验决定着北京市义务教育能否实现优质均衡发展。

每个组织处于不同的环境，具有不同的组织结构和组织能力，表现出不同的资源转化水平，要想在一定的资源条件下实现发展，组织必须强化资源转化的发展理念，将资源与组织关系的中心从获取资源转到整合、转化资源上。从城乡学校一体化管理的现实状况来看，政府在加大资源供给的同时，也要开始同步关注资源在输入学校的转化问题。

2. 明晰资源转化层次

第一，深度开发组织自身资源。组织发展的过程是一个不断积累资源的过程，科利斯和蒙哥马利认为组织的资源存量分析比资源流量分析更重要，组织高价值的资源存量往往由许多资源流量长期积累而成，而这些资源存量是组织实现持续绩效和特色发展的重要基础。① 学校表现同样如此，城乡学校在各自的发展历程中都形成了各自不同的资源存量，不论这种资源存量的数量和质量如何，它对于组织本身的发展都是具有重要意义的，反映了学校发展的一种历史积淀和组织特性。对于输入学校而言，不断挖掘自身现有资源，实现自身资源的深度开发，形成自身的高价值的资源存量，是其持续发展之本。

第二，整合创新组织外来资源。资源从组织外部输入到组织内部经历着一个相互作用、适应和融合的过程。对于组织发展而言，外来资源不是拿来

① [美]大卫·J. 科利斯，辛西娅·A. 蒙哥马利著，王永贵等译：《公司战略：企业的资源和范围》，大连：东北财经大学出版社，2005 年，第 24 页。

即用，每个组织具有独特性，形成了组织资源利用的基础条件差异，组织必须结合自身特点有选择、有重点地将外来资源与组织现有资源进行有效整合，使其作为对组织现有资源的有力补充和提升。同时，组织对外来资源的整合是在基于自身不同的组织结构和环境下进行的，这种差异化的整合要求组织在内容、方法、形式等方面进行相应的改造、创新，由此，新的外来资源才能真正融入组织发展过程之中，并成为组织发展的新的现有资源。这样一种以现有资源为主体、充分整合创新外来资源的螺旋式循环过程，能有效地推进组织发展资源存量在量和质上的不断提升。在城乡学校一体化管理中，无论是政府部门对输入学校的资源供给，还是输出学校对输入学校的优质资源辐射，都需要立足在输入学校发展的基础上，将这些外来资源与输入学校现有资源进行有机的、创新的整合，使外来资源能深入输入学校组织中，真正转化为能促进输入学校发展、产生实际教育效果的新资源。

第三，有效整合资源与业务。资源本身没有特别的价值体现，它的价值常常是在与某种行动目标或组织业务结合在一起才得到凸显的。同样的资源，对于一类组织可能是决定其生存和发展的关键，但对于另一类组织可能没有任何意义。在资源转化的过程中，组织需要结合自身业务对所需资源尤其是关键资源进行评价、筛选，实现资源与业务的一致性，保障资源能确实成为组织发展竞争优势的基础。① 与此同时，要通过对资源的利用体现出资源对组织发展的重要价值。许多研究显示，政府为改善农村学校办学条件，配备了大量的现代信息技术设备，为农村学校丰富教育信息资源、开展现代化教育提供了有力的技术支持，但许多地区由于其他配套条件不足导致这些设施没能使用，出现了资源供给与学校业务相脱离的局面，无法对学校教育教学产生预期影响。学校组织的核心是教与学，学校各类资源需要统合起来全面为教与学服务，高效率的学校资源整合与转化对提升学校教与学的效果具有重要意义。调研中关于教学一体化管理、教研一体化管理等现状分析就完全可以说明这一点，输入学校与输出学校教学资源的整合、输入学校人力资源的提升，直接促进了输入学校显著的教育产出。换言之，学校教育产出的情况也可以作为判断学校资源整合、转化效率的一个基本依据。城乡学校一体化管理中的资源包括物质资源、人力资源、技术资源和信息资源。面对这些资

---

① [美]大卫·J. 科利斯，辛西娅·A. 蒙哥马利著，王永贵等译：《公司战略：企业的资源和范围》，大连：东北财经大学出版社，2005年，第148页。

源，如何有效实现资源与学校业务的有效整合，促进资源转化？学校层面可以考虑以下两个方面：一是将学校业务工作进行分类，依此将各项工作所需资源进行分解，促进业务工作和相应支持资源的匹配，分层、分类提升资源的使用效益；二是确定学校的核心业务或是阶段性的重点业务，以此为依据整合各类资源，调整资源系统结构，充分发挥资源的协同效应。

3. 建设资源转化能力

实现资源在组织发展中的整合和转化，将资源转化为组织的有效产出，需要加强组织资源转化能力的建设。那么，资源转化能力可能体现在哪些方面？这是在加强能力建设之前需要解决的一个基础性问题。在科利斯和蒙哥马利的组织战略三角形模型中，资源要转化为组织的优势，需要与组织的业务、结构（体制、过程）形成一致性，这成为组织战略的基础。① 在霍伊(Wayne K. Hoy)和米斯克尔(Cecil G. Miskel)构建的学校社会系统模型中，对学校的输入、转化、产出过程进行了详细描述，他们认为，学校的转化过程受到结构系统、个体系统、文化系统和政治系统四个方面的影响。② 孟繁华将改善学校系统与管理的重点聚焦在组织层面，主张依次展开学校组织变革、学校发展模式、校长领导力、教师共同体、大学与中小学合作的专题研究。③ 从以上研究来看，学者们对组织发展的关键内容的看法表现出相对的一致性，主要体现在两个层面：一个是组织自身层面，涉及组织的目标、结构、文化、制度，另一个是组织中人的层面，涉及组织的领导、组织成员。基于此分析，再结合城乡学校一体化管理中输入学校的组织发展特性，本研究将资源转化能力的建设分解为三个方面，即校长领导能力的建设、学校组织能力的建设和教师专业能力的建设。其中，校长领导能力的建设旨在加强资源与学校整体发展的整合，充分发挥校长对学校资源转化的统领作用；学校组织能力的建设旨在为资源转化提供良好的组织和制度环境，提高资源转化的效率；教师专业能力的建设则促进资源与学校核心业务的整合，实现学校的高质量产出。通过这三方面能力的综合建设，促进学校资源转化能力的整体提升。

第一，校长领导能力的建设。校长是学校发展规划的总设计者，学校的

---

① ［美］大卫·J. 科利斯，辛西娅·A. 蒙哥马利著，王永贵等译：《公司战略：企业的资源和范围》，大连：东北财经大学出版社，2005 年，第 148 页。

② ［美］韦恩·K. 霍伊，塞西尔·G. 米斯克尔著，范国睿等译：《教育管理学：理论·研究·实践(第 7 版)》，北京：教育科学出版社，2007 年，第 22—27 页。

③ 孟繁华，等：《学校发展论》，北京：教育科学出版社，2011 年，第 2 页。

办学思路体现了校长对教育的理解和追求，学校的办学水平也在一定程度上反映了校长的领导能力。校长领导能力包括愿景领导力、教学领导力、行政领导力、课程领导力、文化领导力、团队领导力等。结合资源转化对校长领导能力的特殊要求，本研究认为基于资源转化的校长领导能力建设需要注重三个方面：一是愿景领导力。学校愿景是指导学校发展、规划学校未来的理想和信念，是学校发展的目标和行动纲领。愿景的形成基于学校发展的外部环境要求与内部资源基础，校长引领学校成员在构筑学校愿景的同时，也是在对学校资源进行综合评估、设计、规划、开发。愿景领导力在一定意义上决定了组织资源配置的基本格局。学校愿景对凝聚全体成员、达成学校发展共识具有重要意义。在学校愿景的有力指引下，学校能根据发展目标有效地拓展资源输入渠道，合理地将各类资源配置到组织的各个部门，充分发挥资源的整合效益，建立一个指向组织愿景、实现学校持续发展的资源结构体系，学校各部门和个体成员在这种组织环境下也会形成有效整合、利用和开发资源的意识和行为方式。二是教学领导力。教学工作是学校的核心，学校各项工作围绕教学展开，学校的各类资源也以教学为核心进行系统整合，从本质上来看，校长实施教学领导的过程是学校各类资源整合、转化的关键过程。教学领导力突出强调以学生学习和发展为中心，协调课程与教学、促进师生发展、实现学校愿景。同时，校长教学领导力要关注组织成员领导力的培养，让教学领导力成为学校所有成员共同行动的产物。① 三是团队领导力。组织是由若干个体成员组成的，组织成员是组织发展的重要主体，其本身也是组织发展中非常重要的人力资源，他们是组织其他类型资源的重要使用者、整合者和生产者，组织的产出是组织成员在充分发挥自身价值的同时整合组织内各类资源的成果体现。形成组织成员发展共识，加强组织成员发展合力对于学校发展而言具有重要意义。校长的团队领导力表现在与学校成员共同构建学校发展目标，赋予教师工作自主权，为教师提供发展空间和平台，建立相互尊重和支持的人文环境，形成组织成员发展共同体。

第二，学校组织能力的建设。学校发展要求学校具备一定的能力，能力既是学校发展的一种资源，也是学校整合自身各类资源的基础条件和重要手段。学校组织能力是学校为实现发展目标在组织建设方面所体现出的能力的

---

① 赵德成：《教学领导力：内涵、测评及未来研究方向》，《比较教育研究》，2013 年第 4 期，第 96—103 页。

总和，强调通过不断的组织学习和高效的组织管理推动组织层面的改进与发展，为学校发展创设良好的组织环境。不同的学校具有不同的能力特征和表现，也呈现出不同类型和质量的教育产出。学校组织的主要内容体现在组织结构、组织文化等方面，学校组织能力需要通过不断的组织学习才能提升。首先，加强组织学习。组织学习是提升组织能力的前提，组织学习帮助组织在不断获取知识、运用知识和创造知识的过程中逐步累积形成组织能力。知识和能力本身也是一种资源的表现形式，因而组织学习的过程也是组织资源累积、转化的过程。组织学习表现为一个组织不断获取知识、传递知识、创造知识并实现能力增强和效能提升的过程。① 其次，完善组织结构。组织结构决定了资源配置，组织资源会按照组织的构造方式进行分配，这样有利于明确组织各层管理人员的职责和建立组织内部管理控制程序，为资源整合利用提供基本的组织框架。组织结构规定了各部门、各岗位间的分工与合作以及沟通与联系的渠道，这为成员间系统、协同地整合资源提供了条件，避免了现有资源的浪费或不完全利用，保证组织内各类资源的自由流动和充分利用。在以教学为核心的学校组织发展中，为实现组织结构对资源转化的这些积极效应，学校需要建立旨在促进专业化发展的扁平化组织结构，强调组织的分权，使学校不同类型的管理者都能参与决策，尤其是提升专业力量在组织资源配置中的地位，形成专业管理和行政管理有效协调的局面。最后，建设组织文化。组织文化是在组织长期发展过程中形成的组织成员共同认可的价值观、规范、行为方式等。不同的文化形成了组织不同的资源观，造就了组织不同的资源配置方式，如在专制的组织文化中，资源总是相对集中在少数权力者手中，资源不能在组织整体范围内得到有效配置、转化，也不利于新资源的再生与开发。民主、进取、开放的组织文化对于提升组织能力、促进组织资源转化至关重要。组织需要建立民主的学校文化，学校中的每一位成员都能参与到学校的发展中，让每一个组织成员都成为组织发展的积极的建设者。组织需要建立学习的文化，通过加强组织学习，促进组织成员个体的知识、经验、信息、能力的不断积累与提升，实现组织人力资源的增值，促进人力资源与组织各类资源的整合、转化。组织也需要建立分享的文化，鼓励学校各部门间的分享，实现部门间物质、信息、人力等资源的整合，提升资源的使用效率，降低组织管理中的资源成本和不必要的损耗。鼓励教师间的

① 孟繁华：《构建现代学校的学习型组织》，《比较教育研究》，2002 年第 1 期，第 53—56 页。

分享，促进专业信息、知识、经验和技能等资源的整合，发挥“1＋1＞2”的整合效应，促进学校教育教学质量的整体提升。

第三，教师专业能力的建设。教师是学校教育质量的关键，是学校发展的核心资源。加强教师专业能力建设，一方面是在提升学校人力资源质量，另一方面也是通过充分发挥人力资源在资源整合中的主体作用，促进组织各类资源与学校核心业务的整合，实现学校资源的深层转化。城乡学校一体化管理中优质教育资源的辐射，其中很重要的一部分就是优质教师资源的辐射，无论是通过城乡教师轮岗、教研交流、教学指导、师徒结对等哪种形式，都旨在提升农村输入学校教师资源质量，以此作用于学校教育教学中，并带动输入学校的各类资源与教育教学活动的整合，促进学校资源转化为有效的产出。由此，教师专业能力建设主要体现在以下三个方面：一是教师的反思能力。教师的反思是教师个人知识、经验与外界知识、教学过程、实践问题不断互动的过程，是教师通过个体知识、经验和实践探索在教育教学中不断整合外部资源以提升教育质量的过程。《中小学教师专业标准（试行）》在“教师专业能力”部分对教师的反思能力也提出了要求。反思型的教师要具有高度的自主发展意识，能结合现实教育环境变化及要求，积极获取、整合外部可用资源，主动对自己的教育观念和行为方式不断反思、调整，提升教育教学效果，从而促进学校教学方法、课程体系、培养模式的整体改进，为学校发展注入活力，促进学校的可持续发展。二是教师的合作能力。合作体现了一种互补、共享、整合的理念，它能弥补个体经验、知识、信息等资源的不足，促进组织成员间知识的共享。学校发展目标的实现需要组织相关成员的共同努力，充分发挥成员间的协同效应。对于教师专业能力，《中小学教师专业标准（试行）》除要求教师具备反思与发展能力外，还向教师提出了沟通和合作能力的要求。教师与学生、家长的合作能帮助教师提升对学生的全面感知和深刻认识，提高教学成效；教师与教师的合作能促使他们获取更多的资源，产生更多的新思想、新资源。在城乡学校一体化管理中，教师的合作不再局限于输入学校或输出学校各自内部教师的合作，而是跨越区县、跨越学校的教师间的合作，教师的合作能力深刻影响着两校教师间能否就输入学校的教育教学问题达成共识，影响着输出学校教师的专业知识、经验和技能能否有效地传递到输入学校。三是教师的创新能力。教师教育教学的过程既是向学生传授已有知识的过程，也是基于学生特性和教师个人经验对知识的运用和创新过程。创新根植于对教育基本规律和专业规范的遵从，体现在对教育现实情境的差异化应用。创新要求教师在借鉴外来专业资源的时候必须基于自身所处的教育环境和现实问题进行分析、选择、改造，在教育内容、教育方式、教育手段上既要吸收专业支持力量的养分，又要保证学校教育以校为本的独特性。否则，没有基于校本的创新将很难实现外部专业资源与组织发展的深度融合，也无法实现对输入资源的有效转化。与此同时，在信息技术快速发展的形势下，教师的创新能力还显著地表现为将现代信息技术与教育、教学和教研深度整合，通过网络技术手段，最大限度地获取来自输出学校及其他来源的信息资源，丰富教学和教研内容，充分发挥信息技术资源同各类专业资源的整合效应，改进传统的课堂教学模式，促进学生培养方式的变革。

综合以上论述，城乡学校一体化管理从加强资源供给走向加强资源转化的路径重点突出理念、层次和能力建设三个方面(如图 6-2)，资源转化的理念是基础和前提，资源转化的层次是手段，资源转化的能力建设是关键。其中，理念表现为客观地认识资源的有限性与资源转化的核心价值；层次表现为重视自身资源的深度开发、加强组织外来资源的整合创新、强化组织资源与组织业务的有效整合；能力建设重点体现在校长领导能力建设、学校组织能力建设和教师专业能力建设。通过强化理念、明晰层次和提升能力，城乡学校一体化管理中的政府资源供给和输出学校资源辐射才能有效地整合到输入学校的组织发展之中，实现教育输入资源向教育产出的有效转化。

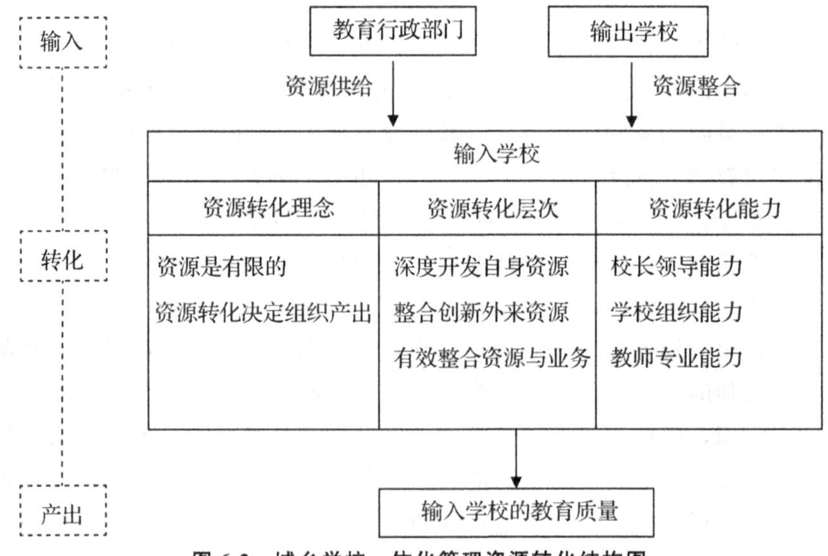

图 6-2　城乡学校一体化管理资源转化结构图

(三)从外控式发展走向自主式发展

学校离不开外部环境和资源的支持，这是学校生存的物质基础，同时，学校更离不开自身的努力与创新，这是学校能持续发展的内生动力。相比而言，内生动力在发展的过程中扮演着更重要的角色。城乡学校一体化管理的目标是通过教育行政部门、输出学校和输入学校的共同努力提升输入学校的教育质量，这要求在为输入学校提供各类教育资源支持的同时，要更注重为输入学校提供自主发展的环境和保障，提升输入学校自主发展的意识和能力，激发输入学校自主发展的潜能，逐步从当前的以行政权力和专业权力为主的外控式发展转向以自主权力为主导的自主式发展。

自主式发展体现了“以校为本”的发展理念，突出校本管理，学校根据自身的特点和需要实施管理决策，学校的成员拥有很大的自主权，并承担学校发展的责任，他们能运用资源解决现实问题，提升教育教学的有效性，促进学校的长远发展。与之对应的外控式发展则体现了行政权力和专业权力的权威，强调外控管理，学校的工作主要是执行外界的指令，疏于照顾本身的需要，校内成员仅仅成为执行任务的工具，缺乏自主权，也没有责任担当。① 二者存在学校发展权力归属的差异，即到底由谁来领导和决定学校的发展。

从当前的城乡学校一体化管理现状来看，对输入学校的管理方式还是侧重在外控管理，教育行政部门对输入学校的发展采取了类似“包办”的方法，如为输入学校投入大量经费，但同时严格限制经费的使用范围，输入学校不能根据学校自身发展需求合理安排经费支出；为输入学校提供人事指标倾斜政策，但没有完全下放人事决策权，输入学校无法自行进行有效的人力资源建设；将学校管理自主权下放，但这种权力通过一体化管理潜在地转移到了输出学校，输入学校始终处于被动接受的位置，其积极性很难调动，且依赖性日益增强。为此，在现有城乡学校一体化发展的基础上，要进一步提升学校一体化管理成效，必须重视输入学校发展自主权，逐步调整一体化管理中行政权力、专业权力和自主权力的结构，以自主权力为主导，充分发挥行政权力的统筹作用和专业权力的支持作用。

1. 加强政府统筹协调

我国自改革开放以来，不断调整政府职能重心，扩大政府的社会职能，

① 郑燕祥著，陈国萍译：《学校效能与校本管理：一种发展的机制》，上海：上海教育出版社，2002年，第53页。

构建服务型政府，同时在政府职能的实现方式上也表现了三个方面的转变，即由运用行政手段为主转向运用经济手段为主，由微观管理、直接管理为主转向宏观管理、间接管理为主，由重视计划、排斥市场转向把计划和市场有机结合。① 基于政府职能的转变，结合城乡学校一体化管理目前存在的问题，教育行政部门需要加强以下职能建设。

第一，规划职能。政府职能转变的一个重要方式即要求政府从微观管理转向宏观管理，突出政府的规划职能。市级教育行政部门需要在认真调研城乡学校发展现状的基础上进行顶层设计和规划，合理选择一体化管理的城市学校和农村学校，科学制定一体化管理的目标，突出一体化管理的核心内容，建立符合城乡学校发展基础的办学体制和管理方式，明晰城乡学校一体化管理中相关主体的权责分工，完善一体化管理制度建设，为区县和学校推进城乡学校一体化管理提供行动依据。

第二，协调职能。城乡学校一体化管理跨区域、跨学校的特点对教育行政部门的统筹协调提出了很高要求，不同层级教育行政部门需要分级承担不同的协调任务。市级教育行政部门的协调重点体现在统筹区域间的人事、经费、职评等内容，减少“以县为主”的管理体制差异对一体化管理产生的影响，缓解一体化管理的跨区域障碍，为一体化管理创设一个城乡教育生产要素相对自由流动的体制环境。区县教育行政部门的协调重点体现在统筹输出学校、输入学校和本地学校之间的资源分配和政策支持，既为输出学校与输入学校的一体化管理提供足够的保障，也确保区域内输入学校与本地学校之间的公平与均衡发展。

第三，督导职能。教育行政部门不参与学校层面的一体化管理过程，但需要对一体化管理的结果进行督导。根据一体管理的规划目标，制定一体化管理的绩效评价指标，为城乡学校开展一体化管理提供行动指导，也为学校开展一体化管理效果自评提供依据。督导的目的是对一体化管理效果进行评价，关注资源配置效益，同时督导更强调对学校一体化管理的激励和引导。促进优质教育资源的辐射，提升农村输入学校教育质量，这是督导职能的核心。

2. 优化输出学校专业支持

我国近些年呈现了政府与优质学校合作、共同提升薄弱学校或农村地区

---

① 姜大谦：《政府理论概要》，银川：宁夏人民出版社，2005 年，第 43—81 页。

学校教育质量的局面，优质学校的专业支持力量在促进义务教育均衡发展进程中日益增强。城乡学校一体化管理是公共教育服务合作的典型表现，优质学校作为资源输出学校参与农村学校建设，并取得了一定成效。结合当前问题，对输出学校的专业支持还需继续完善以下几个方面：

第一，提高优质学校参与公共服务供给的积极性。政府职能的转变并不意味着社会部门会自觉参与到公共服务的合作中来，政府肩负着激励与扶持的责任，需要通过法律和政策手段调动他们参与公共服务供给的积极性，通过设定标准、程序将其所掌握的资源予以分配，以实现公共服务的有效供给。① 输出学校在一体化管理中承担着“反哺”的社会责任，同时也在平衡着自身的输出成本。教育行政部门需要建立相应的激励机制，为优质学校参与一体化管理提供一定的收益补偿，保障优质学校自身发展的合法利益，为其自愿、主动参与一体化管理提供保障。

第二，鼓励输出学校与输入学校建立平等的合作关系。城乡学校一体化管理中的两所学校是两个独立的组织，它们有着各自的生存环境、发展历史、组织文化、行为方式，在履行学校政治、经济和社会职能上具有相对的平等性。资源输出学校在学校管理和教育质量上的声誉为其在一体化管理中赢得了专业权威，但输出学校不能因此作为输入学校的长期主导者。只有建立平等合作的关系，才能在一体化管理中凸显出输入学校的主体发展意识，使其形成自主发展动力，实现“要我发展”到“我要发展”的行动转变。

第三，督促输出学校设计系统的、有针对性的服务方案。城乡学校一体化管理不是简单地将输出学校的发展理念移植到输入学校，也不是将已有的经验成果在输入学校进行直接复制、拷贝，更不是单凭选派一两名管理人员或教师到输入学校轮岗交流就能实现输入学校质量的全面提升。学校改进与发展是一个系统工程，每所学校的发展基础不同，存在的问题也千差万别，需要改进的环节也必然存在差异。输出学校需要认真察找输入学校的薄弱环节，发现输入学校现有的优势，分析输入学校的发展需求，突出一体化管理的重点内容，有针对性地、系统地设计一套一体化管理专业支持方案。正如美国改造薄弱学校项目“全面学校改进计划”所倡导的，针对学校的系统变革对薄弱学校高效而持久的变革更加重要。

① 石国亮，张超，徐子梁：《国外公共服务理论与实践》，北京：中国言实出版社，2011 年，第 95 页。

3. 保障输入学校自主发展

学校发展肩负着各种职责，与其相对应，必须赋予学校相应的权力，一定的办学自主权可以帮助学校根据发展现状和需求自行合理安排学校的教育教学和人、财、物等各项工作，是帮助学校实现自主发展的重要基础。自1985年《中共中央关于教育体制改革的决定》颁布，我国就迈入了关于学校办学自主权的全面深化和改革进程之中，围绕着如何“放权”、如何“分权”、如何对下放的权力实行监管等一系列问题，不断推进着教育管理体制改革的纵深发展。对于一体化管理中的输入学校而言，其办学自主权不仅存在于输入学校与教育行政部门的权力关系间，还存在于输入学校和输出学校的权力关系间。因此，保障输入学校的办学自主权需要从这两个方面努力。

第一，协调教育行政部门与输入学校的权力关系，扩大输入学校的办学自主权。结合一体化管理中存在的问题，需要重点从三个方面来加强输入学校办学自主权建设：一是扩大学校的“人”权。学校自主管理的主要目的是促进学生的学习，学校的人事与学生的学习之间有着密切联系，学校须将选择教师视为首要任务，并有能力选择优秀、适合的教职员工。[①] 教育行政部门需要将人事聘任权力逐步下放到学校，输入学校可以根据学校发展需求自行聘任、选择教师，可以根据教师日常的教育、教学和教研情况对其进行考核评价，可以根据教师个人能力、特长和表现对其改聘或解聘，从而赋予学校充分的人力资源建设的权力空间。二是扩大学校的“财”权。学校是办学的现场，学校自身最了解办学过程中各环节对经费的需求差异，按照这种需求差异自行进行经费的分配和支出相对来说更符合学校的发展要求，也能最大限度地提升资源配置的效益。教育行政部门应该允许输入学校在一体化管理中开展校本预算，同时放宽预算科目限制，让预算内容能尽可能地覆盖到与学校核心教育教学业务紧密联系的软件建设方面，使学校能合情合理地运用资源，满足学校的人事、课程、教师专业成长等多种需要，而不只是局限在大规模的硬件配置上。同时，在经费支出程序上，教育行政部门需要简政放权，减少审批环节，解除对学校不必要的财务管制。

第二，协调输出学校与输入学校的权力关系，保证输入学校的发展自主权。每一所学校都处于社会系统之中，不断地与外部环境相互作用。同时，

① 陈伯璋，许添明：《学校校本管理的理念与实务》，兰州：甘肃文化出版社，2005年，第45页。

每一所学校也都是一个独立的组织，具有相对的独立性，具有自我管理、自我发展、自我调节的意识和能力，不论外部环境如何影响学校组织发展，只要其存在，它的独立性和自主性就不会消失，也必须得到尊重与维护。城乡学校一体化管理中，无论是“一个法人”还是“两个法人”的管理体制，输入学校作为一个独立的组织不能被忽视，不同的法人方式只是从学校管理结构上进行了调整，但并不能改变输出学校和输入学校作为两个相对独立组织的客观事实，城乡学校具有各自的环境、文化与特色资源，城市输出学校的理念、经验、成果确实为其赢得了专业上的权威地位，但这些也未必全部适用于农村输入学校。输出学校在一体化管理中应秉持一种合作和研究的立场，尊重输入学校的主体性，重点提升输入学校的自主发展能力，让输入学校进行自行决策、规划、管理和建设，担负起自主发展的基本责任。输出学校在一体化管理中是城乡学校资源整合的主导者，这种城乡学校资源整合也是重点体现“以输入学校为本”的，如果整合的结果是输入学校发展权力的削弱、丧失或组织本身的湮没，那么城乡学校一体化管理则走向了城市学校单一管理的道路，这对于农村学校而言无疑是一种生存权的威胁，这也就扭曲了城乡学校一体化管理的初始意义。

综上所述，城乡学校一体化管理从外控式发展走向自主式发展，对行政权力、专业权力和自主权力的关系进行了重新定位，对其结构进行了重新调整(如图 6-3)。以教育行政部门为代表的行政权力由直接管控转为规划、协调和督导的行政保障，以输出学校为代表的专业权力由管理垄断转为合作式的专业支持，以输入学校为代表的自主权力由被动弱化转为以其发展为核心的自主发展。由此，教育行政部门、输出学校和输入学校形成发展的合力，共同推进城乡学校一体化管理。

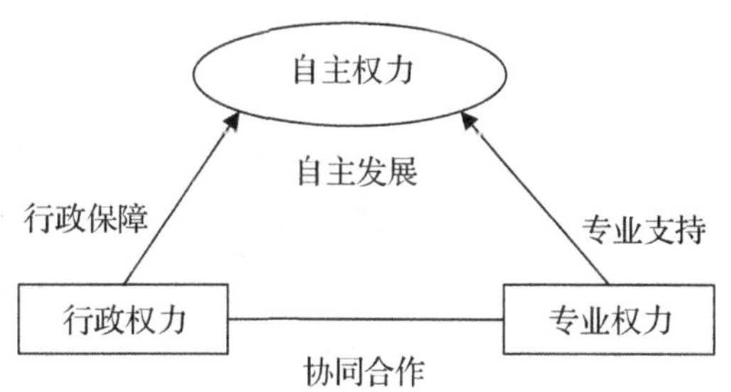

图 6-3　城乡学校一体化管理自主式发展权力结构图

二、分类推进城乡学校一体化管理的微观运行

(一)一个法人同区一体化管理的系统重组

1. 追求精神文化的终极合并，实现办学价值和思想上的统一

文化是一所学校价值观和行为方式的总和，展现了学校的内在精神和价值追求，引领着学校的整体发展。合并型一体化管理模式以文化一体化为核心，全面引领两校的一体化管理，它重视两校间外在物质的结合，更重视内在精神的结合，从而实现最深层次的一体化管理。有研究提出城乡学校一体化的核心要素包括“形”“构”“质”。其中，“形”指人工器物等外显层面，“构”指组织结构和管理制度，“质”指学校声誉和精神文化，学校一体化的实现是三者统一的一体化。① 由此，深层次的一体化管理不仅仅是“形”或“构”的一体化，更要追求“质”的一体化，形成价值观层面的统一。对于如何实现“质”的一体化，笔者认为可以结合调研学校的做法和面临的问题从以下几方面努力：首先，输出学校自身需要有一套积累多年的成熟的且得到普遍认可的学校文化体系，并委派几位对这种文化体系具有深刻理解与实践精神的人员到输入学校担任管理人员和教育教学带头人，促进这种文化体系在输入学校得到准确、系统的传播与推广。其次，通过标识展示、活动宣传、教育教学体验和管理浸润等多种方式，全面帮助输入学校认识、理解输出学校文化体系的优越性，逐步接受和认同新的文化和价值观。最后，研究原输入学校的文化，保留其中的优势，并将其与输出学校新的文化相融合，一方面形成一个相互适应和承前启后的文化过渡，缓解新文化植入带来的误解与冲突，另一方面整合两校文化的优势，进一步完善、优化一体化管理学校的文化体系，在共同建设的基础上，使两校在办学思想和教育理念上达成真正的共识与统一。

2. 建立适宜的运行机制，发挥共同决策与独立决策的整合效应

合并型一体化管理代表着学校组织结构的全面调整，也意味着组织中相关权力的重新配置。如何在一体化管理中有效地统筹配置纵向的决策权和横向的人权、财权、物权，这需要学校建立一套适宜的运行机制。由此，合并型一体化管理学校做好以下两个方面的工作至关重要：第一，调整优化组织

① 张爽，孟繁华，陈丹：《城乡学校一体化发展模式探究》，《中国教育学刊》，2013 年第 8 期，第 27—31 页。

结构设计。合并型一体化管理从原有的一所学校管理转变为一所学校多个校区管理，其规模扩大、空间增加、内容变复杂等，这要求学校必须重新设计新的组织结构以应对新的变化，即将传统的直线职能型组织结构逐步调整为纵横交错的矩阵型结构，兼顾横向校区业务管理和纵向行政职能管理，确保多个校区的同质、同步统一发展。第二，建立分层分类决策机制。在输入学校将原有的决策权全部向输出学校转移后，合并型一体化管理要重新统筹配置决策权，既要有学校集团层面的共同决策，也要有校区层面的独立决策。因为学校集团规模大、校区多、校区间地理位置较远，高度集中在集团层面的决策方式会降低管理效率，也影响各校区个性化的教育教学需求。分层分类决策机制能很好地兼顾集团的共同决策和校区的独立决策。其中，分层决策体现为集团层面负责重大事务的顶层决策，输入学校则负责本校区日常事务的校本决策；分类决策体现为集团层面负责重大事务的规划、标准、评价等管理决策，输入学校则负责本校区教育教学、教师教研、课程建设、校园环境等实践决策。① 与此同时，还需要给予输入学校在经费支出、教师配置两个方面一定程度的独立决策权，保障输入学校根据其校区发展特点及时灵活地安排相关事宜。

3. 系统重组办学资源，致力于教育教学质量提升的终极目标

系统重组学校间的办学资源是城乡学校一体化管理的重要内容，也是促进输入学校教育教学质量提升的重要途径。有研究表明，跨区管理是城乡学校一体化管理资源重组的最大障碍，如教师流动、经费统筹、教学评价等相关资源的整合。② 合并型一体化管理有效地避免了这种障碍，地处同一行政区为输入学校和输出学校系统重组办学资源提供了有利条件。合并型一体化管理可以从以下几方面进一步深化办学资源系统重组：第一，把握输入学校的现实困境和发展方向，准确分析输入学校的资源结构和资源需求，有针对性地引入与整合输出学校集团的相关优质资源，实现对输入学校资源的有效补充。第二，加强一体化管理资源重组的顶层设计，并挖掘输入学校的优势资源，如场地多、空间大、自然实践基地丰富等，深度打通输入学校和输出学

---

① 陈丹：《北京市 W 校合并型一体化管理的特征及启示》，《北京教育学报》，2017 年第 6 期，第 1—7 页。

② 陈丹，孟繁华：《城乡学校一体化管理的现状、问题及对策——基于 S 市 6 对一体化管理学校的访谈文本分析》，《北京教育学报》，2015 年第 10 期，第 75—84 页。

校的人、财、物资源，充分发挥这些资源的规模效应，促进不同校区间资源的互利共享，实现学校的整体发展。第三，重点着眼于旨在提升输入学校教育教学质量的关键资源，在当前整合文化一体化、教师一体化、行政管理一体化等相关物质资源和人力资源的基础上，要进一步加强整合教学一体化、教研培训一体化和课程一体化等相关技术资源和信息资源的整合，且逐步将其作为资源整合的核心内容，最终实现输入学校教育教学质量的提升。

(二)一个法人跨区一体化管理的理念统合

跨区域的体制性障碍是统合型一体化管理不可回避的客观事实，一体化管理只能是在这种体制环境下不断创新，寻求可操作的机制和办法，充分利用好一个法人制度给输入学校带来的积极影响。

1. 建立系统的理念方法统一机制，缓解跨区技术资源统筹配置体制性障碍

跨区管理导致输入学校和输出学校在课程、教学、教研、管理等技术资源方面存在较大差异，一体化无法在两校技术资源的具体内容层面进行深度融合，只能从理念方法层面形成统一，将其作为两校差异化技术资源共同的价值与方向指导，借此提升输入学校的办学品质和教师专业发展。具体表现在：在办学上，输入学校参照输出学校先进办学理念，结合本校学校特点，直接运用输出学校理念，或者适当进行校本化借鉴，形成相对一致的办学理念、学校文化和价值观，同时学校要重视这些理念在日常办学实践中的宣传与践行；在教学上，输入学校需要了解输出学校对学生、学习、教学等问题的基本理解与实践准则，学习输出学校在研究学生的学与教师的教等问题时的基本理念、思维方式和方法工具，形成相对一致的教学观和行为方式；在管理上，输入学校需要了解输出学校管理制度的体系、标准及指导理念，深度把握制度建设中的背景与价值观，形成相对一致的管理理念、思维方式及行动模式。

2. 建立多种教师资源整合机制，缓解跨区人力资源统筹配置体制性障碍

教师管理的区管体制、输入学校与输出学校距离较远等因素，导致两校教师的流动或轮岗制度很难实施，一体化管理需要通过调动多样的人力资源和互动方式，实现教师资源的深度整合，主要表现为：聘请输出学校优秀的退休教师作为教育教学咨询专家，进驻输入学校进行定期跟踪指导，缓解在职教师数量或精力不足的问题；建立基于项目的跨校区教师学习共同体，共

同围绕教育教学中的某个专题进行持续的合作研究；应用各种信息技术互动平台开展日常实时的主题教研活动或交流研讨，搭建问题交流网络平台。

3. 建立教师系统参与一体化管理的机制，提升输入学校教师的发展动力

教师一体化是统合型一体化管理中最弱的一个维度，也是教师们期待加强的一项内容。输入学校教师是城乡学校一体化管理的重要参与力量，也是一体化管理要重点发展的专业力量，输入学校教师系统参与一体化管理，对一体化管理的顺利实施和目标达成发挥着关键作用，同时对增强输入学校教师发展动力和专业能力具有重要意义。从统合型一体化管理学校整体情况来看，推进教师系统参与需要建立“自上而下”和“自下而上”相结合的一体化管理方式。一方面，从学校行政管理层面入手，统筹规划安排，确定一体化管理的基本思路、主要内容和路径方式，并在输入学校内部深度开展一体化管理的宣讲，让教师们充分了解一体化管理的思路、定位和要求。另一方面，从学校教师群体着手，定期组织教师开展一体化管理的沟通与研讨，明晰自身在一体化管理中的角色定位、发展方向、基本职责，交流一体化管理推进过程中自身的思考、行动、收获及反思，借助一体化管理不断提高自身专业能力，同时也作为决策参与者，为提升一体化管理的成效建言献策。

(三)两个法人同区一体化管理的组织共生

1. 探索组织共生利益，形成发展共同体

在森林植物群中，高大的乔木为低矮的灌木遮风挡雨，抵挡强烈阳光的照射，而灌木和地表茂密的植被保护了地表水土，巩固了高大树木的根须；在动物界，鳄鱼能够和一种叫燕千鸟的小鸟和睦相处，鳄鱼的牙缝里经常塞满食物残渣，燕千鸟在鳄鱼嘴里得到饱食的同时又在义务地为鳄鱼剔除牙齿中的食物残渣，鳄鱼的牙也得到了保护。生物学家们将植物间的竞相生长及生物间的相互依存现象叫作共生。① 从共生概念的生物学源头来看，共生本质中蕴含着共同的、相互的利益，促使共生体之间相互依存、彼此依赖、共同发展。与此相似，共生型一体化管理也呈现出输入学校与输出学校之间存在的共同利益，其直接促成了二者互为依存、共同发展的关系。基于此，共生型一体化管理需要关注两个问题：一是找准彼此的共生利益。共生利益是实

① 周运才：《基于共生理论的城乡基础教育统筹发展研究》，硕士学位论文，湖南师范大学，2009年。

现有效共生型一体化管理的基础和前提，只有准确定位了共生利益，才可能实现有效的共生型一体化管理。输入学校需根据两校的优势和特点，主动研究、分析和探索与输出学校的共生利益，或是两校间的学校发展战略合作，或是学校教师群体的共同发展，或是两校间资源的互通整合，等等。从调研的学校来看，其在不同发展阶段呈现出不同的共生利益，经历了从办学基础资源的共享到两校间学校发展战略整合的发展过程，其共生利益不断丰富与升级。二是建立一种区域利益共同体的发展意识。共生型一体化管理从微观来看，是两所学校之间的资源共享与利益互惠，但从其形成的背景来看，其重要价值是区域教育行政部门推进本区域的优质教育资源辐射、共享，提升本区域或学校所在片区的教育发展生态环境。这就要求共生型一体化管理学校必须超越本校独立发展的立场，而要立足区域教育整体发展的格局，从区域全局上去理解一体化管理，学校间要共同建立起区域或片区共同体的发展意识，从而强化共生型一体化管理的互利互惠和一体化特征。

2. 跨越学校组织边界，促进学校办学深度融合

共生型一体化管理是两个法人同区一体化管理，它相对于跨区一体化管理而言，避免了最棘手的问题，即跨区的教育管理体制障碍，从而更有利于人力资源、经费资源、专业技术资源等在两校间的流动和共享。但是在实施上，两个独立的组织间各类资源的自由流动并没有想象中的那么容易，两个法人也存在其内在的一体化管理影响因素，若要让各种办学资源能在两校间合规、有效、有序流动，输入学校和输出学校间必须努力跨越学校组织边界。罗恩·阿什肯纳斯(Ron Ashkenas)等提出，组织有四类边界，其中一种是存在于企业与其外部世界中的供应商、客户、政府机构、利益集团和社区等之间的外部边界，组织为应对新的世界秩序，必须重新定义组织边界，跨越外部边界，加强组织适应彻底改造的灵活性。① 共生型一体化管理有着同样的跨越组织边界的内在要求，输入学校和输出学校无须面对跨区体制障碍问题，而需要集中解决因两校间客观的组织边界对一体化管理造成的各种影响。为此，输入学校和输出学校间一方面需要对外部环境进行改造，打破组织空间上的隔离，从外部物质形态上体现跨越学校组织边界；另一方面需要建立各种有效机制，促进教师、教学教研、经费等各类资源在两校间的柔性流动和

---

① [美]罗恩·阿什肯纳斯，戴维·尤里奇，托德·吉克著，姜文波，刘丽君，康至军译：《无边界组织：移动互联网时代企业如何运行》，北京：机械工业出版社，2016年，第9页。

深度共享，从内部制度和文化形态上体现学校组织边界的跨越，从而真正促进共生型一体化管理学校的深度融合。

(四)两个法人跨区一体化管理的资源合作

1. 因地制宜，选择合作型一体化管理的重点内容

城乡学校一体化管理大致涉及德育、教学、教研培训、教师、课程、行政、文化七个维度，不同的一体化管理学校在这七个维度上各有侧重，主要取决于一体化管理学校的自身条件、发展需求、外部投入、区域政策等多种因素。合作型一体化管理的主要特点表现为输入学校与输出学校是跨区两个法人，分属郊区和城区，两校在地理环境、管理体制、办学条件、师生状况等方面存在较大差异，在推进一体化管理的过程中本身就存在很大困难，七个维度同时深入推进则更是难上加难，更何况跨区的特点已经导致某些维度的一体化管理空间很小，如教师一体化管理。因此，合作型一体化管理学校需要因地制宜，选择合理可行的一体化管理内容，具体如下：第一，系统搭建一体化管理的基本结构。输入学校需要与输出学校充分沟通，明晰输入学校的发展需求和输出学校可提供的指导支持，确定一体化管理的主要维度，提高一体化管理的针对性和有效性，在此基础上，再选择有条件的其他维度的内容，构建符合学校自身特点的一体化管理结构。比如在所调研的学校中，一体化管理大多聚焦在德育、教学和教研培训维度，而在教师、课程、行政和文化维度一体化程度较低，因此，形成了以德育、教学和教研培训“三驾马车”统领的一体化管理结构。第二，深入推进一体化管理的重要内容。一体化管理中每个维度下都有多项内容，不同学校要根据自身情况和条件，对于每个维度下的各项内容，明确主次，合理选择，如德育一体化维度中有五项内容，包括：①两校制定统一的德育活动要求；②两校制订统一的德育活动计划；③两校共同开展德育实践活动；④两校间开展学生互访、交流或留学活动；⑤输入学校借鉴输出学校经验，自主开展德育实践活动。有条件的输入学校可以尽可能地在各项内容上跟进，而不具备条件的输入学校则可以重点突出2—3项内容。

2. 拓展渠道，扩大合作型一体化管理的资源整合范围

一体化管理的主要目的是通过加强优质资源的辐射和共享，促进区域教育均衡发展。由此，资源的共享与重整是一体化管理中需要重点关注的问题。基于合作型一体化管理学校的调研情况，一体化管理还需要进一步拓展资源

辐射和共享的渠道，力争在更大范围内共享优质教育资源，主要可以从以下几个方面着手：首先，输入学校需要深入分析自身的需求和特色资源，并详细了解输出学校的优势资源和条件局限，在此基础上，与输出学校共同研讨确定双方一体化管理共享和整合的主要资源，从而既能充分借助输出学校的优势资源弥补自身发展的不足，也能在一定程度上利用自身特色资源为输出学校提供相关教育教学支持。其次，要加大现代信息技术运用的力度，缓解人力资源和地理距离等条件限制对资源共享产生的影响。目前，静态的信息交流已经没有太多障碍，关键是动态的互动交流亟待改善。输入学校需要加强远程互动网络建设，搭建视频交流平台，让输出学校教师能便捷地、实时地参与输入学校的课堂教学指导、专题教研讨论以及给学生远程授课等，输入学校教师也能借助此网络技术系统定期观摩输出学校教师的公开课、参与输出学校的教研讨论。同时，还可以借助网络技术系统增加两校学生活动观摩、互动交流和共同学习的机会。最后，发挥输入学校"增长极"的功能，扩大优质资源共享圈。输入学校要加强在自己所在学区或地区的引领作用，在借助自身与输出学校的一体化管理优势，提升自身办学水平的同时，也要将本校建设成为所在学区或地区优质教育资源共享基地，通过网络互动、联片教研、公开课展示、培训讲座等方式，让输出学校的优质资源能辐射到整个学区或地区，让一体化管理的优质资源辐射实现从"点到点"到"点到面"的转变，同时在这个过程中也促使输入学校走上一条"接受援助—合作共进—引领发展"的提升之路。笔者认为，这种发展方式也正是教育行政部门最初推进一体化管理所期待的。

3. 完善机制，提供合作型一体化管理的制度保障

完善机制建设具有重要意义，它能促进合作型一体化管理的顺利实施，提升合作型一体化管理的发展动力。跨区和两个法人的特点决定了合作型一体化管理除需要输入学校和输出学校之间的积极互动外，还需要市区教育行政部门的大力支持，否则这种一体化管理很难深入和持久。因此，合作型一体化管理的机制完善也来自这两个层面。第一个层面，在微观层面完善输入学校和输出学校之间的运行机制建设，重点需要在一体化落实和绩效方面做出努力，具体表现为：一是定期制订一体化管理协议实施计划。协议文本多为框架性结构，大体说明了一体化管理涉及的主要内容，抽象描述了一体化管理的整体目标，如有的协议中提到"两校教研组或备课组，每个月至少共同组织一次集体备课研讨活动"，但具体什么时间，哪些学科，以怎样的方式

等，还需要去细化安排。因此，在一体化管理实际推进过程中，需要分阶段加强落实，对协议目标进行分解，对协议内容提出具体举措，并制定时间表，从而加强一体化管理运行的计划性。二是强化一体化管理的绩效管理。根据一体化管理协议的目标，确定一体化管理的绩效指标，发挥其在一体化管理中的日常运行指导和阶段成效评估的双重功能。同时，明晰输入学校和输出学校各自的绩效责任和义务，在实施过程中双方相互支持与督促。第二个层面，在宏观层面完善教育行政部门的管理机制建设，重点需要在投入和激励方面提供支持，具体表现为：一是完善一体化管理的投入。根据一体化管理过程中的实际需求，调整输入学校一体化管理经费预算结构，适当降低基础建设和硬件设施经费预算比例，增加一体化相应的教研、交通、培训、会议等经费。逐步提高人员经费预算比例，加大对教师指导服务的经费补偿。同时，在一体化管理经费中增设专项经费预算，以便灵活应对一体化管理每年新增的专项项目。二是加大对一体化管理的激励。充分考虑一体化管理给输入学校和输出学校带来的各方面影响，把握输入学校和输出学校在一体化过程中面临的有关困难，在人事编制、职称评定、教研学习、绩效考核、评先评优等方面为一体化学校提供倾斜政策，为输入学校和输出学校顺利推进一体化提供有力的条件保障。

4. 理念引领，提升合作型一体化管理的自主发展水平

实践调研表明，输入学校在接受输出学校指导支持基础上的自主发展是合作型一体化管理的一个重要特征，也成为合作型一体化管理的基本运行方式，因此，输入学校的自主发展水平对顺利推进合作型一体化管理发挥着重要作用。有研究者在分析组织链模式的一体化管理时也曾提出，输出学校相对于输入学校而言仍是“他者”，每所学校都有独特的背景和特征，学校发展最终来自学校内部。① 结合调研学校的具体做法，笔者认为，合作型一体化管理学校在以下几个方面需多做努力：一是输入学校树立自主发展的意识。合作型一体化管理运行方式是基于输入学校和输出学校跨区及两个法人的基本特点而自然生成的，强化输入学校的自主发展有着其必然性。合作发展是补偿性、支持性的发展，而不是替代性、等待性的发展，输入学校在一体化管理过程中必须采取积极主动的态度，充分借助一体化平台，整合自身发展需要的相应资源，系统学习输出学校先进的办学理念、教育教学方法和管理经

---

① 张爽，孟繁华：《城乡学校一体化组织模式研究》，《教育研究》，2014 年第 11 期，第 45—52 页。

验，提升本校办学水平。二是输入学校加强学习输出学校的理念与文化。名校的“名”是一个长期积累的过程，这些积累表面上看是学校的教育教学成绩，实质上却是学校办学中蕴含的深厚文化，这也是名校之所以成名的重要根基。输入学校要学习输出学校的教育教学方法和管理方式，更要学习在这些方法和方式背后隐含的理念与文化。在合作型一体化管理中，相比有形的物质和制度影响，输出学校无形的办学理念和学校文化对输入学校产生的影响更深远，因为前者可能给了输入学校现成的策略，帮助输入学校解决了眼前问题，而后者却能给输入学校提供解决问题的价值取向和思考方法，让输入学校把握办学中的基本规律和关键问题，更好地应对其今后办学中出现的更多问题，促进其自主持续发展。

参考文献

1. 柯武刚，史漫飞．制度经济学——社会秩序与公共政策[M]．韩朝华，译．北京：商务印书馆，2000.
2. 威尔·金里卡．当代政治哲学[M]．刘莘，译．上海：三联出版社，2001.
3. W. 理查德·斯科特．制度与组织——思想观念与物质利益(第3版)[M]．姚伟，等译．北京：中国人民大学出版社，2010.
4. W. 理查德·斯科特，杰拉尔德·F. 戴维斯．组织理论——理性、自然与开放系统的视角[M]．高俊山，译．北京：中国人民大学出版社，2011.
5. 大卫·J. 科利斯，辛西娅·A. 蒙哥马利．公司战略：企业的资源和范围[M]．王永贵，等译．大连：东北财经大学出版社，2005.
6. 道格拉斯·C. 诺思．制度、制度变迁与经济绩效[M]．杭行，译．上海：格致出版社，上海人民出版社，1994.
7. 冯·贝塔朗菲．一般系统论：基础、发展和应用[M]．林康义，等译．北京：清华大学出版社，1987.
8. 杰佛里·菲佛，杰勒尔德·R. 萨兰基克．组织的外部控制：对组织资源依赖的分析[M]．闫蕊，译．北京：东方出版社，2006.
9. 理查德·L. 达夫特．组织理论与设计(第10版)[M]．王凤彬，等译．北京：清华大学出版社，2011.
10. 罗伯特·G. 欧文斯．教育组织行为学(第7版)[M]．窦卫霖，等译．上海：华东师范大学出版社，2001.
11. 罗恩·阿什肯纳斯，戴维·尤里奇，托德·吉克．无边界组织：移动互联网时代企业如何运行[M]．姜文波，刘丽君，康至军，译．北京：机械工业出版社，2016.
12. 迈克尔·A. 希特，R. 杜安·爱尔兰，罗伯特·E. 霍斯基森．战略管理：竞争与全球化[M]．吕巍，等译．北京：机械工业出版社，2002.
13. 韦恩·K. 霍伊，塞西尔·G. 米斯克尔．教育管理学：理论·研究·实践(第7版)[M]．范国睿，等译．北京：教育科学出版社，2007.
14. 沃尔特·W. 鲍威尔，保罗·J. 迪马吉奥．组织分析的新制度主义[M]．姚伟，译．上海：上海人民出版社，2008.
15. 波·达林．理论与战略：国际视野中的学校发展[M]．范国睿，译．北京：教育科学出版社，2002.
16. 青木昌彦．比较制度分析[M]. 周黎安，译．上海：上海远东出版社，2001.
17. 鲍传友．教育公平与政府责任[M]. 北京：北京师范大学出版社，2011.
18. 曹原，李刚．城乡教育一体化视野下的教师人事制度重建[J]，教育科学研究，2011，(5)：14—17.
19. 陈伯璋，许添明．学校校本管理的理念与实务[M]. 兰州：甘肃文化出版社，2005.
20. 陈丹，孟繁华．城乡学校一体化管理的现状、问题及对策——基于S市6对一体化管理学校的访谈文本分析[J]. 北京教育学报，2015(10)：75—84.
21. 陈光武．东亚区域经济一体化研究[D]. 长春：吉林大学，2009.
22. 成刚．促进城乡教育一体化的投入体制研究[J]. 教育科学研究，2011(6)：17—20.
23. 成尚荣．学校发展共同体的价值启示[J]. 江苏教育研究，2009(4)：7—9.
24. 褚宏启，杨海燕．教育公平的原则及其政策含义[J]. 教育研究，2008(1)：10—16.
25. 褚宏启．城乡教育一体化：体系重构与制度创新——中国教育二元结构及其破解[J]. 教育研究，2009，(11)：3—11.
26. 褚宏启．教育制度改革与城乡教育一体化——打破城乡教育二元结构的制度瓶颈[J]. 教育研究，2010(11)：3—11.
27. 范魁元，王晓玲．城乡教育一体化背景下的教育管理体制改革研究[J]. 教育科学研究，2011(6)：5—12.
28. 范先佐．教育资源配置：政府应起基础性作用[J]. 河北师范大学学报(教育科学版)，2006(2)：5—11.
29. 范先佐．构建“以省为主”的农村义务教育财政体制[J]. 华中师范大学学报(人文社会科学版)，2006(3)：113—118.
30. 冯大鸣．重构和再造校长负责制[J]. 教育发展研究，2005(1)：26—29.
31. 冯大鸣．美、英、澳教育管理前沿图景[M]. 北京：教育科学出版社，2004.
32. 冯晋婧．城乡教育一体化进程中的入学招生制度变革[J]. 教育科学研究，2011(5)：18—21.
33. 高洪源．学校战略管理[M]. 重庆：重庆大学出版社，2006.
34. 高莉，李刚．城乡教育一体化背景下的办学体制改革研究[J]. 教育科学研究，2011(6)：9—12.
35. 顾明远，石中英．《国家中长期教育改革和发展规划纲要(2010—2020)》解读[M]. 北京：北京师范大学出版社，2010.
36. 郭彩琴，顾志平．城乡教育一体化的困境与应对措施[J]. 人民教育，2010(20)：2—5.
37. 韩双林，马秀岩．证券投资大辞典[M]. 哈尔滨：黑龙江人民出版社．1993.
38. 黄丹凤．上海市农村义务学校“委托管理”工作的实践与思考[J]. 上海教育科研，2012，

(4)：33—36.

39. 姜大谦．政府理论概要[M]. 银川：宁夏人民出版社，2005.

40. 蒋志明，陈怡．中、美、英三国学校委托管理之比较研究[J]. 外国中小学教育，2009(11)：11—16.

41. 蒋志明．切实完善委托管理运行机制和实施策略[J]. 上海教育，2010(6)：38—39.

42. 金安．欧洲一体化的政治分析[M]. 上海：学林出版社，2004.

43. 李潮海，于月萍．城乡教育一体化若干基本问题的思考[J]. 现代教育管理，2010(4)：14—18.

44. 李娟，潘睿．城乡一体化背景下基础教育阶段学生培养制度的探讨[J]. 教育科学研究，2011(5)：10—13.

45. 厉以宁．走向城乡一体化[A]// 程志强，潘晨光．中国城乡统筹发展报告(2011)[C]. 北京：社会科学文献出版社，2011.

46. 刘宝存，何倩．新世纪美国薄弱学校改造的政策变迁[J]. 比较教育研究，2011(8)：1—5.

47. 刘希平．借助制度创新提升区域教育均衡化水平——杭州市“名校集体化”办学实践调查[J]. 浙江教育科学，2008(6)：3—9.

48. 刘秀峰，廖其发．城乡教育一体化的成都模式及启示[J]. 教育与教学研究，2012(7)：1—4.

49. 刘延平．多维审视下的组织理论[M]. 北京：清华大学出版社，北京交通大学出版社，2007.

50. 吕敏霞．《2009 美国复苏与再投资法案》背景下薄弱学校改造的新动向：四种模式[J]. 外国教育研究，2011(5)：10—14.

51. 毛亚庆．应注重以学校为主体的校本管理[J]. 教育研究，2002(4)：78—80.

52. 孟繁华，陈丹．城乡学校一体化管理的网络组织形成、特征及研究路径[J]. 教育研究，2013(12)：40—45.

53. 孟繁华，田汉族．走向合作：现代学校发展的趋势[J]. 教育研究，2007(12)：55—59.

54. 孟繁华．北京市城乡学校一体化管理改革试验研究报告[R]. 北京：首都师范大学，2013.

55. 孟繁华．构建现代学校的学习型组织[J]. 比较教育研究，2002(1)：53—56.

56. 孟繁华．学校发展论[M]. 北京：教育科学出版社，2011.

57. 乔树平，薛二勇．名校办分校的现状、问题与对策[R]. “加快新建居住区公共服务资源优化配置，促进城市人口疏解研究”课题报告集，北京：北京市政府研究室，2011.

58. 秦海．制度范式与制度主义[J]. 社会学研究，1999(5)：36—65.

59. 上海市教育政策咨询委员会秘书处，上海市教育科学研究院．2012 年上海教育发展报告——追求基于平等的优质教育服务[M]. 上海：华东师范大学出版社，2012.

60. 盛洪．为什么制度重要[M]．郑州：郑州大学出版社，2004.
61. 盛庆琜．统合效用主义统合什么？如何统合？[J]．哲学分析．2015(6)：108—117.
62. 石国亮，张超，徐子梁．国外公共服务理论与实践[M]．北京：中国言实出版社，2011.
63. 王善迈，曹夕多．重构我国公共财政体制下的义务教育财政体制[J]．北京大学教育评论，2005(4)：25—30.
64. 闻待．校际合作共同体的典型实践及特征[J]．教育发展研究，2008(24)：21—25.
65. 吴永军．谈谈新课改背景下的校际合作共同体[J]．江苏教育，2009(4c)：4—6.
66. 吴志宏，冯大鸣，魏志春．新编教育管理学(第2版)[M]．上海：华东师范大学出版社，2008.
67. 萧宗六．学校管理学(第四版)[M]．北京：人民教育出版社，2008.
68. 熊才平，吴瑞华．以信息技术促进教师资源配置城乡一体化[J]．教育研究，2007(3)：83—85.
69. 许征文．企业持续竞争优势的资源视角——基于资源理论的微观基础研究[D]．上海：上海交通大学，2008.
70. 薛海平，孟繁华．中小学校际合作伙伴关系模式研究[J]．教育研究，2011(6)：36—41.
71. 杨孝如．学校发展共同体的“同”与“不同”[J]．江苏教育研究，2009(12)：1.
72. 杨秀芹．教育资源利用效率与教育制度安排——一种新制度经济学分析的视角[M]．武汉：华中师范大学出版社，2009.
73. 尹后庆．建立和完善公共教育服务体系的思考[J]．教育发展研究，2009(1)：22—24.
74. 袁世全主编．中国百科大辞典[M]．北京：华夏出版社，1990.
75. 张东娇．中国与西方国家中小学校长职位权力的比较分析——兼论“校长负责制”与“校长管理制度”[J]．比较教育研究，2005(7)：52—57.
76. 张海冰．欧洲一体化制度研究[M]．上海：上海社会科学院出版社，2005.
77. 张其学．对几种典型权力观的评析——兼论马克思主义的权力观[J]．广州大学学报(社会科学版)，2008(8)：13—18.
78. 张爽，孟繁华，陈丹．城乡学校一体化发展模式探究[J]．中国教育学刊，2013(8)：27—31.
79. 张爽，孟繁华．城乡学校一体化组织模式研究[J]．教育研究，2014(11)：45—52.
80. 张天雪．校长权力论——政府、公民社会和学校层面的研究[M]．北京：教育科学出版社，2008.
81. 张屹山等．资源、权力与经济利益分配通论[M]．北京：社会科学文献出版社，2013.
82. 赵德成．教学领导力：内涵、测评及未来研究方向[J]．比较教育研究，2013(4)：96—103.

83. 赵茜．城乡一体化的教育质量保障制度研究[J]. 教育科学研究，2011(6)：13—16.

84. 郑燕祥著，陈国萍译．学校效能与校本管理：一种发展的机制[M]. 上海：上海教育出版社，2002.

85. 周运才．基于共生理论的城乡基础教育统筹发展研究[D]. 长沙：湖南师范大学，2009.

86. Absael Antel, Richard L. Henderson. Formulating Effective School-corporation Partnerships: A Policy Analysis Model[J]. School Leadership & Management: Formerly School Organisation, 1992, 12(1): 51-61.

87. Barney J. Firm Resources and Sustained Competitive Advantage[J]. Journal of Management, 1991, 17(1): 99-120.

88. Christopher Chapman, Mark Hadfield. Realising the Potential of School-based Networks [J]. Educational Research, 2010, 52(3): 309-323.

89. Christopher Chapman. Towards a Framework for School-to-school Networking in Challenging Circumstances[J]. Educational Research, 2008, 50(4): 403-420.

90. Christopher Chapman, Geoff Lindsay, Daniel Muijs, et al. Governance, Leadership and Management in Federations of Schools[J]. School Effectiveness and School Improvement, 2010, 21(1): 53-74.

91. Daniel Muijs, Mel West, Mel Ainscow. Why Network? Theoretical Perspectives on Networking. School Effectiveness and School Improvement, 2010, 21(1): 5-26.

92. Daniel Muijs. A Fourth Phase of School Improvement? Introduction to the Special Issue on Networking and Collaboration for School Improvement, 2010, 21(1): 1-3.

93. Mark Hadfield. Co-leaders and Middle Leaders: The Dynamic between Leaders and Followers in Networks of Schools[J]. School Leadership & Management: Formerly School Organisation, 2007, 27(3): 259-283.

94. Mel Ainscow, Alan Dysona, Sue Goldricka, et al. Making Schools Effective for all: Rethinking the Task[J]. School Leadership & Management: Formerly School Organisation, 2012, 32(3): 197-213.

95. Mel Ainscow, Andy Howesa. Working Together to Improve Urban Secondary Schools: A Study of Practice in One City[J]. School Leadership & Management: Formerly School Organisation, 2007, 27(3): 285-300.

96. Priscilla Wohlstetter, Courtney L. Malloy, Derrick Chau, et al. Improving Schools through Networks: A New Approach to Urban School Reform[J]. Educational Policy, 2003, 17(4): 399-430.

97. Robert W. McMeekin. Networks of Schools[C]. Education Policy Analysis Archives, 11 (16). Retrieved from http: //epaa. asu. edu/epaa/v11n16/. 2012-12-30.